안녕하세요, 저는 앨런 딥입니다.
저는 전통적인 마케터 출신이 아닙니다.
사실 제 첫 사업은 마케팅에 많은 어려움을 겪었습니다.
제가 가진 메시지와 가치를 효과적으로 전달할 수 없었기 때문입니다.
메시지와 가치를 효과적으로 전달하지 못한 채
그저 고객에게 구매를 강요하는 활동은 좌절감만 키웠죠.
저는 많은 시행착오 끝에 이 마케팅 기법을 익혔습니다.
그 결과 제 비즈니스와 저를 둘러싼 세상이 완전히 바뀌었습니다.
저는 여러 고성장 기업을 설립하고 확장하고, 때론 퇴출했습니다,
그중 한 곳은 가장 빠르게 성장하는 100대 기업으로 선정되었습니다.
이 책을 쓴 이유는 어렵고 비용이 많이 드는 마케팅 때문에
여러분이 시행착오를 겪지 않도록 하기 위해서입니다.
이 책은 여러분을 마케팅 마스터가 되도록 도울 것입니다.

린 마케팅

살아남고 싶으면 돈 쓰는 마케팅을 버려라

린  마케팅

앨런 딥 지음 | 김나연 옮김

알파미디어

POST CARD

사라-제인(Sarah-Jane),

그대가 보여준 사랑, 친절함, 다정
함이 나를 날마다 채워줍니다.

너무 빨리 떠나버린 내 친구, 가
족들.
특히 아버지, 매일 보고 싶습니다.
마이아(Maia), 제겐 두 번째 어머
니셨어요.

항상 저를 믿고 응원해주서서 감
사합니다.
레자(Reza), 그대가 내게 주는 웃
음과 중상모략, 우정에 감사합니
다.

빛나라, 마케팅의 빛

남들이 절대 공개하지 않던 비밀을 알아내는 것만큼 짜릿한 일도 없다. 누구에게도 말하지 않은 비밀은 그야말로 영혼만큼 소중하기 때문이다. 이는 까마득히 먼 옛날부터 전해지던 진리다.

언덕 위에 세운 도시는 절대 감출 수 없는 법이다. 빛 밝힌 등불을 바구니에 넣지 않고 어딘가에 올려두면 집 안 전체를 환하게 비출 수 있는 법이다. 마찬가지로 그대의 빛을 다른 사람 앞에 비추어, 그들이 당신의 선의를 알아차리게 하라.

그러나 어떻게 "언덕 위에 도시를 지어" 일반 대중에게 당신의 존재를 알릴 수 있을까? 어떻게 해야 "그대의 빛을 다른 사람 앞에 비추어" 그들의 관심을 끌어올 수 있을까? 어떻게 해야 여러분의 "선의"를 사람들로 하여금 원하고, 가치 있는 것으로 여기게 만들 수 있을까? 이 질문이 바로 이 책의 핵심이다. 나와 내 클라이언트들이 매일 고객을 유치하고, 끌어들이고, 유지하기 위해 사용하는 핵심 프레임워크를 이 책에서 낱낱이 밝혀보고자 한다.

나는 독자 여러분이 제공하는 제품이나 서비스가 많은 이에게 도움이 된다고 생각한다. 여러분의 '선의(혹은 양질의 결과물)'는 사람들의 눈에 띄어 마땅하고, 그만한 관심과 추진력을 얻어야 한다. 그러나 여러분과 내가 모두 알고 있듯, 성공할 자격이 있는 것과 실제 성공을 거두는 것 사이에는 엄청난 차이가 있다. 만약 실력만으로 비즈니스 성공을 거둘 수 있다면, 우리는 이쯤에서 이 책을 덮어 그만큼 쏟아야 할 시간과 에너지를 절약할 수 있다.

현실은 당신이 마땅히 얻어야 할 것을 내어주지 않는다. 오로지 협상한 만큼 얻을 수 있다. 삶이 업적주의라면, 당연히 이 세상의 모든 간호사와 소방관, 학교 선생님들이 우리 사회에서 가장 고소득층이 되었어야 옳다. 그러나 여전히 많은 기업가는 그들이 만들어낸 재화가 시장에서 빛을 발하기를 희망한다.

다만 희망은 효과적인 마케팅 전략이 될 수 없다.

가치를 높이고 시장에서 눈에 띄어야 살아남는다.

그리고 제품의 장점과 가시성을 결합하면, 누구도 막을 수 없는 엄청난 힘을 얻을 것이다.

이거, 혹시 당신의 이야기인가?

다음 시나리오 중 익숙한 이야기가 있는가?

- 마케팅 또는 브랜딩 대행사에 막대한 비용을 쏟아부었지만, 그 대가로 얻은 건 세련된 로고와 예쁜 디자인뿐이었다. 수익에 미치는 영향은 대략 0%에 수렴했다.
- 웹사이트 개발자를 고용했지만 프로젝트는 생각보다 오래 걸렸고 시간, 비용, 에너지는 상상 이상으로 많이 들었는데 관심고객은 한 명도 늘지 않았다.
- 흔히 말하는 컨설턴트나 '정신적 지주', 카피라이터로부터 도저히 친구나 가족 혹은 동료들에게도 보여주고 싶지 않을 만큼 억지스럽거나 유치하거나 천박한 마케팅을 권유받은 적이 있다.
- 마케팅 전문 담당자를 고용했지만, 결과물이 탐탁지 않았다.
- 품질 낮은 관심고객 수를 끌어올리는 데 돈만 낭비했다.

위와 같은 결단력이나 그 일과 관련된 사람들이 전부 형편없다는 소리는 아니다. 마케팅이나 브랜딩 대행사는 대체로 훌륭하다. 웹 개발자 역시 성공의 숨은 주역이다. 카피라이터는 그 값을 톡톡히 해낸다. 마케팅 담당자는 우리의 록스타다. 컴퓨터 전문가가 만들어내는 디지털 광고는 그야말로 장인의 손길을 거쳐 탄생한 걸작이다.

문제는 계획이 실패할 가능성을 내포한 채 설계되었다는 점이다.

브랜딩, 웹사이트, 카피, 디지털 광고를 잘 아는 사람들이 달라붙었고, 이들이 마케팅 문제를 전부 해결해줄 구세주가 되리라 여겼다. 그들은 도구나 전략을 제대로 판매하고 제공했지만, 문제는 이를 적재적소에 연결할 수 있는 적절한 인프라가 부재했다는 점이다. 심지어 인프라가 전무한 상황에서 무작위적인 마케팅 활동을 벌이기도 한다.

만약 여러분이 마케팅 책임자나 컨설턴트라 해도 예외는 아니다. 결국 마케팅 운영이 당신의 일이기 때문이다. 경력이 어느 정도 쌓이면 급여 인상이나 더 높은 수수료 또는 경력 개발을 원할 것이다. 이런 것들을 더 쉽게 얻을 수 있다면 그야말로 금상첨화 아닐까? 상사나 고객은 여러분에게 더 많은 돈을 지급하고 싶어 하지만, 그만큼 투자에 대한 수익도 기대한다. 그리고 여기서 당신은 비용이 아니라 수익의 중심이 되어야 한다. 매출이 정체되거나 감소하는 동안 비용만 계속해서 증가한다면, 당황하지 않을 기업가는 없다. 적어도 제정신인 상태라면 말이다.

이 책에서 나는 '기업가^{Entrepreneur}'라는 용어를 사용한다. 이 책에서 정의하는 기업가란 이익을 위해 문제를 해결하는 사람을 일컫는다. 따라서 창업가, 비즈니스 운영자, 마케팅 책임자, 비즈니스 리더, CEO 또는 조직에 더 많은 잠재고객과 관심고객을 확보하고 궁극적으로 수익을 창출하는 데 관여하는 모든 사람은 기업가가 될 수 있다. 스타트업, 이미 잘 운영되고 있으며 규모를 확장하려는 기업, 완전히 자리 잡은 기업도 포함된다.

또한 '고객'이라는 용어도 자주 등장할 예정이다. 여러분이 속한 업종이나 비즈니스 분야에 따라 '고객'은 클라이언트, 환자, 사용자, 기부자, 회원 또는 기타 다른 명칭이 될 수도 있다. 그러나 고객을 유치해 내 고객으로 만들고, 이들을 유지하는 게 목표라는 원칙은 동일하다.

아무것도 모르면서 아는 척만 하는 사람이 되지 말자

당신은 서로 상충하는 개념을 받아들이고 익히는 데 골머리를 썩이는 사람인가? 그러지 않기를 바랄 뿐이다. 그렇지 않다면 이 책은 당신에게 그저 재미없는 책이 될 것이다.

혹시 '아무것도 모르는 데 아는 척만 하는 사람'을 지칭하는 인터넷 밈을 본 적이 있는가? 가장 아래쪽에는 IQ(지능지수)가 낮고 콰지모도^{Quasimodo*}처럼 생긴 멍청이가, 반대쪽에는 IQ가 엄청나게 높은 제다이^{Jedi**}를 닮은 천재가 서 있다. 그리고 그 가운데에 아무것도 모르면서 아는 척만 하는 잘난척쟁이가 있다. 밈에는 다양한 버전이 있지만 일반적으로 멍청이와 천재 모두 간단한 같은 결론에 도달한다. 멍청이는 너무 멍청해서 심각한 고민이 없었고, 천재는 현명하고 단

* 빅토르 위고의 소설 『파리의 노트르담』에 나오는 등이 굽은 등장인물.

** 조지 루카스의 영화 〈스타워즈〉 시리즈에서 공화국을 수호했던 학자 겸 수도사.

순함을 중요시했기 때문이다. 반면 잘난 척만 하는 사람의 뇌는 분석, 주장, 반박으로 거의 폭발 직전이다. 결국 잘난척쟁이는 혼자 그럴듯해 보이는 말이지만, 곱씹어보면 틀린 말이나 비생산적인 대답을 내놓는다.

바보와 천재는 모두 일반적으로 새로운 아이디어에 열려 있다. 하지만 아는 것도 없으면서 잘난 척만 하는 사람은 모순을 지적하고 무언가 제대로 되지 않거나 틀린 것을 지적하는 데만 관심이 있다.

사람은 누구나 자신만의 현실을 좋아하며 나의 현실이 깨지는 것을 싫어한다. 우리는 우리의 의견에 동의하는 사람들과 함께 있는 것을 좋아한다. 우리는 우리의 세계관과 일치하는 것을 읽고, 보고, 듣는 것을 즐긴다. 누군가가 우리의 현실관에 도전하면, 우리는 온갖 방법과 이유를 찾아내며 그것을 거부한다.

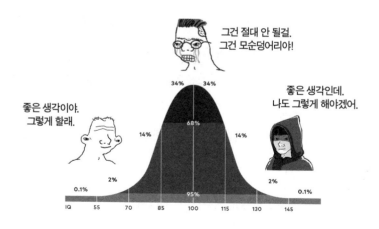

다만 우리가 사는 세상은 복잡하고, 미묘하며, 옳고 그름이 여러 갈래에서 모순되는 곳이다. 이런 세상에서 잘난척쟁이는 자신이 옳다는 것을 증명하기 위해 혈안이 된다. 내가 잘난척쟁이였을 때, 초창기 비즈니스 멘토 중 한 명이 내게 물었다. "앨런, 옳은 사람이 되고 싶은가, 부자가 되고 싶은가?" 잘난척쟁이는 옳고 싶어 한다. 바보가 되든 천재가 되든, 잘난척쟁이가 되어 인생을 낭비하지는 말자.

어떤 것이 왜 나하고 맞지 않았는지, 왜 모순되었는지, 왜 효과가 없는지 알아내려고 노력하는 것은 우리에게 아무런 이득도 되지 않는다. **어떻게 하면 효과가 있을지**만 생각해보자.

이제 상충하는 여러 아이디어를 머릿속에 담을 수 있겠는가? 자, 어디 보자.

마케팅은 쉽다

허슬 문화*는 '몸을 갈아 넣는다'라는 말을 미화한 표현이다. 나는 열심히 일하는 걸 싫어했던 적은 없으나, 이들이 겪는 순교자 콤플렉스를 이해한 적도 없다. 비즈니스는 인생의 큰 부분을 차지한다. 그러므로 절대 고되거나 힘든 게 아니라 즐거워야 한다. 몸을 갈아 넣으며 일하는 게 진심으로 즐거운 유형이라면, 이 책이 규정하는 범위에서 벗어난 사람이다.

---

* 사생활보다 일을 중시해 초과 근무조차도 기꺼이 받아들이는 문화.

그러므로 고된 업무 대신 여러분이 좋아할 만한 비즈니스, 그리고 수익성도 있는 비즈니스를 구축하는 것을 추천하는 바다. 월요일을 두려운 것이 아니라 기대되는 순간으로 만드는 것이다.

이를 실현하려면 관심고객과 실제고객을 안정적으로 확보하고 궁극적으로 수익을 창출하는 방법을 확실하게 파악해야 한다. 마케팅을 완벽히 터득하면 많은 실수 속에서도 큰 성공을 거둘 수 있다. 마케팅은 수많은 죄악을 덮어주니 말이다.

좋은 소식이 하나 있다. 바로 마케팅은 사실 쉽다.

쉽다는 것은 간단하다는 뜻이지, 노력이 한 푼도 들지 않는다는 의미는 아니다. 쉽다는 건, 누구나 할 수 있으며, 모든 경쟁자를 능가하는 놀라운 아이디어를 가진 천재가 아니어도 된다는 뜻이다. 쉽다는 건, 입증된 프레임워크와 프로세스를 따르면 일관된 결과를 얻을 수 있다는 뜻이다.

마케팅은 하나의 기술이며, 다른 기술처럼 충분히 배울 수 있다. 나는 개인과 조직에 마케팅 역량을 개발하거나 강화하는 법을 가르치고, 이들을 함께 돕는 전문가로 일하고 있다. 내 일에서 가장 보람을 느끼는 부분 중 한 가지는, 바로 이 기술을 익혀 획기적 발전을 이루는 모습을 곁에서 직접 목격하는 것이다. 이 과정에서 모든 게 변한다. 스타트업이 주목받고, 성장 정체에 부딪혔던 기업이 정체를 돌파하고, 이미 성공한 기업이 더 높은 수준의 성공을 거두기도 한다. 이 중 하나라도 여러분이 세운 목표와 비슷하다면 제대로 잘 찾아왔다.

그러나 돌파구를 마련하려면 우선 무언가를 깨뜨려야 한다.

마케팅은 힘들다

솔직한 말로, 마케팅은 정말 어렵다. 대충 '한번 해보지 뭐'라고 마음먹은 사람 대부분은 전혀 성과를 내지 못한다. (가령 홈트레이닝용 기구를 구매하는 사람이 광고에 나오는 모델과 같은 몸매를 만들지 못하고 포기하는 것과 비슷하다.) 얼마간의 시간이 지나면 이들은 두 손, 두 발을 들며 외친다. "아, 난 정말 최선을 다했어!"

나쁜 소식을 전하고 싶진 않다. 그러나 맞아도 아프지 않은 총알이나, 한 번 눌러 모든 게 해결되는 단추 같은 건 없다. 그러면 어떻게 해야 좋을까?

이 책에 소개된 내용을 실제로 **실행에 옮기다** 보면, 깨진 유리 위를 맨손으로 짚으며 무릎으로 기어가는 기분을 느낄 때가 많을 것이다. 좌절, 실망, 분노의 여러 단계도 거칠 것이다. 이를 견뎌낸다면 결국 차갑고 어두운 터널 끝의 빛 한줄기에 도달한다. 가장 가치 있는 비즈니스 기술, 즉 이상적인 고객 유치, 전환, 유지를 해내는 능력을 개발할 것이다.

나는 고통을 감내하는 진정한 행동가는 전체의 3%에 불과하다고 추정한다. 자, 여러분은 그중 한 명인가?

오만과 편견

자, 첫 번째 아이디어 충돌을 당신은 어떻게 받아들였나? 혹시 화를 내며 책을 방문 밖으로 집어 던진 건 아니리라 믿는다. 그게 아니라면 지금까지는 잘 풀렸다는 뜻이다. (앞으로도 책을 던져버릴 기회는 많을 테니까.) 그럼 서로 충돌하는 두 가지 아이디어를 더 살펴보자.

마케팅에는 다양한 접근 방식이 있다. '단 하나의 필승법'을 찾고 싶은 유혹은 앞서 말한 잘난척쟁이의 영역이다. 다양한 관점을 받아들여 각각의 아이디어에서 최고의 아이디어만을 찾아 활용하는 일은 가치가 있다. 내가 대체로 동의하지 않았던 사람들에게서 가장 좋은 통찰력을 얻은 적도 있다.

다음은 마케팅 분야의 다양한 관점 중 몇 가지다.

마케팅 스펙트럼의 한쪽 끝에는 신실한 신봉자 부족을 이끌며 세상 사람들이 주목할 만한 무언가를 만들고 소문을 퍼뜨리라 지시하는, 세스 고딘Seth Godin*이 있다.

세스 고딘의 메시지는 현대 마케팅을 천박하다고 여기며 거부감을 느끼는 예술가, 작가, 프리랜서 같은 크리에이티브 유형에게 매력적으로 다가간다. 엄밀히 말하자면 이들의 편견이 근거가 전혀 없는 건 아니다. 세스 고딘은 이들이 자신의 창작에 집중할 수 있게 하고, 작품을 출시하고 그들의 재능을 전 세계에 널리 퍼뜨리는 데 필요한

---

* 21세기의 가장 영향력 있는 비즈니스 전략가.

용기를 북돋아준다. 그는 크리에이터들이 바꾸는 문화를 응원한다.

(물론 이는 상당히 환원주의적인 표현이다. 한 사람의 평생 업적을 단 몇 단락으로 요약해서 정의할 수는 없는 법이다. 그러나 나는 진심으로 세스 고딘을 존경하며, 의심할 여지 없이 그가 내게 미친 영향을 이 책 여기저기에서 목격할 수 있을 것이다. 그의 책을 읽고 그의 강연을 듣고, 그의 워크숍에 참석해 그의 메시지를 더 깊고 자세하게 이해하길 권장한다.)

마케팅 스펙트럼의 반대쪽 끝에는 우편 주문, 인포머셜Infomercial*, 직접 반응 마케팅에 뿌리를 둔 댄 케네디Dan Kennedy가 있다. 그는 무엇보다 측정할 수 있는 결과를 강조한다. 그는 고도로 세분화해 표적화한 시장이나 고객을 대상으로 대담하고 간단명료한 접근 방식을 통해 집요하고 강력한 보장과 함께 감정이 담긴 카피를 사용한다. 특히 댄 케네디는 브랜드 마케팅**을 노골적으로 경멸하며 행동을 유도하고 측정할 수 있는 결과를 얻지 못하는 마케팅 활동에 강한 편견을 갖고 있다.

댄의 메시지는 정보 마케터, 오프라인 비즈니스, 의료, 금융 서비스, 교육 분야에서 실질적인 변화를 끌어내는 실무자들에게 매력적인 방식이다. 이른바 인터넷 마케터들이 사용하는 많은 기법은 댄 케네디 이전 클로드 홉킨스Claude Hopkins, 존 케이플즈John Caples, 로버트 콜

---

* 홈쇼핑 컨셉으로 정보와 광고 요소를 결합해 제공하는 1분 이상의 광고.
** 잠재고객을 포함하는 고객이 브랜드를 볼 때마다 그 회사가 제공하는 제품과 서비스를 떠올리게 하는 마케팅이나 광고 기법, 흔히 대기업의 마케팅 기법으로 매스 마케팅이라고도 함.

리어^{Robert Collier} 등에게서 유래했다. 내 책에서도 댄 케네디나 다른 직접 반응 마케터들의 영향력을 확인할 수 있다.

당신이 직접 반응 마케팅을 공부하면 비즈니스와 심리학을 통합해 대학교 과정에서 배울 수 있는 것보다 훨씬 더 자세한 인간의 심리를 (그리고 이를 활용해 수익을 창출하는 법을) 배울 수 있다. 직접 반응 마케팅에서는 고객에게 지속해서 마케팅 활동을 노출하고 접촉하는 일이 매우 중요하다.

(몇 년 전, 댄 케네디는 위독한 상태로 며칠을 호스피스 병상에 누워 지내면서도, 고객에게 영업 편지를 작성해 발송했다. 다행히도 그는 자리를 털고 일어났지만, 내가 본 사람 중에서 그처럼 영업에 대한 열정이 대단한 사람은 찾기 힘들다.)

앞서 살펴본 두 가지 접근 방식에서 우리는 많은 것을 배울 수 있다. 나는 정체성을 쉽게 규정하기보다는 신중한 자세로 차분히 결정하는 게 좋다고 믿는다. 자신에게 더 많은 이름표와 가치관을 적용할수록 점점 더 멍청해질 뿐이다. 그래서 나는 나를 자칭 '브랜드 전문가'라던가 '직접 반응 마케팅 전문가'라고 규정하지 않는다. 지금은 그냥 '마케터'라는 말이 편하다.

마케터라고 이름표를 붙이는 것조차 사실 어색하다. 거의 모든 사람이 마케터가 하는 일을 원하지만, 동시에 마케터를 무시하고 비난하기도 한다. 마케터에 관한 이러한 혐오는 어쩌면 어느 정도 당연할지도 모른다.

나는 직접 반응 마케팅의 결과 중심 접근 방식을 좋아한다. 그럼에도 불구하고 화려한 디자인과 못생긴 글꼴의 커다란 빨간 헤드라인, 그만큼 커다란 '지금 구매' 버튼, 터무니없는 광고문구와 가짜 희소성 등, 이 마케팅의 특징인 천박한 느낌이 당혹스럽지 않다고 한다면 그건 거짓말일 것이다.

또한 전 세계에 자랑스럽게 공유할 수 있는 뛰어난 작품들을 세심하게 제작한다는 마음가짐도 좋다. 하지만 무명 생활을 하는 굶주린 예술가라는 고정관념도 부끄럽긴 마찬가지다.

직접 반응 마케팅으로 무자비한 거리에서 익힌 생활력과 지식을 받아들이면서도, 우리가 자랑스러워할 만한 무언가를 만들어낼 수 있을까? 친구와 가족에게 주저하지 않고 보여줄 수 있는 무언가를 만들어낼 수 있을까?

브랜딩 마케팅에서 흔히 볼 수 있는 창의력의 방종과 낭비 대신 견고하고 측정할 수 있는 결과를 바탕으로 하는 강력한 브랜드를 구축해낼 수 있을까?

이것도 서로 상충하는 아이디어들이다. 잘난척쟁이들은 이미 내가 말한 것들이 왜 효과가 없을지 증명하려고 앞다투어 논리적 반박을 했다.

이제 여러분도 바보 또는 천재가 되어 이 두 가지 극단의 마케팅을 어떻게 하면 효과적으로 활용할 수 있을지 고민해보길 바란다.

L E A N

기초 단계

MARKETING

많은 마케팅이 비대해지고 비효율적이며 낭비가 심한 형태로 변하고 있다. 마케팅을 향한 간결한 접근 방식은 호감도와 브랜드 자산을 구축하는 동시에 높은 투자수익을 창출하는 데도 도움이 된다.

이 장에서 다루는 주요 내용

- 린 마케팅의 시작.
- 린 생산방식이 어떻게 세계 최하위였던 일본 제조업을 최고 수준으로 변화시켰는가, 그리고 현재의 마케팅을 어떻게 변화시키고 있는가.
- 마케팅이 가치를 창출하는 활동이 되어야 하는 이유는 무엇인가?
- 제품의 수명 주기와 고객 여정* 전반을 고려해 마케팅해야 하는 이유와 그 중요성.
- 브랜드 마케팅과 직접 반응 마케팅 비교, 그리고 각각의 장점을 결합하는 린 마케팅.
- 성공적인 마케팅을 위한 제품 시장 적합성의 중요성.
- 당신의 마케팅 성과를 극적으로 증폭하는 3가지 힘.

---

* 고객이 브랜드를 경험하는 순차적인 과정.

제1장

마케팅에 집중하라

마케팅은 어떻게 린 생산법을 받아들였나

"내가 대체 여기서 지금 뭐 하는 거지?" 멕시코 레온 León 의 거리를 달리는 자동차 뒷좌석에서 생각했다. 이 도시는 5주간의 강도 높은 북미 전역 강연 투어의 마지막을 장식하는 주요 기착지였다. 날씨는 더웠고 몸 뉠 곳은 불편했으며 정신적으로도, 체력적으로도 나는 이미 지칠 대로 지친 상태였다. 가족들과 내 집과 우리 강아지가 보고 싶었다. 이튿날 강연 무대에 가이 카와사키 Guy Kawasaki* 가 살림 이즈마일 Salim Ismail** 과 함께 나란히 오른다는 것만이 내게 유일한 위안이었다. 두 사람이 이번 강연과 긴 여정의 가치를 높이 평가했다면, 내 시간도 그만큼 쏟을 가치가 있다는 판단이었다.

---

* 애플사의 맥 컴퓨터 마케팅으로 유명한 마케팅 전문가.

** 야후의 부사장을 역임하며 수년간 CSC 유럽의 경영 컨설턴트로 일한 전문 경영인.

레온은 멕시코 중부 과나후아토^{Guanajuato} 주의 도시로, 글로벌 자동차 제조 공장의 허브로 성장했다. 이번 컨퍼런스는 주정부와 자동차 업계가 공동으로 주최했다. 린 제조 방식으로 막대한 이익을 거둔 경영인들이 이 도시에 모여들었다. 훗날 '린 마케팅'이라는 이름으로 재탄생한 새로운 마케팅 방식을 개발하기에 이보다 적절한 곳은 없었다.

마음이 불안해지면 논리는 뒷전으로 물러나고 그 자리를 불길한 생각이 채우는 법이다. 나를 위해 공항까지 마중 나온 운전기사는 총기 무장을 하고 있었다. 허리춤의 총을 눈치채자, 그는 그 물건을 사용할 일은 절대 없을 거라며 웃어넘겼다. 다만 평소와 다르게, 나는 조금도 농담할 기분이 아니었다.

그때 당시만 해도 멕시코라는 나라의 범죄를 부정적으로 다루는 언론보도나 정치적 이슈가 왕왕 터졌다. 최근 드라마 〈브레이킹 배드^{Breaking Bad}〉*를 정주행했던 것도 내 부정적인 기분에 한몫했다. 빨간 불에 자동차가 멈추면 마약 카르텔 조직원들이 무기를 들이밀며 우리에게 차에서 내리라고 소리칠지 모른다는 상상이 계속해서 머릿속에 맴돌았다. 운전기사와 갱단이 총싸움을 벌이는 동안 자동차 뒷좌석에 몸을 웅크리고 숨어 있을 내 모습이 눈에 훤했다. 그렇게 어느 정도 숨어 있다가 총알이 차체를 통과해 내 심장에 깊숙이 박히는 것이다. 차 바닥으로 고꾸라진 나는 밭은 숨을 헐떡인다. 차창에

---

* 시한부 판정을 받은 한 고등학교 화학 교사가 마약을 제조해 팔게 되었다는 내용의 미국 인기 드라마.

피로 손바닥 도장을 찍으며 어떻게든 몸을 일으켜보려 애써도 소용이 없을 것이다. 그렇게 남의 나라 길바닥에 드러누운 채, 나와는 전혀 상관없는 일에 휘말려 끝내 짧은 여정이 끝나고 만다.

물론 그런 일은 일어나지 않았다. 총기 무장을 한 운전기사와 나는 아무런 사건·사고 없이 무사히 호텔에 도착했다. 따뜻한 환영 인사와 왕족에 버금가는 융숭한 대접도 받았다. 심지어 화장실에 준비된 핸드타월에도 내 이름이 새겨져 있었다.

인생이 종종 그러하듯, 바닥을 찍었던 순간을 돌이켜보면 그때가 나의 전환점이었음을 깨닫기도 한다. 긴 여정의 마지막 기착지라고만 여겼던 그곳이 나에게 하이라이트가 되어주었으니 말이다. 멕시코 사람들의 환대와 친절함이 나를 압도했다.

행사 전날 밤 열린 파티는 내가 그때껏 가본 파티 중 가장 화려하고 풍부한 잔치였다. 자동차 공장에서 튀어나온 로봇 팔이 와인을 서빙하는 동안, 오케스트라가 유명한 곡을 연달아 연주했다. 그야말로 파티 구석구석, 신기하고 재미있는 볼거리가 가득했다.

그리고 다음 날, 예정되었던 강연에 참석한 나는 마치 대체 현실로 빨려 들어간 기분이었다. 내 앞에 긴 줄을 만들고, 내 책에 사인을 받고 나와 사진을 찍으려고 기다리던 수많은 사람이 있었다. 이 사람들은 내가 유명한 사람이 아니라는 걸 모르고 이러는 걸까? 사인이나 사진을 요청하는 사람들에게 가로막혀 혼자서는 화장실도 갈 수 없었다. 행사장을 돌아다니면 사람들이 "저 남자가 앨런 딥이야"라고 소곤거리는 소리도 들렸다. 나도 모르는 사이 텔레비전 속 몰래카메라 쇼의 주인공이 된 기분이었다. 지금까지도, 대체 어떻게 그 행사에서 내가 유명 인사 취급을 받았는지 의아하다. 하지만 정말 즐거운 경험이었다. "내가 멕시코에서는 좀 알아주는 사람이야"라는 농담은 내가 팀원들 앞에서 위상을 높여야 하는 순간이면 늘 써먹는 레퍼토리다.

이 강연장에서 나는 누구보다 친절하고 매너 좋은 전문 경영인이자 『리더를 위한 린 식스 시그마 경영 관리법Lean Six Sigma Management System for Leaders』의 저자 루이스 스코니니Luis Socconini를 만났다. 그가 먼저 내 책을 정말 재미있게 읽었다며 다가왔다. 어떤 사업을 하냐고 물었더니 그는 '린 식스 시그마 연구소Lean Six Sigma Institute'의 설립자이자 '린 식스 시그마'에 관한 책을 여러 권 집필한 작가라고 소개했다. "당신이 쓴 책이 바로 린 마케팅입니다." 그가 말했다. 그때 나는 '린 마케팅'이라는 용어를 처음 접했다. 당시에는 별생각이 없다가 마케팅을 단순화하는 작업을 고심하면서, 바로 그때가 나의 터닝포인트였다는 사실을 깨달았다. 우리는 잠시 이야기를 나누며 서로 통성명했고, 계속 연락을 주고받자는 약속도 하며 헤어졌다. 그날 이후로 루이스는 내 클라이언트이자 친구가 되었다.

그의 재능은 린 운동과 내가 하던 마케팅의 교차점을 들여다보는 기회를 주었다. 그리고 이 책에서 여러분에게 공유하는 린 마케팅의 9가지 원칙과 현실적인 구현법을 정의할 수 있었다.

린 생산방식에서 린 마케팅까지

린 생산법은 제조업의 선구자들이 고안한 방법론이다. 기본적으로 낭비를 줄여 효율을 극대화하는 데 초점을 두었다.

수익성과 직접적인 상관관계가 있으므로, 많은 제조업체가 린 생산방식을 채택하거나 그것으로 전환했다. 이 분야의 선구자는 1950년대와 1960년대에 린 생산방식의 선구자인 도요타 생산법을 개발한 자동차 회사 도요타^{Toyota}다.

린 생산 운동은 아무리 강조해도 절대 지나치지 않다. 제2차 세계대전이 끝난 후 일본의 주요 도시는 황폐해졌고, 자원은 고갈되었으며 주요 산업은 모두 붕괴 직전이었다. 그야말로 처참했다. 이 시기 대부분 제조업은 미국 포드 자동차에서 시작된 동일 제품의 대량생산과 중앙집중식 의사결정, 높은 재고율 체계가 지배적이었다. "검은색이기만 하면 고객이 원하는 어떤 색이든 제공한다"라던 헨리 포드^{Henry Ford}의 유명한 명언처럼 말이다. 그러나 대량생산에는 거대하고 특수한 기계와 원자재, 인프라, 에너지 등 막대한 투자가 필요했다. 전쟁으로 폐허가 된 일본 제조업이 도저히 선택할 수 없는 선택지였다. 결국 경쟁 우위를 확보하려면 일본 제조업에는 다른 방법이 필요했다.

1970, 1980년대로 빠르게 시간을 넘겨보자. 일본은 특히 전자, 자동차, 기계 분야에서 고품질의 신뢰할 수 있는 제품으로 유명세를 떨

치며 명실상부한 글로벌 제조 강국이 되었다. 도요타, 혼다^{Honda}, 소니^{Sony}, 캐논^{Canon}같은 브랜드는 전 세계적으로 인정받았다. 이후 전 세계 기업이 일본의 생산방식을 연구하고 모방했다.

'메이드 인 재팬^{Made in Japan}'은 그때부터 우수성의 대명사가 되었다. 이러한 변화는 영화 〈백 투 더 퓨처 3〉에서 "이 회로가 고장 나지 않은 게 이상하군. '메이드 인 재팬'이잖아"라고 1950년대에서 온 박사가 말하자 (1980년대에서 온) 주인공 마티가 "무슨 소리에요, 박사님. 최고의 물건은 다 일본에서 만든다고요"라고 대답하는 장면에서도 잘 드러난다. 린 생산방식에 힘입어 일본은 세계에서 두 번째로 큰 경제 대국이 되었다. 오늘날까지도, 믿을 수 있고 내구성이 뛰어나며 가격은 저렴한 자동차를 원하는 사람이라면 '도요타'를 고려하지 않을 수 없을 정도다.

생산방식 외에도 린 사고방식은 의료, 소프트웨어 개발, 서비스업 같은 산업에도 적용되었다. 린 방법론은 세계에서 가장 가치가 큰 기업들 사이에 깊이 자리매김했다.

기업인 제프 베이조스^{Jeff Bezos}는 그가 좋아하는 비즈니스 서적 『린 싱킹』(바다출판사, 2006)을 자주 인용한다.

이 책의 저자 제임스 워맥^{James Womack}과 대니얼 존스^{Daniel Jones}는 '린'을 일컬어 "점점 더 적은 인력과 적은 장비, 적은 시간과 적은 공간으로 더 많은 일을 하면서도 고객이 원하는 것을 정확하게 제공하는 것에 점점 더 가까이 다가가는 방법"이라고 정의한다.

'린' 사고방식의 주요 원칙으로는 고객의 관점에서 가치를 정의하고 이를 전달하는 것, 가치 전달 방식을 지속해서 개선하는 것, 낭비가 심하고 가치에 기여하지 않는 자원 사용은 과감히 없애는 것, 필요할 때만 필요한 것을 생산하는 것 등이 있다. 즉 가치 전달 과정에서 모든 낭비를 제거하는 것이 목표다.

많은 린 개념이 마케팅에도 적용된다. 고객이 가치를 느끼지 못하는 자원을 전부 낭비라고 정의하는 것도 그중 하나다.

특히 브랜드 마케팅에는 엄청난 낭비가 발생한다. 브랜드 마케팅은 평균적인 제품에 대한 표준 메시지를 가능한 한 많은 사람에게 전달하는 데 집중한다. 이는 비효율적이며 낭비만 심할 뿐, 그 과정에서 광고 대상이 아닌 대다수 사람에게는 아무런 가치도 제공할 수 없다.

당신의 마케팅은 표적시장*이 비용을 지급할 만큼 가치가 있어야 한다. 무상으로 상품을 제공하는 사이에도, 그 자체로 돈을 지급할 수 있을 만큼, 진정한 잠재력을 포함해야 한다.

린 마케팅의 첫 번째 원칙
마케팅을 이용해 표적시장에 가치를 창출하라

마케팅으로 가치를 창출하기 위해 생각해볼 한 가지 방법은 바로

---

* 기업의 마케팅 계획 충족을 위해 필요한 일정한 고객군.

마케팅이 창출하는 외부효과를 고려하는 것이다. 외부효과란 경제 활동의 부작용이 다른 분야에 영향을 미친다는 뜻이다. 공장 때문에 생긴 대기 오염이 인근 주민의 건강에 해를 끼치는 것처럼, 대부분 외부효과는 부정적이다.

예를 들어, 이웃이 아름다운 정원을 조성해 동네의 품격을 높이고 창밖을 바라볼 때마다 즐거운 감정을 느낀다면, 수혜자는 거저 얻은 혜택으로 긍정적인 외부효과를 일으킨다.

대부분 마케팅은 부정적인 외부효과를 창출한다. 자기중심적이고 사용자를 방해하는 인터럽션 마케팅Interruption Marketing을 기반으로 하며, 광고를 보는 사람 대부분과는 무관하다. 마치 공장의 굴뚝에서 뿜어져 나오는 짙은 연기처럼 마케팅도 공해를 내뿜는 것과 같다. 그러나 린 마케팅은, 이와는 반대로 긍정적인 외부효과를 창출해 고객이 될 가능성이 없는 사람들에게도 혜택을 준다.

그리고 한 가지 구멍이 더 있다. 바로 마케팅이 사일로 효과*로 낭비되는 경우다. 제품이나 서비스를 개발한 후에야 다른 팀이 달라붙어 마케팅하는 것이다. 이건 돼지에게 립스틱을 바르는 것과 다르지 않다.

이 책에서 다루는 내용 중 많은 부분이 전통적인 '마케팅'의 범주에서 벗어난다. 나는 온보딩**, 고객 유지, 추천, 팀 구축 등에 관해 논의

---

* 조직 부서들이 서로 다른 부서와 담을 쌓고 내부 이익만을 추구하는 현상.

** 조직이나 회사에 수월히 적응할 수 있도록 업무에 필요한 지식이나 기술 등을 안내·교육하는 과정.

고자 한다. 그렇다면 왜 마케팅 책에서 그런 내용을 다루는 걸까?

왜냐하면 마케팅은 조직 전체를 기반으로 이루어지는 작업이기 때문이다. 영업적 대화에서 배송 프로세스, 고객 서비스(CS)까지 회사 전반에서 마케팅이 이루어진다. 이를 마케팅이라 부르는 사람도, 동의하지 않는 사람도 있겠으나, 현재고객 및 잠재고객과의 상호작용은 미래의 구매 결정, 고객생애가치(LTV)*, 수익에 영향을 미친다.

의도적으로 조직 전체에 마케팅을 통합하면 마케팅 활동을 훨씬 더 효과적으로 수행할 수 있다. 고객 서비스팀이 추가 제품을 업셀Upsell**로 판매하거나, 번들로 제공할 기회를 만들어냈다면, 고객생애가치도 높아지지 않을까? 영업팀이 말 그대로 도움이 되었고, 잠재고객이 영업팀과 상담을 기대한다면, 고객 전환율 역시 높아지지 않을까? 고객 온보딩 프로세스가 원활하다면 고객 이탈이 줄어들지 않을까?

린 마케팅의 두 가지 중요한 개념은 바로 **가치 흐름도**Value Stream Mapping와 **현장 흐름**Flow이다. 가치 흐름도는 원자재부터 제품 또는 서비스 생산, 고객 배송, 고객 사용, 최종 폐기에 이르기까지 제품 또는 서비스 수명주기***의 모든 단계를 식별하고 도식화하는 것이다. 이렇게 하면 가치

---

* 소비자 한 명이 하나의 상품 혹은 기업의 고객으로 남아 있는 기간 동안 발생하는 수익의 총합계를 말하는 것.

** 기존 고객에게 고객이 평소 사던 상품, 서비스보다 더 비싼 상품이나 서비스 혹은 추가로 다른 제품을 권유하는 전략.

*** 상품 등이 개발되고 사용되는 주기.

를 창출하는 단계와 그렇지 않은 단계를 식별할 수 있다.

현장 흐름은 부가가치 창출 활동이 전반적으로 원활하게 진행되는지를 살핀다. 또한 배치 크기*를 줄이고 작업량을 평준화하며, 병목현상을 제거할 수 있다. 마케팅을 가치 전략의 일부로 인식하고, 이를 현장 흐름 접근 방식으로 전환할 수 있다. 그럼 마케팅을 조직 전체로 흡수시킬 수 있다.

질량 접근법은 사일로 효과처럼 모든 사람과 자신의 부서를 분리하는 것이다. 보통의 회사에서 일어나는 일이다. 제품 개발 또는 디자인팀이 콘셉트를 제시하면 엔지니어링팀이 프로토타입(시험 제작 원형)을 만들고, 제조 팀이 최종 제품을 생산한 다음, 마지막으로 마케팅팀이 제품을 누구에게 어떻게 판매할지 고민한다. 제품에 관한 수요가 많지 않거나 고객이 기꺼이 비용을 지급할 만큼 문제를 해결하지 못한다는 사실을 알게 되는 경우도 종종 발생한다. 별도의 전문 부서가 효율적이라는 인식은 자원을 낭비하고 기회를 놓치는, 궁극적으로 비즈니스의 비효율을 낳는다.

영업팀과 마케팅팀의 불화가 바로 전형적인 사례다. 영업팀은 관심고객이 형편없다고 불평하고, 마케팅팀은 영업팀이 거래를 성사하지 못했다고 불평한다. 아무리 멋진 마케팅팀과 영업팀이 있다고 해도 고객을 실망하게 하고 자꾸만 잃는다면 무슨 소용이 있을까?

---

* 다수의 공정으로 구성되는 생산설비에서 공정과 공정 사이, 한꺼번에 처리해 전달해야 하는 작업 뭉치의 크기.

린 접근법은 마케팅을 제품 전체에 내장하는 것이다. 마케팅은 제품 속에 포함되어야 한다. 그렇지 않으면 적합하지 않은 엉터리 관심고객과 거래를 성사하기 위해 가격 할인을 강요하는 영업팀, 끊임없이 발등의 불을 꺼야 하는 고객 서비스팀 등 수많은 낭비만 발생하고 만다.

린 접근법의 핵심 질문은 "어떤 활동이 가치를 창출하고 어떤 활동이 비효율적이거나 낭비인가?"다. 우리의 목표는 가능한 한 효율적으로 고객을 창출하는 것이다.

그렇다고 해서 고객을 냉정한 거래의 시선으로 바라보아선 안 된다. 오히려 그와 반대로 접근해야 한다. 이 책이 앞으로 계속 강조하겠지만, 마케터와 비즈니스 리더로서 우리는 호감도, 고객 만족, 행복한 팀을 만들어야 한다. 막연한 보람 때문이 아니라, 그게 좋은 비즈니스이기 때문이다. 또한 비즈니스를 구축하고 고객과 수익을 늘리는 효율적인 방법이기 때문이다.

린 마케팅은 이를 실현하기 위한 체계적인 접근법이다. 여러분은 고객과 잠재고객의 관점에 따라 가치를 정의하고 전달한다. 고객 창출 과정에서는 호감도와 브랜드 자산을 구축한다. 잠재고객을 위한 가치를 창출하고 측정 가능한 결과를 끌어낸다.

흥미로운 점은 실제로 마케팅을 적게 하면서도 이 모든 걸 달성할 수 있다는 점이다. 지난 몇 년 동안 우리가 해야 할 마케팅 활동의 목록은 끝이 없을 정도로 늘어났다. 하지만 성공한 마케터를 보면 정말 깜짝 놀란다. 그들에게는 해야 할 목록이 아니라 하지 말아야 할 목록만 즐비하다. 그들의 마케팅은 간결하고 단순하며 영리하다.

브랜드 마케팅과 직접 반응 마케팅

브랜드 마케팅은 측정할 수 없는 마케팅이다. (적어도 엄청난 정신훈련이 없다면 말이다.) 광고 보드의 포부를 가득 담은 이미지와 슬로건, 화려함, 경기장의 명칭을 지을 수 있는 권리 등이 바로 브랜드 마케팅이다. 여러분을 포함한 누구도 어떤 광고 때문에 코카콜라나 나이키 운동화를 구매하게 되었는지 알지 못한다.

오랫동안 브랜드 마케팅의 성공 공식은 사람들이 보고, 듣고, 읽는 모든 것에 광고를 삽입해 사람들을 방해하는 방식으로 이루어졌다.

브랜드 마케터가 바라는 건, 메시지가 충분히 노출되어서 구매를 결정할 때 고객이 브랜드를 선택하게 하는 것이다. 더 많은 사람에게 더 많이 반복적으로 도달하는 것이 브랜드 마케팅의 핵심이다.

인터럽션을 기반으로 하는 판매로 얻은 이익을 더 많은 광고에 재투자하고, 이 과정을 계속해서 반복한다. 많은 거대 브랜드가 이러한 방식으로 구축되었고 그 결과 많은 돈을 벌었다.

브랜드 마케터는 브랜드 이미지와 브랜드가 어떻게 인식되는지에 깊은 관심을 둔다. 그들은 브랜드와 어울리는 환경에 브랜드를 심고 싶다. 그래서 논란의 여지가 있는 스폰서십이나 광고는 신속하게 회수한다.

대중적인 브랜드를 구축하려면 대규모 투자가 필요하고 원하는 결과를 얻기까지 수년이 걸린다. 전쟁 이후 일본은 대량생산에 투자할 자원이 없었다. 마찬가지로 대부분 중소기업은 대량 마케팅을 할 수 있는 자원이 없다. 따라서 더 스마트하고 간결한 접근 방식이 필요했다.

직접 반응 마케팅은 또 다른 주요 마케팅이다. 사용자의 행동을 기반으로 과학적 측정 방식을 사용한다. 스스로 비용을 지급하게끔 설계한 광고를 통해 표적화와 추적을 할 수 있다.

직접 반응 마케터는 클릭당 지급 광고, 다이렉트 메일Direct Mail*, 이메일처럼 측정 가능성이 큰 매체를 사용한다. 클릭과 옵트인 방식Opt-in**, 구매 등 모든 활동을 측정한다. 투자수익률(ROI) 계산은 가시적이며 짧은 기간을 기준으로 한다.

대신 광고가 어떻게 인식되는지, 또는 광고가 어디에 게재되는지에 관한 관심은 브랜드 마케팅에 비해 현저히 떨어진다. 이들에게 가장 중요한 건 지표와 광고 투자수익률이다. 광고를 보고 클릭한 1%의 사람들에게만 집중한다. 나머지 99%는 신경 쓰지 않고 그 과정

---

* 상품 선전용 우편, 메일 전단.

** 전화나 이메일 또는 유료 서비스를 제공할 때 수신자의 허락을 받은 경우에만 발송할 수 있게 하는 서비스 방식, 흔히 보는 수신 동의 광고.

에서 회사의 평판은 떨어진다.

물론 인생과 마찬가지로 완전히 흑과 백으로 나뉘는 건 없다.

브랜드 마케터는 광고를 본 후 브랜드를 인식하거나 브랜드와 상호작용의 가능성, 즉 '브랜드 상승도$^{Brand Lift}$' 같은 지표에 집중한다. 물론 그것도 좋은 방향이다, 그러나 수익과의 연관성을 확인하려면, 조금 더 심도 있게 모든 지표를 살펴볼 필요가 있다.

직접 반응 마케팅은 자부심을 느낄 만한 지표 측정이 어렵다. 예를 들어, 디지털 광고를 클릭하고 랜딩 페이지$^{Landing Page*}$에서 수신 동의를 하고, 일주일 동안 세 번의 이메일을 받고 리타기팅 광고**를 본 경우, 어떤 광고가 구매로 이어졌을까? 첫 번째 광고? 광고 이메일? 리타기팅 광고? 모두 합친 결과일까? 모두 합친 결과라면 모두 같은 가중치를 부여해야 할까? 과연 그게 가능할까? 따라서 일부 직접 반응 마케터들은 데이터 사이언티스트$^{Data Scientist***}$를 고용해 기여 모델$^{Attribution Model}$을 만들기도 한다.

반면 브랜드 마케팅에는 "광고에 쓰인 돈의 절반은 낭비되고 있다. 문제는 그 절반이 어디에서 낭비되는지 모른다는 점이다"라는 마케팅의 거장, 존 워너메이커$^{John Wanamaker}$의 법칙이 통용된다. 린 접근법의 정확성, 규율, 효율성과는 다소 거리가 먼 이야기다. 제조업에 종

---

* 홈페이지 방문, 키워드 검색 혹은 배너 광고 등으로 유입된 인터넷 이용자가 최초로 보는 페이지.
** 특정 페이지를 열람한 경험이 있는 고객에게, 당시 관심을 가졌던 상품을 상기시키고, 재방문해 관련 상품을 구매하도록 유도하는 온라인 마케팅 전략.
*** 데이터의 다각적 분석을 통해 조직의 전략 방향을 제시하는 기획자이자 전략가.

사하는 사람이 "원자재에 쓰는 돈의 절반이 낭비되는데, 그 절반이 어디에서 낭비되는지 모르겠다"라고 말하는 모습을 상상할 수 있을까? 그런 일은 아예 일어나지 않는다. 식스 시그마 연구소의 표준에 따라 운영하는 공장은 100만 건 중 3.4회 미만의 결함이 발생한다고 한다. 이는 마케팅 업계가 본받아야 할 놀라운 사례.

그렇다면 브랜드 마케팅은 형편없고 직접 반응 마케팅만이 살길이라는 뜻일까? 아니, 그렇지 않다. 세계에서 가장 크고 성공적인 조직이 사용하는 전략을 무시한다면, 그것이야말로 멍청한 짓이다. 위대한 브랜드는 강력한 스토리를 만들고, 엄청난 호감을 구축하며, 사람들의 마음속에 자리 잡는다.

특히 브랜드 마케팅은 대규모로 고객을 창출하고 수익을 내는 데 매우 효율적이다. 보통은 직접 반응 마케팅으로 시작해서 규모가 점점 커지면 브랜드 마케팅으로 전환하는 게 보편적이고 또 본받을 만한 모범답안이다. 대기업이 직접 반응 마케팅을 기반으로 마케팅을 진행하는 건 아주 드문 일이다. 물론 전혀 없는 건 아니지만 확실히 드물긴 하다.

린 접근법과 린 생산방식이 수십 년에 걸쳐 완성한 원칙에 조금만 주의를 기울이면 브랜딩에 쓰는 노력과 품을 낭비하지 않고, 더 작은 규모로 마케팅을 진행할 수 있다. 또한 끊임없는 수익 중심의 직접 반응 마케팅 원칙을 브랜드 친화적으로 개선해 더 큰 규모로 활용할 수도 있다.

내가 읽은 최고의 마케팅 서적

최근 업계 컨퍼런스의 기조 연설자로 나선 일이 있었다. 프레젠테이션 도중, 나는 내가 쓴 『1페이지 마케팅 플랜』(알파미디어, 2022) 한 권을 들고 "지금껏 제가 읽은 최고의 마케팅 책입니다. 네, 제가 썼죠"라고 말했다. 뻔뻔한 허풍 때문이었는지, 내 농담이 진심인지 아닌지, 청중 중 몇은 웃음을 터트리기도 했고, 몇몇은 애매한 표정을 짓기도 했다.

다소 뻔뻔한 자랑이지만, 독자들에게 똑같은 칭찬을 담은 이메일과 메시지를 정말 얼마나 많이 받았는지 모른다. "이 책은 제가 지금까지 읽은 마케팅 책 중 최고였어요."

그런 반응이 바로 두 번째 책을 쓴 계기가 되었다. 첫 번째 책은 홍보나 많은 돈을 벌고자 쓴 책이 아니었다. (물론 두 가지를 다 달성하는 데 성공했지만) 『1페이지 마케팅 플랜』은 내가 처음 마케팅을 배우던 시절, 즉 마케팅을 어떻게 해야 할지 전혀 몰랐던 IT 초짜 시절에 꼭 있었으면 좋겠다고 바라고 생각하던 책이었다. 아무것도 모르던 과거의 나를 위해 썼고, 그 과정에서 나와 같은 처지에 있는 많은 독자에게 도움이 되었다.

나는 흔히 나 잘난 맛에 사는 정치인들이 보이는 가짜 겸손을 좋아하지 않는다. 나는 내가 자랑스럽다고 여기는 일은 당당하게 말한다. 그렇게 하면 적어도 한 명 이상의 팬이 생긴다. 『1페이지 마케팅 플랜』의 뒤를 잇는 이 책에서도 나는 같은 태도를 고수하고자 한다.

만약 여러분의 목표가 전쟁에서 승리하는 것이라면, 전략은 어떻게 목표를 달성할 것인지에 관한 것이어야 한다. 예를 들어, "우리는 적을 국경으로 몰아낼 것이다"와 같은 목표다. 그리고 전술은 "적의 탱크를 폭격하고 보급선을 차단하겠다"처럼 구체적으로 무엇을 할 것인지에 관한 것이어야 한다.

전략은 우선순위를 정하고 한정된 자원을 배분해 최대의 효과를 내는 것이다. 전술은 전략을 효과적으로 수행하기 위해 사용할 구체적 행동과 기술, 기동과 실행력에 관한 것이다.

『1페이지 마케팅 플랜』은 전략에 중점을 두었다. 전술적인 부분도 다루었지만, 가장 먼저 필요한 건 전략이므로 주로 전략에 초점을 맞추었다.

이 책은 전략보다는 전술적 내용을 담으면서도 독립적으로 구성되어 있다. 이 책만 읽어도 엄청난 가치를 얻을 수 있다. 『1페이지 마케팅 플랜』과 함께 읽으면 '1+1=3'이라는 느낌이 들 것이다. 이 두 권을 함께 읽으면 실생활에 유용한 MBA 마케팅 학위를 딴 것처럼 유용할 것이다.

계획을 실행에 옮기자

이 책은 크게 네 부분으로 나뉜다. 먼저 1막인 '기초'에서는 목표시장 및 제품 시장 적합성과 같은 몇 가지 기본 사항을 다룬다. 기초가 없으면 전략이 제대로 작동하지 않는다. 많은 부분이 익숙하더라도 다시 한번 복습하는 것이 효과적이다. 1막의 내용을 잘 이해한다거나 이 책의 전술적인 부분을 빨리 보고 싶다면 4장으로 건너뛰어도 좋다.

제품 시장 적합성$^{Product\text{-}market\ fit}$*은 대체 제품보다 더 나은 (또는 더 나은 것으로 인식되는) 방식으로 실제고객의 요구를 충족하는 것이다. 적합한 사람들에게 적합한 제품을 파는 것이다. 마케팅은 이 과정에서 증폭기 역할을 한다. 따라서 기초가 탄탄하지 않다면 그 결과 역시 증폭되어 나타날 것이다. 좋은 마이크를 가진 실력 없는 가수는 그저 시끄럽기만 하고 상황을 악화시키기만 한다.

따라서 2장과 3장에서는 제품의 시장 적합성을 올바르게 파악해 청중이 듣고 싶어 하는 내용을 증폭하는 방법에 관해 설명하고자 한다.

그러나 이를 미루고 분석에 의한 마비**에 빠지는 실수를 범해서는 안 된다. 똑똑한 사람은 두 번 측정하고 한 번은 잘라낸다고 믿지만 실제로는 절대 잘라내지 못하는 경우가 많다. 그들은 영원히 측정만 할 뿐이다.

처음에는 당신의 제품 시장 적합성이 불완전할 수 있음을 인정하자. 점점 더 많은 정보를 얻으면서 방향을 수정하거나 방향을 전환해

---

* 제품이 실제로 사용자를 만족시키는 성질로, 표적시장에 대한 분석이 정확했을 때 높게 나타난다.

** 생각이 많아 전혀 결정을 내리지 못하는 현상.

야 할 수도 있다.

3가지 성공 전술을 더하라

언젠가 한 번, 워크숍을 진행하며 청중에게 다음과 같이 물어보았다. "비즈니스 수익률을 두 배로 올리고 싶으신 분 계십니까?" 누구나 아는 손쉬운 청중 참여 유도 전략이었다.

수많은 사람이 열정적으로 손을 치켜들었다. "쉬운 방법이 있습니다." 내가 대답했다. "일하시는 시간을 두 배로 늘리세요." 그러자 흥이 식은 듯, 사람들이 하나둘 손을 거뒀다.

근무 시간을 두 배로 늘린다고 해도, 현재 일하는 시간이 정말 적다면 두 배, 아니 어쩌면 세 배는 늘려야 하는 게 당연하다. 그러면 자연히 당신의 건강, 인간관계 등 모든 게 나빠지기 시작한다. 게다가 하루가 24시간밖에 없다는 사소한 문제도 우리에겐 걸림돌이 된다.

일하는 시간과 자원을 늘리지 않고도 비즈니스 성과를 배가할 유일한 방법은 이 책에서 반복적으로 등장하는 주제인 레버리지^{Leverage*}를 활용하는 것이다. 단순한 선형적 사고는 점진적인 이득을 가져온다. 그러나 레버리지 사고는 **기하급수적인** 결과를 가져올 것이다.

자, 그렇다면 레버리지란 정확히 무엇일까? 레버리지는 인풋의 힘

---

*차입금, 사채 등의 고정적 지출과 기계, 설비 등의 고정비용이 기업경영에서 지렛대와 같은 중심적 작용을 하는 일.

을 배가하는 모든 것을 말한다. 시간, 돈, 에너지를 한 단위로 투입했을 때 한 단위 이상의 결괏값을 낸다면 바로 레버리지가 작동했다고 말한다. 즉 레버리지는 성공 전술이다.

이 책의 전술적 부분에서는 강력한 마케팅 인프라를 구축하는 데 필요한 3가지 성공 전술에 관해 설명한다. 바로 도구와 자산 그리고 프로세스다. 각각의 성공 전술을 각 장에서 자세히 다룰 것이다.

도구가 바로 우리가 배울 첫 번째 성공 전술이다. 도구는 우리 인간을 다른 모든 종과 차별화하는 요소다. 비즈니스 도구의 발명과 사용은 생산성과 부의 엄청난 증가를 가져왔다. 마찬가지로 적절한 마케팅 도구를 사용하면 자신의 능력 이상으로 성과를 낼 수 있다. 여기에 마케팅 자산과 프로세스를 만들고, 배포하고, 관리하는 데도 매우 중요한 역할을 한다. 이 책의 도구 부분에서는 필요한 모든 마케팅 도구에 대한 포괄적이고 자세한 설명을 다루지는 않는다. 굉장히 지루하기 때문이다. 게다가 도구를 개별적으로 논의하는 게 큰 의미가 없는 경우도 많다. 대신 필요하고 다양한 도구에 관해 전반적으로 관련성이 있는 경우에만 다루기로 한다.

자산이 두 번째 성공 전술이다. 자산은 부유층이 소득을 창출하고 부자가 되는 방법이기도 하다. 또한 훌륭한 마케터들이 관심고객, 잠재고객, 실제고객을 지속해서 창출하는 방법이기도 하다. 마케팅 성과가 시간, 노력, 예산을 능가하려면 마케팅 자산을 구축해야 한다.

프로세스가 마지막 성공 전술이다. 프로세스는 비즈니스에서 실행하는 알고리즘과 같다. 일별, 주별, 월별 마케팅 프로세스를 만들고 배포하면 큰 성과를 거둘 수 있다. 복리로 불어가는 이자가 금융 투자의 성장을 도왔다면, 마케팅 프로세스의 복리 성과는 비즈니스 성장의 원동력이 될 것이다.

도구와 자산, 프로세스가 다 함께 사용될 때, 적은 인풋으로 더 큰 성과를 얻을 수 있는 매우 효과적인 마케팅 시스템을 구축할 수 있다.

더 많은 마케팅, 즉 더 복잡하고 공격적이며 많은 비용이 드는 마케팅을 해야 한다는 압박감이 늘 우리를 짓누른다. 이와 정확히 반대되는 린 마케팅의 단순함을 배우면 마케팅이 훨씬 신선하게 다가올 것이다.

새로운 것은 없다

내 직업은 때로 "새로운 게 없다"라거나, "누구나 다 아는 내용"이라는 비판을 받기도 한다. 대체로 그럴 수 있다고 생각하지만, 수천 개의 기업을 컨설턴트하며 그들의 내면을 바라본 결과, 상식이 상식이 아니라는 점도 알 수 있었다.

예를 들어, 웹사이트 방문자의 이메일 주소를 확보하는 것(9장에서 자세히 설명함)은 새로운 일이 아니다. 간단하고 상식적인 아이디어지만 대다수 비즈니스가 이를 따르지 않는다. 콘텐츠 마케팅(13장에서 자세히 설명)도 새로운 아이디어는 아니지만, 이 역시 지속적으로 또는 제대로 실행하는 기업은 거의 찾아볼 수 없었다.

지식과 실행 사이에는 분명 큰 차이가 있다. 이 책이 그 차이를 좁히는 데 조금이라도 도움이 되길 바란다. 간단하고 상식적인 아이디어를 실제로 구현하는 데 필요한 세부 사항을 꼼꼼히 살펴볼 것이다.

값비싼 경험을 하면서, 나는 단순한 저울질과 공상은 실패한다는 걸 배웠다.

살을 빼고 싶은가? 내가 먹는 열량보다 더 적게 먹어야 한다.

근육을 키우고 싶은가? 스쿼트, 데드리프트, 벤치 프레스 같은 몇 가지 기본 동작을 반복해 근육을 키우면 된다. 독창적이지 않다고 말할 수도 있다. 물론 맞는 말이지만 그게 효과가 있다는 사실마저 부정할 순 없다. 독창적인 자세를 원한다면 차라리 물구나무를 서라. 그러나 그렇다고 해서 근육이 강해지진 않을 것이다.

나를 피트니스 트레이너라고 받아들여도 상관없다. 효과적이기만 하다면 독창적이지 않다고 평가해도 기분 나쁘지 않다. 나는 그저 여러분이 원하는 결과를 얻길 바랄 뿐이다.

진짜 트레이너가 되어 여러분의 몸을 트레이닝시킬 것이다. 나는 여러분의 마케팅 근육을 단련하기 위해 이 책을 썼으며, 대부분 결과는 몇 가지 '동작'을 통해 얻을 수 있다.

몸매를 가꾸고 싶든, 돈을 벌고 싶든, 기본을 확실히 이해하는 것이 바로 성공의 열쇠다.

기본과 기술

책은 기본을 포장하는 훌륭한 방법이다. 다른 어떤 매체도 갖지 못한 영원성을 가졌기 때문이다. 우리는 여전히 수백, 수천 년 전의 책을 읽고 소중히 보존하지 않는가.

온라인 기사, 소셜 미디어 게시물 혹은 유튜브^{YouTube} 동영상은 책과 영속성의 본질이 다르다. 다른 디지털 방해 요소 사이에서 무언가를 읽거나 시청했다고 해도, 30초만 지나면 머릿속에서 휘발되어 사라진다. 그러나 책은 생각하고, 집중하고, 배울 수 있는 시간과 여유를 제공한다.

그러나 책에도 심각한 단점은 존재한다. 곧바로 업데이트할 수 없다는 점이다. 편집자, 조판, 출판사, 유통업체, 소매업체 등 책 한 권에 수많은 중개인이 걸쳐 간다. 책의 사소한 수정이나 업데이트조차 큰 프로젝트가 될 수 있으며, 전체 프로세스가 진행되려면 그만큼 오랜 시간이 걸린다. 따라서 이 책에 스크린 캡처, 템플릿, 도움말을 포함하는 것은 맞지 않는다고 판단했다. 여러분이 이 책을 읽을 때쯤이면 이미 쓸모없는 정보일 테니 말이다.

따라서 이 책에서는 시대를 초월하는 기본 사항을 다루되, 끊임없이 변화하는 마케팅의 기술적 측면을 다룰 수 있는 관련 자료도 함께 소개하고자 한다. 외부 자료는 린 마케팅 허브^{Lean Marketing Hub}에서 확인할 수 있으며, 나와 우리 팀이 정기적으로 업데이트할 예정이다. 이 책에서도 참고하면 좋을 자료는 언제나 별도로 표시할 것이다.

> '린 마케팅 허브(LeanMarketing.com/hub)' 웹사이트에 접속해보자. 이 책과 함께 제공되는 모든 자료를 확인하고, 질문을 남기고, 린 마케팅으로의 여정을 더욱 풍부하게 경험할 수 있을 것이다.

이 책에서 다루는 많은 내용은 제프 베이조스가 끊임없이 던지는 질문, "무엇이 그대로 유지될 것인가?"의 답이 된다. 좋은 소식은 많이 있다. 알다시피 기술의 발전으로 마케팅의 기술적 측면이 단순화되고 또 민주화되었다. 과거와 같은 경쟁 우위는 더 이상 존재하지 않는다. 시장에서 가장 큰 승리는 기본에서 비롯된다.

자, 이제 준비는 끝났다. 린 마케팅으로의 여정을 시작하자!

제1장 실행 과제

· 당신의 모든 마케팅 활동을 검토하라. 표적시장에서 가치를 창출하지 못하는 모든 활동에 주목해볼 것.
· 고객 여정 전반을 검토하라. 그 사이에 마케팅이 들어갈 수 있을 공간을 검토하고 기록해두자.
· 당신이 세운 마케팅 플랜을 다시 살펴보자. 빠르고 쉬운 방법이 필요하다면 『1페이지 마케팅 플랜』 캔버스를 사용하자. (린 마케팅 허브에서 무료로 볼 수 있다.)

많은 기업가가 제품이나 서비스를 위한 시장 찾기부터 비즈니스를 시작한다. 마케팅 성공의 열쇠는 먼저 표적시장을 명확히 파악하고 그 시장을 깊이 이해하는 것이다.

제2장

당신의
고객은 누구인가?

모든 사람들을 위한 당신의 콘텐츠가 아니라, 당신의 사람들을 위한 콘텐츠여야 한다

팟캐스트에 출연해서 정말 많은 인터뷰를 해보았는데, 그중 내가 받은 가장 흔한 질문이 있다. "사람들이 저지르는 가장 큰 마케팅 실수가 무엇인가요?" 내 대답은 거의 항상 비슷하다. 사람들은 제품이나 서비스를 시작한 다음 판매할 시장을 찾는다는 것이다.

당신의 표적시장은 마케팅 전략의 가장 기본적인 요소다. 많은 사람이 자신의 제품이 무엇인지는 확실히 알면서도, 어떤 고객을 확보해야 하는지에는 무지하다. 그 사실을 깨닫고 얼마나 큰 충격을 받는지 모른다. 바로 여기서 여러분의 사업이 망하는 것이다.

실리콘밸리Silicon Valley에서는 이를 문제 해결을 위한 해결책이라고 부른다. 하지만 이는 말도 안 되는 소리다. 오히려 골칫거리만 추가할 뿐이다. 나의 표적고객이 불분명하면 설득력 있는 메시지를 만들 수 없다. 어떤 고객에게는 효과가 있는 메시지가 어떤 고객에게는 효과가 없을 수도 있다.

엉뚱한 고객에게 도달하는 경우 효과가 없는 광고에 큰 비용을 낭비하게 되고, 판매로의 전환은 당연히 힘든 싸움이 될 것이다. 지금 이 순간, 이런 경험을 한다면, 표적시장에 대한 명확한 아이디어가 없어서일 가능성이 크다.

좋은 마케팅은 고객을 위한 것으로, 제품이 고객에게 맞춰져야 한다. 시장을 먼저 고려하고, 제품은 그다음이다. 따라서 나의 고객이 누구인지를 파악하는 것이 매우 중요하다.

자신을 한 마을의 시장이라고 생각해보자. 내 주민들에게 무엇이 필요한가? 그 답은 마을마다 크게 다를 가능성이 크다. 예를 들어, 내가 사는 곳을 생각하면 곧바로 떠오르는 것들이 있다. 신호등 설치가 필요한 위험한 교차로가 한 곳 있는데, 이곳에서 매년 큰 사고가 발생하고 매일 아침이면 주도로로 진입하려는 차량으로 늘 정체 현상이 빚어진다.

린 마케팅의 세 번째 원칙
제품보다 시장이 우선이다

인근 해변과 절벽에 방문하기 위해 산책로에 불법 주차하는 당일치기 여행객도 큰 문제다. 사람들은 시끄럽고 쓰레기도 마구 버리고 가는 데다가 지역 주민들에게 불쾌감을 준다.

산불을 예방하기 위해 산림 지역을 정비하고 무성한 풀이나 죽은 나무를 치우는 등, 시의회가 잘하는 일도 있다. 이런 일들은 다른 마을의 업무와는 무관한 일이다. 좋은 시장은 지역 주민의 요구를 잘 파악하고 이를 바탕으로 결정을 내린다.

표적시장도 같은 방식으로 접근해야 한다. 먼저 표적고객이 누구이며, 어떤 문제를 겪는지 명확하게 파악해야 한다. 이 장에서는 이런 문제들을 해결하는 데 도움이 되는 몇 가지 강력한 도구를 소개하고자 한다.

넓이 1인치, 깊이 1마일의 시장

최근 친구들과 여행을 가서 처음으로 클레이 사격*에 도전했다. 우리를 가르치던 강사는 올림픽 사격 챔피언 출신이었다. 그가 우리에게 알려준 유용한 팁은 클레이 원반이 발사될 때, 원반을 따라가려는 본능을 무시하라는 것이다. 대신 클레이 원반이 향하는 방향에 라이플총을 위치시키고 총을 최대한 움직이지 않은 채, 표적이 시야에 나타나면 총을 발사하는 것이다.

이와 마찬가지로, 대부분 초보 기업가는 많은 표적시장을 따라가

---

* 석회와 피치로 된 원반을 공중에 방출해 산탄을 쏘아 맞히는 경기.

다가 결국 모든 시장을 놓치고 만다. 회계사, 변호사, 정육점 주인, 제빵사, 촛대 제작자 등, 다양한 사람이 여기에 포함된다. 말 그대로 거의 모든 사람이 우리가 제공하는 제품이나 서비스를 사용할 수도 있으므로, 가능한 한 넓은 그물을 던져 최대한 많은 고객을 확보하려는 것은 어찌 보면 당연한 일이다.

매우 구체적인 표적시장을 선택하는 건 직관에 반하는 일이다. 우리는 본능적으로 시장과 제품 또는 서비스 제공 영역을 확대하고 싶어 한다. 하지만 이건 정말 실수다. 클레이 사격 타깃을 따라가다 보면 필연적으로 총구가 빗나가듯이, 모든 사람을 쫓아다니며 그들에게 무엇이든 제공하려고 하면 아무리 노력해도 헛물을 켜는 꼴이 될 수밖에 없다.

시장 지배의 길은 좁은 초점에서 시작된다. 페이스북Facebook은 초창기 2년간 오직 대학교를 대상으로 시작했다. 애플Apple은 처음 6년간 아이팟만 출시했다.

오늘날 아마존Amazon은 '모든 걸 파는 상점'이지만, 처음엔 온라인 서점으로 시작했다. 3~4년 후, 그들은 온라인 서점을 장악한 다음, 음악과 비디오, 장난감, 전자제품, 일상용품 등으로 품목을 확장했다. 나머지 성공 신화는 여러분도 익히 들었을 것이다. 만약 처음부터 '모든 걸 파는 상점'으로 사업을 시작했다면, 오늘날의 아마존은 존재하지 않았을 것이다.

표적시장을 제대로 파악했다고 믿는 사람들에게 주요 고객층을 물어보면, 대부분은 '40세 이상의 여성 고객'처럼 구체적으로 대답한다. 좋다, 그럼 표적시장은 대략 15억 명으로 좁혀진 셈이다. 이걸로 무엇을 할 수 있을까?

제대로 된 틈새시장^{Niche Market}이 될 수 없다는 안타까운 소식을 전하고 싶진 않지만, 틈새시장이란 충분히 공략했다고 믿어도 그렇지 않았을 가능성이 크다.

틈새시장은 폭이 1인치, 깊이가 1마일로 그만큼 촘촘하고 좁아야 한다. 1인치의 폭은 매우 엄격하게 정의해 세분화한 세그먼트^{Segment} 혹은 하위 세그먼트로 표적화한다는 의미다. 깊이 1마일은 특정 문제에 해결책을 찾는 충분히 큰 시장을 의미한다.

당신의 시장이 꼭 거대할 필요는 없다. 그저 여러분의 사업에 적합한 시장이기만 하면 된다. 지구상의 99.9%가 여러분을 들어본 적이 없더라도, 상상 이상의 성공을 거둘 수 있다.

빨간 드레스를 입은 여자

최근 몇억 대 빚에서 천억대 부자가 된 벤처 사업가 알렉스 홀모지^{Alex Hormozi}가 새로운 기회를 쫓는 데 따르는 산만함을 영화 〈메트릭스〉 속 '빨간 드레스를 입은 여자'에 빗대어 표현했다. 영화 속 한 장면에서 모피어스는 네오를 훈련시키며 가상현실 훈련 프로그램을 진행한다. 모피어스는 네오에게 메트릭스 세계를 설명하며 칙칙한 단색 정장을 입은 사람들로 가득한 복잡한 거리를 걷는다. 그때 다가오는 군중 속에서 빨간 드레스를 입은 아름다운 여자가 등장한다. 그녀가 섹시한 미소를 지으며 네오의 곁을 지나가자, 네오는 그녀에게서 눈을 떼지 못한다. 모피어스는 산만해진 네오의 시선을 돌리기 위해 멈춰서서, 빨간 드레스를 입은 여자가 말을 걸었는지, 아니면 그저 쳐다보기만 했는지 묻는다. 그런 다음 다시 돌아서서 여자를 쳐다보라고 한다. 그러자 여자는 악당인 스미스 요원의 시뮬레이션으로 바뀌어 네오의 머리에 총을 겨눈다. 주의가 산만해지면 곧 치명적 위험이 찾아올 수도 있다는 가르침을 준 것이다.

조금이라도 성공적인 비즈니스를 운영한다면 끊임없이 방해 요소와 새로운 기회, 반짝이는 유혹이 찾아올 것이다. 여러분의 모든 감각은 그물망을 넓히고, 사업을 확장하고, 섹시하고 새로운 것을 따라가라고 신호를 보낼 것이다. 그게 바로 빨간 드레스를 입은 여자다. 여러분이 점점 더 성공할수록, 점점 더 크고 더 좋은 기회가 주어진다. 그럴수록 빨간 드레스의 여자는 매번 더 매력적인 모습으로 여러분을 유혹할 것이다.

기업가로서 새로움이란 우리의 DNA에 깃들어 있다. 새로운 아이디어, 새로운 제품, 새로운 시장 등. 나도 빨간 드레스를 입은 여자의 유혹에서 결코 자유로울 수 없었다. 집중력과 에너지는 결국 유한한 자원이므로, 나는 지금도 끊임없이 현재 내가 얻은 기회에 집중해야 한다고 스스로 채찍질한다.

가령 우리가 가진 에너지가 10단위라고 가정하자. 이 에너지를 10개의 다른 방향으로 흩뿌리면 각각 1단위씩 발전한다. 하지만 10단위의 에너지를 모두 한 방향으로 집중하면, 그 방향에 10단위의 진전을 이룰 수 있다.

시장에서 여러분은 모든 에너지를 한 방향으로 집중하는 사람들과 경쟁하고 있다. 재능이 뛰어나서 한 번에 여러 가지 일을 높은 수준으로 실행할 수 있는 몇 안 되는 사람도 있지만, 우리는 그런 사람이 아니라고 가정하고 움직여야 한다. 성공한 사람들 대부분처럼, 여러분도 균형을 잡아야 한다고 가정하자. 그것도 아주 엄청난 노력과 함께 말이다.

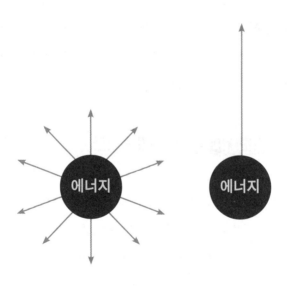

빨간 드레스를 입은 여자에게 대항해 집중력을 유지하는 두 가지 방법이 있다. 첫째는 미래의 아이디어, 비즈니스 벤처 그리고 제품을 위한 '주차장'이다. 이런 것들을 머릿속에 잘 저장해두면 잃어버렸다는 느낌이 들지 않고, 이후 나에게 그것들을 처리할 능력이 생겼을 때를 대비해 늘 같은 자리에 차곡차곡 비축해둘 수 있다. 사실 내 주차장에 있는 모든 제품, 아이디어, 벤처 아이템은 열 번을 죽었다가 깨어나도 모두 실행에 옮길 순 없다. 그래도 그냥 버리는 것보다는 훨씬 낫다.

두 번째 도움이 되는 방법은 수많은 비즈니스를 내부에서 바라보는 것이다. 겉으로 보기에는 많은 시장과 비즈니스가 수익성도 높고, 실현하기에도 쉬워 보인다. 하지만 실제로는 어떤 것이 관련되어 있고 어떤 것이 실제 수익으로 연결되는지를 보면, 그다지 구미가 당기진 않는다. 많은 고수익 비즈니스는 이처럼 레버리지가 낮고 비즈니스 모델은 형편없는 경우가 많다.

특별한 건 팔리지만 평범한 건 밀려난다

'특별하면 팔리고 평범하면 밀려난다.' 5초면 증명할 수 있는 말이다. 스마트폰이나 컴퓨터로 나의 검색 기록을 살펴보자. 이제 검색 기록 중에서 구매를 고려했던 제품과 그 제품의 연관 검색어에 집중해보자. 마케터들은 종종 연관 키워드에도 '상업적 의도'를 담는다고 말한다. 검색어가 매우 구체적이라는 점에 주목하자.

검색창에 그냥 '의사'나 '자동차'라고 입력하진 않았을 것이다. '브루클린Brooklyn 시내 피부과'라던가 '사륜구동 포르쉐Porsche 911 모델'과 같이 구체적인 검색어를 입력했을 가능성이 훨씬 높다.

이렇듯 인바운드 마케팅Inbound Marketing*이 성공하려면 시장에서 사용하는 특정 검색어를 파악하는 것이 중요하다. 표적화가 너무 광범위하면 이런 세부 사항을 파악하기 힘들다.

구체화와 표적화는 당신의 상품이나 서비스를 최적화해 수익을 극대화하기에 좋은 방법이다. 좋은 예시가 바로 퍼스널 케어Personal Care 산업이다. 데오도란트나 면도기 같은 제품에는 남성용과 여성용이 따로 있다. 남성용은 파란색이나 검은색으로, 여성용은 분홍색으로 포장되어 있지만, 그것만 빼면 두 제품은 동일한 경우가 많다. 그럼에도 대부분 가정에서는 두 가지 제품을 모두 구매한다. 게다가 여성을 대상으로 하는 제품은 남성용보다 가격이 비싸다. 일종의 '핑크 텍스'**가 붙기 때문이다. 나는 이 전략에 경멸과 존경을 동시에 느낀다. 성차별에 반대하는 사람이기 때문에 경멸을 느끼면서도, 수익으로 직결되는 추가 마진이라는 아름다움에 마음이 따뜻해진다. 내게 높은 마진은 사랑의 언어와 동의어이기 때문이다.

---

* 제품이나 서비스에 소비자가 흥미를 느낄 수 있는 정보나 콘텐츠, 경험을 제공함으로써 소비자가 제품 또는 서비스를 찾게 만드는 데 초점을 둔 마케팅 전략.

** 의류나 신발 등 동일한 상품·서비스인데도 여성용 제품이 남성용보다 더 비싼 경우를 이르는 것으로, '성차별 가격'이라고도 불린다.

약국에서 판매하는 진통제도 비슷하다. 진열대에는 두통, 생리통, 요통, 부비동 질환, 관절염 등 특정 통증을 '타깃'으로 하는 진통제와 일반 진통제가 함께 진열되어 있다. 하지만 특정 신체 부위의 통증을 선택적으로 없애는 약은 세상에 없다. 아세트아미노펜^{acetaminophen}이나 이부프로펜^{ibuprofen} 같은 진통제 성분은 다 똑같다. 가장 큰 차이점은 포장과 가격뿐이다.

그렇다면 다양한 그림이나 포장, 크기를 위해 많은 비용을 쓰는 이유는 무엇일까? 허리 통증이 있을 때, '허리 통증 완화'라고 적힌 포장지를 보고 "음, 이게 내가 찾던 거네"라고 말하며, 진열대에서 제품을 집어 들고 계산대로 향하기 때문이다.

제품이나 서비스가 특정 통증 부위를 표적화해 '내가 찾던 것'이라는 말을 끌어낸 것처럼, 우리도 시장에 비슷한 효과를 주어야 한다.

불평등한 사람을 동등하게 대우하는 것만큼 불평등한 것도 없다

내가 자주 받는 질문 중 이런 게 있다. "각 표적시장별로 별도의 마케팅 플랜이 필요한가요?" 답은 정말 다른 표적시장이 존재하는지, 아니면 기존 시장의 세그먼트인지에 따라 달라진다.

만약 표적시장이 하나뿐이라고 해도, 일단 세분화하는 게 현명하다. 앞서 말했듯이, 어떤 표적고객에게는 효과가 있는 메시지가 다른 고객에게는 효과가 없을 수도 있기 때문이다.

서로 다른 고객을 똑같이 대하고 동일한 방식으로 육성하는 건 마케팅에서 큰 실수이며, 많은 시간과 비용, 노력을 낭비하는 결과를 초래한다. 고객과 무관한 마케팅은 실제고객이나 잠재고객에게 가치를 창출하지 못하고, 브랜드를 강화하기는커녕 약화시킨다.

예를 들어, 유아용 제품을 생산한다면, 여러 유통 채널을 가지고 있을 가능성이 크다. 온라인 상점에서 소비자에게 직접 판매(D2C)를 할 수도 있지만, 소비자에게 제품을 판매하는 소매상에 제품을 납품하는 도매 채널을 운영할 수도 있다.

그렇다면 소매업체와 소비자가 여러분의 마케팅 플랜에 속하는 표적시장인지, 아니면 동일한 시장 내 세그먼트로 구분되는 별개의 표적시장인지 어떻게 결정할 수 있을까? 다음 질문의 답을 고려하자.

- 고객이 일반적인 메시지와 다른 메시지에 반응할까?
- 내 광고 매체가 고객 사이에서 크게 다를까?
- 내 고객 육성 과정이 다른 업체와 다를까?
- 각 채널에 내 판매 프로세스는 어떨까?
- 단기 온보딩과 장기 고객관리 프로세스를 각각 어떻게 관리해야 할까?

유아용 제품으로 계속 생각해보면, 고객들은 아마도 상당히 다른 메시지에 반응할 것이다. 아기를 키우는 부모는 제품이 안전한지, 안

정성을 보장할 수 있는지 확인하고 싶을 것이다.

소매업체도 이런 것들을 신경 쓰겠지만, 아마도 그런 메시지가 그들의 관심을 사로잡지는 못할 것이다. 오히려 소매업체는 높은 마진이나 제품이 소비자들에게 얼마나 인기 있는지, 그리고 높은 판매율을 기대할 수 있을지 따위의 메시지에 오히려 더 열광할 것이다. 즉 두 채널에 던지는 메시지는 완전히 다르다.

우리는 또한 다양한 광고 매체를 사용할 가능성도 크다. 소비자 시장을 공략하기 위해 클릭당 지급 광고와 소셜 미디어에 제품 사용자가 직접 올리는 후기 콘텐츠를 쓸 수도 있다. 소매업체를 확보하기 위해서는 간행물 카탈로그에 광고를 게재하거나, 업계 박람회에 영업 담당자를 파견할 수도 있다.

고객 육성 과정도 상당히 다르다. 개별 소비자는 충동적으로 또는 즉각적인 니즈를 충족하기 위해 제품을 구매하기 때문에 육성이 거의 필요하지 않을 수도 있다. 반면 유통업체와 거래하고 소매업체와 진열 공간을 확보하면, 판매 주기가 길어진다.

소비자와의 판매 프로세스는 소비자가 장바구니에 상품을 추가하고 결제 페이지에서 신용카드 정보를 입력하도록 유도하는 것뿐이다. 반면 소매업체와의 판매 프로세스에는 공급 계약 체결, 신용 조건 협상, 물건 조달 및 물류 시스템 통합 등 긴 프로세스가 필요하다.

수요를 활용하라

'수요 창출 관리자'라는 직책을 처음 듣고 솔직히 웃음을 터트렸다. 대부분 기업은 원하는 만큼의 수요를 마음껏 창출할 수 없기 때문이다.

따라서 여러분의 목표는 '**수요를 창출하는 것**'이 아니라, 수요를 '**활용하는**' 것이어야 한다. 태양 광선을 흡수해 가능한 한 효율적으로 쓸 수 있는 에너지를 만들어내는 태양 전지판이 되고 싶은 것이다.

물론 수요를 창출하는 것도 가능하다. 대신 그건 정말 어렵고 비용도 많이 드는 데다가 시간도 오래 걸릴 것이다. 1873년 '콜게이트 Colgate'는 업계 최초로 상업 치약을 제조해 출시했다. 그 후로 오랫동안 양치질은 부유한 사람들이나 누리는 문화였다. 오늘날처럼 보편적인 일이 아니었다는 뜻이다. 그러나 콜게이트는 수십 년 동안 수백만 달러를 들여 소비자들에게 입냄새가 난다고 설득했다. 양치질은 제2차 대전이 끝나고 나서야 비로소 널리 보급되었다. 이것이 바로 진정한 수요 창출의 예다.

학생들이 등교해 수업 준비를 해야 선생님이 교실에 들어온다. 즉 준비가 되지 않은 사람에게 억지로 메시지를 받아들이게 할 순 없다. 불과 몇 년 전만 해도 나는 건강, 영양, 피트니스 따위에 전혀 관심이 없었다. 웃통을 벗고 근육질로 무장한 헬스장 중독자가 지나가면 "무식하게 키웠네"라고 혼자 낄낄거렸다. 지구상에서 가장 좋은 피트니스 프로그램이나 영양제가 있어도 나는 시선을 주지 않았다. 공짜로 나눠줘도 받지 않았을 것이다. '나'라는 학생은 전혀 준비가 되어 있지 않았다.

그러나 이제 건강과 웰빙은 내가 정말 중요하게 생각하는 부분이다. 이제는 정말 준비가 되었다. 나는 좋은 영양제나 개인 트레이너, 헬스 장비에 많은 돈을 쓴다. 강좌를 구독하고 바이오해커^{Biohacker*}에게 조언을 얻기도 한다. 건강을 다루는 기사가 보이면 내 모든 관심이 그리로 향한다. 온몸이 근육질인 사람이 지나가면, 이제는 그런 몸을 만들기 위해 얼마나 큰 노력이 필요한지 알기 때문에 감탄을 터트린다.

다른 사람의 행동을 바꾸려고 노력해본 적이 있다면, 제아무리 선의라 해도 그게 얼마나 어려운 일인지 잘 알 것이다. 만약 여러분이 이런 노력을 시장을 대상으로 한다면, 정말 어려운 최고난도 비즈니스를 한다는 뜻이다.

아무리 멋진 물건이라도 엉뚱한 사람에게 판매하면 실패로 이어질 수 있다. 정말 많은 사람이 시각장애인에게 쌍안경을 판매하려고 한다. 저항을 받으면 더 강하게 밀어붙이고 기능과 이점을 강조해야 한다고 받아들인다.

그러나 사람들이 이미 보는 곳을 찾아가면, 사람들이 나를 보게

---

* 바이오해킹은 생활 방식을 바꾸고 기술 등을 활용해 신체를 최적화로 만들어 몸과 마음을 건강하게 유지하는 관리법.

하는 것보다 항상 더 큰 성공을 거둘 수 있다. 충족되지 않은 기존 수요를 잘 활용해보자.

수요가 존재하는 시장에서도 그 강도는 다양하다. 유명한 카피라이터 유진 슈워츠Eugene Schwartz는 그의 저서 『획기적인 광고Breakthrough Advertising』에서 고객 인식의 다섯 단계를 이야기한다.

1. 인식하지 못함: 문제가 있다는 사실조차 모르는 상태.
2. 문제 인식: 문제가 있지만 문제에 대한 해결책이 있다는 것은 모르는 그룹.
3. 해결책 인식: 해결책이 있다는 건 알지만 아직 선택하지 않았고, 해결책이나 제품은 모르는 그룹.
4. 제품 인식: 해결책이나 제품을 알고 있지만, 해당 해결책이 문제를 해결할 수 있는지 확신하지 못하거나, 나 대신 경쟁업체를 선택하는 그룹.
5. 인식: 해결책이나 제품을 많이 아는 사람, 구매를 앞두고 있으며 구체적 사항을 알고 싶어 하는 그룹.

아직 문제조차 **인식하지 못한** 사람은 일반적으로 마케팅 대상이 아니다. 그들에게 문제가 있다고 설득하는 건 힘든 싸움이 될 것이다. 만약 당신이 진짜로 독특한 아이템을 가지고 있고 (위험성은 크지만) 좌절과 고통의 삶을 고집한다면, 문제를 인식하지 못하는 그룹과 소통하는 가장 좋은 방법은 그들이 공감할 수 있는 감정이나 태도를 보이는 것이다. 많은 발명가 유형이 이곳에 머물지만 대개는 빈곤한 상태로 환멸을 느끼며 죽는다.

문제를 인식한 그룹은 고통을 겪고 있거나 문제가 있다는 건 알지만 아직 (당신의 아이템을 포함하는) 잠재적 해결책은 알지 못하는 사람들이다. 이들은 콘텐츠 마케팅의 훌륭한 타깃이다. (13장에서 자세히 설명하고자 한다.) 이들의 검색어는 '~하는 법'이 될 가능성이 크다. 해결책을 찾기 때문이다.

해결책 인식 그룹은 잠재고객으로 조금 더 우리에게 가깝다. 이들은 문제가 있다는 것도 인식하고 해결책이 존재한다는 점도 알지만, 아직 당신은 알지 못한다. 이 단계의 잠재고객이 일반적으로 검색하는 키워드는 '7인승 고급 SUV 자동차'와 비슷하다. 이런 잠재고객은 문제를 측정하거나 이해하는 데 도움이 되는 도구나 자원을 제공하는 콘텐츠 마케팅 중 (8장에서 자세히 설명할) 주력 자산 접근이 적합하다.

제품 인식 그룹은 우리의 관심고객이다. 이들은 자신에게 문제가 있다는 걸 잘 알고 있고 잠재적 해결책이 있다는 것도 인식하지만, 당신의 제품이 문제를 해결할 수 있을지는 확신하지 못한다. 이들은 다른 경쟁업체의 해결책과 당신의 제품을 비교할 가능성이 크다. 제품을 알고 있는 사람의 검색어는 'BMW X7 대 레인지로버'와 비슷하다. 이런 잠재고객은 고객 육성이 필수적이다. 당신이 가진 해결책으로 얼마나 더 나은 삶을 살 수 있는지 증명하고, 추천하고, 보여주는 것도 중요하다.

인식 그룹은 가장 적합한 관심고객이다. 이들은 여러분의 사업을 잘 알고 있다. 이들은 여러분이 자신의 문제를 해결할 수 있다는 것도 알고 있고, 여러분이 제공하는 해결책을 원하고 있다. 이들은 구매에 따라오는 인센티브, 이유 또는 거래 조건 따위를 알고 싶어한다. 일반적인 검색어는 '샌프란시스코 BMW X7 최저가'와 비슷할 것이다. 강력한 클릭 유도 문안*, 최저가 구매 실패에 대한 두려움, 제품 보장 카피 등은 구매를 유도하기에 유용한 미끼가 될 것이다.

틈새시장이 교차로에 도사린다

강력한 틈새시장에는 여러 광범위한 요소가 혼재되어 있다. 너무나 평범한 아이템으로도 많은 관심을 받고 싶다면, 그 아이템을 탁월하게 성공시켜야 한다. 문제는 대부분 사람이 그 수준에 도달하지 못한다는 점이다. 여러분은 말 그대로 예외가 되어야 한다.

예를 들어, 자메이카의 단거리 육상 선수 우사인 볼트^{Usain Bolt}는 2009년 베를린 세계 육상 선수권 대회의 100미터 달리기에서 9초 58의 기록으로 우승했다.

메달권에 들지 못한 4위 주자의 기록은 과연 우사인 볼트보다 얼마나 뒤처졌을까? 5초? 2초? 1초? 아니, 정답은 고작 영 점 몇 초 차이였다. 하지만 그 0.35초 차이가 시상대에 올라 세계적 명성을 얻고

---

* '콜 투 액션'이라고도 하며, 소비자에게 특정 행동으로 응답하거나 무언가에 참여하도록 요청하는 도구.(옮긴이)

수백만 달러의 후원과 상금을 받는 삶과 빈손으로 돌아가는 무명의 삶이라는 차이를 가져왔다.

자, 이쯤에서 좋은 소식과 나쁜 소식이 있다.

어떤 분야에서는 세계 최고가 되는 건 남들보다 돋보이는 하나의 방법이지만, 이렇게 되기도 매우 어렵고 올림픽 출전 선수만큼의 노력도 필요하다. 그리고 성공한다는 보장도 없다. 이게 나쁜 소식이다.

반면 좋은 소식은, 고객에게 훌륭한 결과를 제공하고, 시장에서 많은 가치를 창출하며, 눈이 휘둥그레지는 삶을 살기 위해 꼭 세계 최고가 될 필요는 없다는 것이다. 그 대회에서 4위를 차지한 선수도 여전히 놀라운 선수이긴 마찬가지다.

가령 당신이 회계사라고 해도, 꼭 세계 최고가 되어야만 고객에게 멋진 결과를 얻을 수 있는 건 아니다. 하지만 고객의 관심을 사로잡고 다른 모든 회계사보다 돋보이고 싶다면, 모든 회계사처럼 단순히 세금 절감에 관해 이야기하는 것보다 더 나은 서비스를 제공해야 한다.

내 친구이자 『다르게 생각하라Get Different』의 저자, 마이크 미칼로위츠Mike Michalowicz는 "더 나은 것이 더 좋은 것이 아니다. 다른 것이 더 좋은 것이다"라고 말했다. 남들과 완전히 차별화하는 가장 좋은 방법은 재능을 쌓는 것이다. 재능을 쌓으면 여러 분야의 교차점에 서게 된다. 그럼 어느 한 분야에서 최고가 될 필요가 없다.

예를 들어 점보 도넛과 같은 음식도 좋은 예가 된다. 세계 최고의 도넛을 만들 필요는 없다. 커다란 도넛 자체로도 즉각적인 관심을 얻을 수 있다. 초록색 케첩이나 쿠키 도우 맛 아이스크림도 비슷한 예다.

이 책과 내 직업도 재능을 쌓아 교차점을 찾은 좋은 사례다.

나는 세계 최고의 작가인가? 장담하건대 그건 아닐 것이다.

나는 유머러스한가? 이렇게 생각해보자. 만약 미국 최고의 코미디언 데이브 샤펠$^{Dave\ Chappelle}$과 내가 동시에 어떤 도시에 방문했다고 치자. 같은 날, 같은 시간, 그의 코미디 공연과 나의 기조연설이 진행되고, 어떤 행사에 참석할 것인지 선택해야 하는 어려운 상황에 부닥친다면, 나는 괜찮으니 데이브 샤펠의 공연을 보러 가도 좋다.

나는 지구상에서 가장 뛰어난 기술 전문가인가? 아니다.

나는 복잡한 개념을 잘 풀어내 간단하게 표현하는 데 세계 최고인가? 뭐, 나쁘지 않은 정도지만 최고의 물리학자 리처드 파인먼$^{Richard\ Feynman}$ 같은 사람과 비교하자면 내게 부족한 건 무려 노벨상이다.

하지만 이 이 모든 걸 한데 모아보면, 상당히 독특한 교차점에 도달한다. 나는 기업가와 비즈니스 리더를 위해 복잡한 과정을 단순화하고, 따라 하기 쉬운 프레임워크와 시스템을 제공하며, 강력한 기술 도구로 그들의 무장을 도와준다. 게다가 이 모든 걸 따라 하기 쉽고 (바라건대) 흥미로운 패키지로 포장한다.

'허브스팟^{HubSpot}*'의 억만장자 창업자 다르메쉬 샤$^{Dharmesh\ Shah}$는 이를 '성공의 벤 다이어그램$^{Venn\ diagram\ of\ Success}$'이라고 설명했다.

---

* 기업의 영업부터 마케팅, 고객서비스, 콘텐츠 관리를 돕는 클라우드 기반의 소프트웨어.

지구상의 모든 사람을 나타내는 점이 있는 거대한 화이트보드가 있다고 상상해보자. 이 화이트보드에는 약 80억 개의 점이 찍혀 있다.

그다음 글쓰기를 잘하는 모든 사람을 중심으로 모아 원을 그린다. 넉넉히 잡아 10%라고 해보자. 그럼 8억 명이다. 경쟁은 치열하다.

그다음 비즈니스 지식이 풍부한 사람을 모아 또 다른 원을 그리자. 다시 한번 관대하게, 그중 1%라고 가정해보자.

다시 그중 시스템, 기술, 소프트웨어 툴을 깊이 이해하는 사람을 모아 세 번째 원을 그린다. 이건 전체의 약 5%라고 가정한다.

마지막으로, 비문학 장르의 책을 출판하는 데 따르는 불합리한 어려움과 고통을 기꺼이 감수할 수 있는 모든 사람을 모아 동그라미를 그리자. 그럼 남은 값은 기껏해야 전체 인구의 0.05%에 불과할 것이다.

이 4개 원의 교차점 안에 있는 점의 개수는 엄청나게 적을 것이다. 감히 추측하자면, 한 100개 정도다. 따라서 전 세계적으로 내 '경쟁자'는 이 동그란 공간에 있는 약 100명의 작가다. 그중 개인적으로 30명을 알고 있다. 게다가 이 게임의 승자는 다수여도 상관없으므로 우리는 서로를 경쟁자로 인식하지 않는다. 실제 우리는 자주 아이디어를 공유하고 서로의 책을 홍보해주기도 한다.

마이클 미칼로위츠, 데이비드 제닌스[David Jenyns], 토드 허먼[Todd Herman], 존 잔스[John Jantsch], 댄 마텔[Dan Martell], 대니얼 프리스틀리[Daniel Priestley] 같은 멋진 작가 말이다. 이들이 쓴 책은 모두 구매해서 읽어보길 권한다.

이 교차점의 또 다른 특징은 바로 무작위로 실력을 쌓지 않는다는

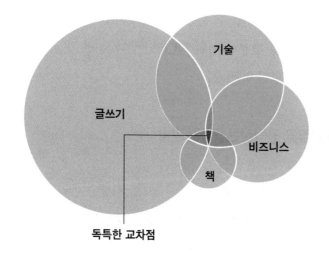

독특한 교차점

점이다. 가능한 한 각각의 기술을 강화하면서 실력을 쌓는다.

만약 스쿠버 다이빙과 뜨개질처럼 서로 관련이 거의 없는 기술을 쌓아두면 서로 교차하는 지점을 찾기 어려울 수 있다. 경쟁은 치열하지 않겠지만 수요도 거의 없다. 스웨터를 짤 수 있는 기술이 스쿠버 다이빙 경험을 얼마나 향상할 수 있을지는 잘 모르겠지만, 솔직히 영향은 미미하지 않을까 싶다.

배우고 싶은 기술을 고를 때는 희귀하지만, 이미 잘하는 기술을 강화하고 향상할 수 있는 기술을 배우는 게 좋다. 이것이 바로 엄청난 가치를 창출하는 기회가 된다.

좋은 소식은 여러분이 이미 마케팅을 하고 있다는 사실이다. 마케팅에 능숙해지고 영향력을 키운다는 건, 비즈니스와 삶의 거의 모든 측면을 강화하고 향상하는 기술을 배운다는 뜻이다.

이렇게 기술을 쌓으면 두 분야 모두에서 최고가 될 필요가 없다. 각각 써먹을 만큼 충분히 배우기만 하면 된다. 눈먼 자들의 땅에서는 외눈박이가 왕인 법이니까.

틈새시장을 공략하는 7가지 방법

표적시장을 좁히려면 다차원적 시각으로 시장을 바라보는 게 도움이 될 수 있다. 다음은 폭은 좁지만 깊이 있는 틈새시장을 선택할 때 고려할 수 있는 7가지 차원이다.

1. **위치 또는 지리**: 예. 샌디에이고, 미국 중서부, 호주, 밴쿠버.
2. **인구 통계**: 예. 베이비붐 세대, 영국 국적자, 35~45세, 이혼 경험, 여성.
3. **공유 가치**: 예. 자선 활동, 아드레날린 중독자, 독실함, 환경 보호, 여행 중독.
4. **산업**: 예. 치과, 법률, 건설, IT 경영 서비스.
5. **욕구**: 예. 책을 쓰고 싶은 사람, 중국에서 제품을 수입하고 싶은 사람, 정부 보조금을 신청하려는 사람.
6. **문제**: 예. 불안감, 책임감, 에너지 부족, 재정적 스트레스.
7. **트렌드(추세)**: 예. 약용 환각제, 세속적 영성, 디지털 화폐, 바이오 해킹, 인공지능[AI].

이런 차원 중 하나만 사용할 수도 있지만, 여러 차원을 함께 사용해 강력한 효과를 발휘하는 예도 많다. 예를 들어, 호주에 있는 영국 주재원에게 서비스를 제공하는 회계사라던가, 소프트웨어 회사에 인공지능 관련 법률자문을 제공하는 캘리포니아의 변호사 등이다.

이러한 표적시장의 사람들은 자신의 니즈에 맞는 구체적인 검색을 할 경우, "이게 나한테 잘 맞겠다"라고 생각할 가능성이 크다. 표적시장의 누군가는 '회계사' 또는 '변호사'보다, "호주에 거주 중인데, 영국 연금을 신청해야 하나요?" 또는 "인공지능이 만든 이미지가 저작권을 위반하나요?" 같은 구체적인 검색을 할 가능성이 훨씬 높기 때문이다.

중요하게 고려해야 할 것은, 틈새시장 또는 하위 틈새시장이 성장 중인지, 축소 중인지, 아니면 안정적인지 아닌지. 성장하는 세그먼트나 하위 세그먼트를 공략하면 순풍을 맞을 수 있다.

성장하는 규모와 풍부한 수요의 세그먼트 시장 고객을 활용하는 공략법은 치트키와 같다. 예를 들어, 맞벌이 부부와 자녀가 없는 딩크 부부는 부유한 인구집단으로 성장 중이다. 이에 덧붙여 딩콰드 DINKWAD(Double Income No Kids With A Dog, 맞벌이에 자녀 없고 반려견을 키우는 부부의 형태)도 다른 가지로 뻗어 있다. 이들은 반려동물에 많은 지출을 하면서도, 개인 서비스나 편의 시설, 엔터테인먼트 및 기술에도 많은 지출 성향을 보인다.

이와 같은 인구통계학적 추세와 변화는 주목할 만한 가치가 있으며 성공에 중요한 요소가 될 수 있다.

예전의 자신을 섬겨라

아버지가 갑작스럽게 돌아가시며 내 중년의 위기도 빠르게 찾아왔다. 나는 3년이라는 긴 시간을 심연 속에서 보냈다. 이 기간에 나는 건강 악화와 에너지 저하, 결혼 생활의 균열, 그저 그런 업무 성과와 무너진 신념 등, 내 인생의 모든 부분을 다시 돌아봐야 했다. 육체적으로나 정신적으로나 심각하게 나약해진 상태였다.

자세한 이야기는 담지 않지만, 나는 결국 스스로 마음을 다잡았다. 건강식을 먹고, 몸과 마음을 단련하고, 결혼 생활을 바로잡고, 비즈니스에서 가장 영향력 있는 프로젝트에 집중했다. 책, 강좌, 코치, 컨설턴트를 통해 많은 것을 배웠고, 그 과정에서 많은 문제를 해결할 수 있었다.

당연히 내가 그 모든 역경의 전문가는 아니지만, 나는 그때 경험을 통해 비슷한 어려움을 겪는 누군가를 더 나은 곳으로 안내할 수 있다고 확신한다.

사실 부족한 마케팅 실력이 지금 내 직업을 갖는 계기가 되었다. 첫 사업에서 고객을 확보하는 데 어려움을 겪으면서, 마케팅을 배우고 이해하는 길고 값비싼 여정을 시작했다. 이제 나는 힘들게 얻은 경험을 바탕으로 다른 사람이 그 과정을 단축할 수 있도록 돕는다.

잠재고객의 입장이 되어보면 공감은 훨씬 쉬워진다. 직접 겪어본 경험이 있으므로 그들의 감정과 생각을 훨씬 더 쉽게 활용할 수 있다. 잠재고객의 마음속에서 일어나는 대화를 상상하면, 그들에게 보내고자 하는 메시지는 훨씬 더 강력해진다. 또한 매우 만족스럽고 동기 부여가 되는 것도 부수적인 좋은 이점이다.

언젠가 브랜딩 전략가 로리 베이든^{Rory Vaden}의 설득력 넘치는 강연을 들은 적이 있다. 그는 "당신은 예전의 자신을 위해 봉사할 수 있는 가장 유리한 위치에 있다"라고 했다. 정말 마음에 드는 말이다. 표적시장이나 세그먼트를 선택할 때, 해당 시장의 어려움을 직접 경험한 적이 있다면 분명 큰 이점을 얻을 수 있다.

잠입 수사를 하라

때로는 소외된 시장이나 세그먼트처럼 좋은 기회가 보이는데도, 그 시장을 경험해보지 못했다는 단점에 맞닥뜨릴 때가 있다. 이는 도전이지만 전혀 극복할 수 없는 건 아니다. 그럴 때는 이렇게 생각해보자.

표적시장에 잠입해 최대한 많은 정보를 수집하는 것이 일급비밀 임무인 스파이라고 상상하는 거다. 여러분이라면 어떻게 하겠는가? 검색엔진은 좋은 출발점이지만, 실제 시장조사는 몇 가지 기본적인 검색 옵션을 넘어서야 한다.

당신은 국가 최고의 스파이이고, 대통령이 당신에게 직접 이 표적시장에 침투해 심층적이고 실행 가능한 인사이트를 확보하라는 임무를 부여했다. 이 시장의 고객은 무엇을 꿈꾸는가? 그들의 니즈는 무엇인가? 그들은 무엇을 두려워하는가? 무엇이 그들에게 동기를 부여하는가? 그들의 강점과 약점은 무엇인가? 그들의 편견은 무엇인가? 여러분의 국가는 여러분과 여러분이 수집한 정보의 질에 달려 있다. 나라면 아마 이렇게 할 것이다.

첫째, 사람들이 온라인 채팅을 위해 모이는 곳부터 파악한다. 특정 표적시장과 하위문화는 특정 플랫폼에 몰리는 경향이 있다. 가장 일반적인 플랫폼은 페이스북 그룹과 (예전의 트위터인) X, 레딧Reddit, 링크드인LinkedIn, 디스코드Discord 등이다. 오래된 온라인 포럼이나 커뮤니티 게시판도 무시해서는 안 된다. 낡은 느낌에도 불구하고 여전히 활발한 커뮤니티가 많이 존재하기 때문이다. 예를 들어, 해커 뉴스Hacker News는 다양한 소프트웨어 스타트업이 뉴스를 공유하고 아이디어를 교환하며, 모든 사소한 주제까지 토론을 나누는 게시판이다. 게이머들은 디스코드에서 굉장히 활발히 활동한다.

나는 개인적으로 레딧에 빠져 있다. 거의 모든 하위문화를 깊이 파고들 수 있기 때문이다. 질문을 올리면 종종 엄청난 양의 답변을 받기도 한다. 대부분 익명 또는 가명으로 운영되기 때문에, 사람들은 훨씬 더 자유롭고 솔직하게 활동하는 경향을 보인다. 여러분이 생각할 수 있는 거의 모든 내용의 하위 게시판이 있으며, 여러분이 생각하고 싶지 않은 분야의 주제도 자주 보인다. 투자 전략부터 사람들의 성생활에 관한 가장 사적인 이야기까지 모든 것을 논의할 수 있는 곳이다. 많은 하위 게시글이 사소하고 무의미한 주제를 다루지만, 어떤 글은 인간 행동과 심리의 어두운 면을 깊이 파고들기도 한다.

비공개 페이스북 그룹은 온라인 조사를 할 수 있는 또 다른 유용한 장소다. 사람들은 대부분 실명과 프로필 사진 때문에 얕은 토론을 나누지만, 분위기는 그룹마다 조금씩 다르다. 레딧이 괴짜 커뮤니티로 살짝 치우지지만, 페이스북 그룹은 그보다는 개방된 분위기의 커뮤니티로 분류할 수 있다. 제품, 사람, 지역 커뮤니티 등 여러분이 생각하는 거의 모든 주제를 매우 활발하게 토론한다. 많은 비즈니스와 제품이 페이스북 그룹을 부가적인 창고로 사용하므로, 경쟁사 고객의 불만 사항에 관한 인사이트를 얻을 수 있는 좋은 장소가 된다.

다음으로 팟캐스트와 서적, 유튜브 채널도 살펴봐야 한다. 틈새시장 대부분이나 하위 틈새시장에는 소수의 지배적인 리더가 존재한다. 이들은 종종 해당 산업이나 틈새시장에 관한 '고전적인' 책을 저술하기도 하고, 때로는 팟캐스트나 유튜브를 통해 콘텐츠를 제작하고 인터뷰하기도 한다. 이러한 인터뷰는 가치가 있지만, 대중에게 공개되는 형식의 인터뷰에는 퍼포먼스적 요소도 포함되었다는 사실을 유의하자. 보통은 좋은 점이 더 잘 보이게 포장해 설명하는 경우가 많다.

그런 다음에는 업계의 무역 저널이나 뉴스레터를 살펴본다. 일부는 아직도 인쇄물로 발행되지만, 대부분은 온라인으로 전환해 발행하고 있다. 이들 중 상당수는 유료이거나 구독이 필요하지만, 시장에

진출할 계획이라면 해당 시장을 더 깊이 이해하기 위해 구독하는 게 좋다. 이런 간행물은 가령 폐기물 관리부터 의사에게 투자를 가르치는 법까지 매우 구체적인 내용을 포함하기 때문에, 거의 모든 틈새시장의 정보를 찾아볼 수 있다.

특히 이런 간행물은 업계 종사자들이 돈을 지급할 만큼 가치 있다고 생각하는 시사적인 정보를 얻을 수 있다는 점에서 상당히 값어치가 있다. 또한 해당 업계의 광고주나 스폰서가 누구인지, 그들의 가치 제안에서 어떤 불만이 있는지도 파악할 수 있다. 오랜 광고주와 스폰서는 광고 지출로 높은 이익을 얻을 가능성이 크므로 충분히 주목할 가치가 있다. 덧붙여 관심 있는 틈새시장의 무역 저널이나 뉴스레터가 없다면 직접 창간하는 건 어떨까!

마지막으로, 단기간에 표적시장을 파악할 수 있는 최고의 '비법'이 있다. 컨퍼런스나 무역 박람회, 업계 협회 행사에 직접 참여하는 것이다. 나도 여러 번 참석한 적이 있는데, 6개월의 온라인 조사를 단 하루 만에 해결하고 훨씬 더 많은 업계 분위기와 정보, 문제점, 인기 있는 주제를 배울 수 있었다.

이런 행사의 기조 연설자는 대개 업계의 저명인사들이 맡는다. 연설, 프레젠테이션, 패널 토론 등이 업계의 중요한 이슈를 중심으로 진행된다. 다른 참석자들과 대화를 나누다 보면 외부인의 시선에서는 얻기 힘든 인사이트를 얻을 수 있다. 페이스북 그룹이나 레딧 혹은 하위 게시판과 마찬가지로, 생각할 수 있는 거의 모든 주제와 틈새시장, 산업을 다루는 컨퍼런스가 열린다. 과연 시장조사를 가속하는 매우 강력한 방법이다.

온라인 조사를 하든, 오프라인 조사를 하든, 목표는 표적시장을 심층적으로 이해하는 것이다. 사람들의 희망과 꿈, 욕구와 두려움을 파악하고, 그들의 가장 시급한 문제를 활용한다면 마케팅 활동의 효과도 크게 향상될 것이다.

돼지 앞에 진주

나는 더 나은 시장에 서비스를 제공해 똑같은 제품이나 서비스로도 훨씬 더 많은 이익을 얻을 수 있다는 단순한 아이디어에 매료되어 있다. 같은 일이라도 시장이 다르면 사람들은 여러분이 하는 일을 훨씬 더 중요하게 생각하기 때문이다.

이따금 숙련된 기업가들이 돼지 앞에 진주를 던지는 경우도 자주 본다. 놀라운 기술이나 해결책이 있는데도 이를 가치 있게 여기지 않는 시장에 판매한다는 뜻이다. 획기적인 해결책은 종종 표적시장이나 세그먼트를 중심으로 발생한다.

이는 판매를 얼마나 쉽게 할 수 있는지, 그리고 누군가 여러분이 하는 일에 얼마를 지급할 의향이 있는지에도 직접적인 영향을 미친다. 문제를 해결하는 것도 중요하지만, 이를 적절한 시장에 적용하는 것이 수익 창출의 관건이다.

최근 강력한 스토리 기반 콘텐츠로 소셜 미디어에서 화제를 불러일으키는 데 능숙한 기술을 가진 한 남자를 만난 적이 있다. 그러나 그의 진짜 천재성은 자신의 작업에 가장 큰 가치를 부여하고, 그에 걸맞은 대가를 지급할 시장을 찾아내는 것이다. 그에게는 증권거래소 상장을 앞둔 기업들이 있었다. 좋은 스토리는 기업의 가치를 수억 달러에서 수십억 달러까지 끌어올릴 수 있다. 그는 업무의 대가로 회사의 작은 지분을 받기도 했다. 상장 후 수백만 달러의 보수를 받는 경우도 종종 있었다.

그와 같은 기술을 가진 많은 사람이 돌에서 피를 뽑아내려고 노력하느라, 벌어들일 수 있는 돈의 극히 일부만을 번다. 그들은 자기 능력을 소중히 여기지 않거나 마땅한 보수를 지급할 능력이 없는 동네의 작은 카페, 세탁소 등에 서비스를 판매한다. 전략적으로 표적시장을 선택한다는 건, 같은 일을 하면서도 더 많은 이익을 벌어들인다는 뜻이다.

훌륭한 낚시꾼*은 단순히 낚시하는 방법만 아는 게 아니다. 최고의 낚시터가 어디인지도 알고 있다. 올바른 표적시장을 선택하는 건 마케팅 성공의 첫 번째 기본 요소다. 그 표적시장에 무엇을 판매하느냐가 바로 두 번째 요소가 되어야 한다. 다음 장에서 더욱 자세히 살펴보자.

---

* 틈새시장을 뜻하는 'Niche Market'에는 남들이 모르는 나만의 낚시터라는 은유적 의미도 포함되어 있다.

제2장 실행 과제

- 특정 표적시장에 고유하고 가치 있는 방식으로 기술, 경험, 지식을 쌓아라.
- 표적시장이 너무 광범위하지는 않은지 고려하라. 여러 틈새시장의 차원을 사용해 표적시장을 보수적으로 정의하라.
- 온라인과 오프라인을 모두 활용해 표적시장에 관한 정보와 인사이트를 수집하라.

많은 마케터가 제품이나 서비스의 특징과 장점을 알리는 데 막대한 자원을 투입한다. 인간 욕망의 심리와 그것이 어떻게 구매를 유도하는지 이해한다면 훨씬 더 강력한 마케팅 접근법에 다가갈 수 있다.

이 장에서 다루는 주요 내용

- 5단계 질문 기법을 사용해 표적시장에 동기를 부여하는 핵심 요소를 파악하라.
- 구매를 불러오는 7가지 핵심 재화.
- 당신이 판매하는 것이 필수품이라 할지라도 시장이 지급할 가치는 4가지 레버리지를 통해 창출된다.
- 신중한 포지셔닝: 경쟁이 치열한 시장에서 차별화할 수 있는 법.
- 표적시장에서 제품이나 서비스를 매력적으로 만드는 데 있어 가격책정의 핵심 역할.
- 실용성과 신호의 스펙트럼은 어떻게 가격을 설정하는가?
- '벨벳 로프'는 어떻게 고객을 제품 또는 서비스의 열광적인 팬이자 전도사로 만드는가?

당신이 진짜로 판매하는 것은?

성배

당신은 이제 막 새 레스토랑을 오픈하려는 참이다. 설렘과 긴장이 뒤섞여 온몸을 휘감는다. 그때 운 좋게도 요술램프를 발견했다. 램프를 손바닥으로 비비자, 램프의 요정 지니가 튀어나와 말한다. "기업가님, 소원 하나를 들어주겠습니다." 당신은 무슨 소원을 빌겠는가? 목 좋은 자리? 미쉐린 스타 셰프? 놀랍고 새로운 음식 콘셉트? 이 모든 게 다 갖춰졌다면 더할 나위 없이 좋겠지만, 여러분이 진정으로 원하는 건 아마 굶주린 손님일 것이다.

제품 시장 적합성은 저명한 기업가이자 벤처 캐피털리스트인 마크 안드레센Marc Andreessen이 만든 용어다. 그는 "훌륭한 시장, 즉 실제 잠재고객이 많은 시장이 스타트업 제품을 끌어낸다"라고 말했다.

'고객이 끌어낸다'라는 말의 개념은 린 사고방식의 핵심 요소다. 고객이 원치 않는 제품, 서비스 혹은 문제 해결책을 고객에게 강요하는 게 아니라, 고객이 스스로 끌어오거나 요구하게 만들어야 한다는 것이다.

대부분 기업가는 자신의 제품이나 서비스에 애정과 경쟁사를 향한 집착을 동시에 갖고 있다. 경쟁사를 향한 지나친 걱정은 불필요한 불안감을 불러일으키고, 집중력도 떨어뜨린다. 실패하는 대다수 기업은 살인이 아니라 굶주림으로 사장된다.

어떤 기업가는 자신의 제품이나 서비스가 너무 독특해서 경쟁자는 존재하지 않는다고 주장하기도 한다. 이는 대부분 사실이 아니며, 만약 사실이라면 수요가 너무 적다는 심각한 위험신호다.

제품 시장 적합성은 당신의 회사나 경쟁사가 정의하는 것이 아니라 고객이 정의하는 것이다. 제품 시장 적합성은 '최고의' 제품이나 서비스보다 훨씬 더 중요한 의미가 있다. 수요의 측면에서 끌어당기는 힘을 창출하기 때문이다.

스타벅스Starbucks가 최고의 커피를, 맥도날드McDonald's가 최고의 햄버거를, 애플이 최고의 전자제품을 판매한다고 말할 수 있을까? 하지만 이 회사는 강력한 제품 시장 적합성과 수요의 견인력을 바탕으로 엄청난 성공을 거둔 비즈니스를 구축했다. 이제 여러분도 그렇게 할 때가 왔다.

여러분이 판매하는 멋진 제품이나 서비스는 **고객 유지**Customer Retention 도구로서 중요하다. 그러나 좋은 마케팅은 **고객획득**Customer

Acquisition 도구이므로, 일단 마케팅을 우선시해야 한다. 제품이나 서비스가 얼마나 좋은지는 판매되기 전까지는 아무도 모른다. 고객이 구매하기 전에는 마케팅이 얼마나 좋은지만 알 수 있을 뿐이다. 간단히 말해서, **최고의 마케터는 언제나 승리한다.** 마케팅 게임에서 승리하기 위한 기본 조건은 바로 제품 시장 적합성이다.

여러분의 제품 시장 적합성이 부족하면, 돌을 굴리며 오르막길을 오르는 것과 비슷한 고됨만 찾아온다. 마케팅이 도움이 될 수는 있겠지만, 오르막길은 여전히 어렵고, 매번 판매량을 늘리기 위해 부단히 애써야 할 것이다.

그러나 제품 시장 적합성이 높으면 바위를 내리막길 아래로 굴리는 것만큼 쉽다. 수요의 자연스러운 관성을 활용하기 때문이다. 여기서 마케팅은 가속기 역할을 하며 엄청난 속도를 낼 수 있게 도와줄 것이다. 이게 바로 우리가 찾아야 할 성배다.

감성 로봇

우리가 아는 정말 똑똑한 사람들은 우리의 현실 세계가 비디오 게임이나 가상현실 환경의 시뮬레이션 속 캐릭터라고 확신한다. 나도 가끔은 그런 생각을 한다.

어쩌면 내 안의 '컴퓨터광 기질nerd'이 발동해서 그런지도 모르겠지만, 사방에 알고리즘이 보인다. 개가 몸을 긁는 모습, 재채기하는 사람, 해가 떠오르는 모습 등. 이 모든 게 컴퓨터처럼 입력이나 타이밍에 맞춰 실행되는 알고리즘처럼 말이다.

나는 또한 인간의 행동이 얼마나 예측 가능한지에도 매료되어 있다. 그것이 바로 심리학의 전제이기도 하다. 인간의 행동을 설명하고, 예측하고, 수정하는 게 심리학의 기본이라면 말이다. 우리가 모두 완전히 다르고 예측할 수 없는 존재라면, 심리학이라는 학문은 아예 존재조차 하지 않았을 테다.

우리는 마치 걷고 말하는 컴퓨터와 같다. 우리에게는 '하드웨어'인 신체가 있다. '소프트웨어'인 정신도 있다. 만화가이자 공학 기술자인 스콧 애덤스Scott Adams의 말을 빌리자면, 우리는 이른바 '감성 로봇'인 셈이다.

우리의 하드웨어와 소프트웨어는 우리를 실망하게 하기도 하고, 우리를 지원하기도 하며, 어느 정도 업그레이드도 가능하다. 이 책을 중요한 '소프트웨어 업데이트'라고 생각해보면 어떨까.

그런 의미에서, 컴퓨터나 로봇이 어떤 행동을 하도록 하려면 일단 컴퓨터 코드를 통해 지시를 내려야 한다. 인간에게 무언가를 하도록 할 때는 말로 해야 한다. 올바른 단어의 조합만 있으면 거의 모든 행동을 하도록 '프로그래밍'이 가능하다고 나는 믿는다.

따라서 5장에서는 감성 로봇을 프로그래밍하기 위해 올바른 단어 조합을 사용하는 방법을 훨씬 더 자세히 다룰 것이다.

일단은 인간의 모든 행동을 이끄는 7가지 **핵심 재화**부터 살펴보자.

인간이 사고파는 유일한 것

기업가들에게 무엇을 파느냐고 물어보면, 보통은 제품이나 서비스가 무엇이고 어떻게 작동하는지를 설명한다. 그것은 좋은 시작이며 목적을 달성하기 위한 방법을 잘 설명한다. 하지만 나는 그 최종 목적에 더 관심이 있다. 당신이 **진짜로** 판매하는 건 무엇인가?

'5단계 질문 기법The Five Whys'은 도요타 생산 시스템의 핵심 구성요소로 개발된 문제 해결 기법으로, 린 사고와 린 생산방식에서 일반적으로 사용된다. 이 기법은 증상이나 지금의 문제에 집중하기보다는 문제의 근본 원인을 파악하기 위해 "왜?"라고 다섯 번 질문을 하는 것이다. '5단계 질문 기법'은 문제를 더 깊이 파고들어 근본 원인을 파악하고, 보다 효과적이고 오래 지속되는 해결책을 개발하는 데 도움이 된다.

다음은 비가동 시간이 자주 발생하는 공장 생산설비에 적용하는 '5단계 질문 기법' 예시다.

왜 생산설비에 비가동 시간이 발생하는가? 중요한 기계가 오작동하기 때문이다.

왜 기계가 오작동하는가? 과열 때문이다.

왜 기계는 과열되는가? 냉각 시스템이 제대로 작동하지 않기 때문이다.

왜 냉각 시스템이 제대로 작동하지 않는가? 내부가 이물질로 막혔기 때문이다.

왜 냉각 시스템이 이물질로 막히는가? 정기적인 유지보수 일정이 없기 때문이다.

따라서 비가동 시간의 근본 원인은 냉각 시스템의 정기적인 유지보수 일정이 없기 때문이다.

'5단계 질문 기법'은 제조 및 기술 문제 해결 외에도 유용하게 쓸 수 있다. 가령 대부분 인간 행동의 근원을 파악하는 것처럼 말이다.

왜 우리는 할부가 필요한가? 메르세데스-벤츠 S클래스 자동차를 구매하기 때문이다.

왜 메르세데스-벤츠 S클래스 자동차를 구매하는가? 오랫동안 갖고 싶었기 때문이다.

왜 오랫동안 그 자동차가 갖고 싶었는가? 그 차를 운전하면 성공과 부를 증명할 수 있기 때문이다.

왜 성공과 부를 과시하고 싶은가? 다른 사람에게 존경과 찬사를 받을 수 있기 때문이다.

왜 타인에게 존경과 찬사를 받고 싶은가? 내 또래 사이에서 내 지위가 높아지기 때문이다.

'5단계 질문 기법'에 마법 같은 게 있다고 생각하지는 않지만, 반복적인 의문문 기법을 사용하면 무언가의 본질에 더 가까이 다가갈 수 있다.

따라서 내가 "당신이 **진짜로** 파는 건 무엇인가?"라고 물었을 때, 몇 번의 질문이 반복되겠지만, 결국은 다음 7가지 중 하나 이상의 답변을 얻을 수 있었다.

1. 돈과 부富
2. 시간과 편리함
3. 섹스와 연애
4. 지위, 명성, 인정
5. 안전, 마음의 평화, 기본적인 니즈
6. 여가, 오락, 놀이
7. 자유

이 7가지 핵심 재화는 사람들이 실제로 사고팔 수밖에 없는 상품이다. 이 7가지가 인간의 모든 행동을 주도한다.

구매행동을 유도하는 요인을 파악하려면 사람들이 무엇을 원하는지를 무시하지 말고, 실제 그들의 행동에 주의를 기울여야 한다. 진짜 마케팅은 사람들이 무슨 말을 하는지가 아니라 언제 지갑을 여는지에 따라 결정된다. 그런 이유로 나는 '포커스 그룹'*이나 설문조사를 별로 좋아하지 않는다. 참고 자료로 활용할 순 있겠지만, 사람들은 서로에게 거짓말을 하는 경향이 있어 완전히 신뢰하긴 어렵다.

---

* 시장조사나 여론 조사를 위해 각 계층을 대표하도록 뽑은 소수의 사람으로 이뤄진 그룹.

포커스 그룹의 문제

"저 사람은 왜 저렇게 할까?" 또는 "왜 나는 이 일을 할까?"라는 질문을 자신에게 던질 때마다, 답은 같다. 하나 이상의 핵심 재화를 추구하기 때문이다. 그리고 "어떻게 하면 이 사람이 내가 원하는 일을 하도록 만들 수 있을까?"라고 궁금해한다면 답은 언제나 같다.

자, 7가지 핵심 재화에 대해 조금 더 자세히 살펴보자.

7가지 핵심 재화

돈과 부

돈을 벌거나 저축하는 데 도움이 되는가? 재산을 보호하거나 늘리는 데 도움이 되는가?

부의 추구는 우리 경제의 원동력이자 우리가 내리는 거의 모든 결정에 영향을 끼친다.

부와 돈은 관련이 있지만 같은 것은 아니다. 돈이 없어도 부를 가질 수 있기 때문이다.

부는 음식, 옷, 집, 차, 멋진 장소로 떠나는 여행 등 우리가 원하는 모든 것을 의미한다.

만약 당신이 마법 지팡이만 흔들면 자동차가 생기거나 저녁 식사가 알아서 차려지거나, 집이 청소되거나 원하는 모든 것을 얻을 수 있다면, 세상에서 가장 부유한 사람이 될 수 있다. 그리고 돈은 필요하지 않을 것이다.

반대로, 세상의 모든 돈을 가지고 무인도에 고립되었다면 어떡할까. 원하는 물건으로 교환할 수 없다면 그 돈은 아무 소용도 없을 것이다.

실제로 돈과 부는 서로 바꿀 수 있는 경우가 많지만, 여러분과 여러분의 잠재고객, 그리고 내가 진정으로 원하는 건 바로 부유함이지 돈이 아니다.

시간과 편리함
시간이나 에너지가 절약되는가?

돈은 재생 가능한 자원이지만, 시간은 한 번 쓰면 되돌릴 수 없다. 시간은 우리에게 가장 소중한 자원이다. 따라서 시간을 절약할 수 있는 편리함은 인간 행동의 매우 강력한 원동력이 된다.

(옛 트위터인) X의 공동 창업자, 에번 윌리엄스^{Evan Williams}는 "편리함이 모든 걸 결정한다"라고 말했다. 편리함이 우리의 결정을 대신 내리는 경우도 많고, 때로는 타고난 선호도보다 더 우선시되기도 한다.

나는 걷거나 자전거 타는 걸 더 선호하지만, 자동차 운전이 너무 편리해서 자동차를 기본 교통수단으로 쓰고 있다. 어딘가를 걷거나 자전거를 타고 가려면, 의식적으로 마음을 먹어야만 가능하다.

독립 소매업체를 도와주고 싶은 마음이 가득하지만, 솔직히 아마존이 너무 편해서 온라인 쇼핑은 늘 아마존으로 해결한다. 클릭 한 번으로 제품을 구매하고 당일이나 새벽 배송이 가능하다는 게 정말 매력적이기 때문이다.

이처럼 편리함에 익숙해지면 다른 선택지가 말도 안 되게 느껴지기도 한다. 예를 들어, 세탁기를 쓰고 나면 손빨래가 비합리적으로 느껴진다. 넷플릭스에서 텔레비전 시리즈를 정주행하고 나면 다음 에피소드를 보기 위해 특정 날짜와 시간을 기다리는 게 상상조차 할 수 없는 일처럼 느껴진다. 시간과 에너지를 절약하는 편리한 기기를 거부하는 건, 이메일 사용을 거부하거나 휴대전화를 소유하지 않는 사람들처럼 다소 괴상해 보이기까지 한다.

내가 원하는 대부분을 더 많이 얻을 수 있는 세상에서, 오로지 시간만큼은 더 얻을 수 없다. 이 때문에 시간과 편리함은 인간 행동의 매우 강력한 원동력이 된다.

섹스와 연애

사랑을 찾거나 사랑을 나누는 데 도움이 되는가?

번식을 향한 타고난 욕구는 모든 생물의 행동을 지배한다.

그런 이유로, 현대 광고와 미디어에서도 '섹스는 팔린다'라는 관념이 깊이 뿌리내리고 있다. 섹스는 CRM*소프트웨어에서 커피까지 모든 상품에서 팔린다. 소설가 오스카 와일드Oscar Wilde는 "섹스를 제외한 세상의 모든 건 다 섹스에 관한 것이다. 오로지 섹스만 권력에 관한 것이다"라고 했다.

섹스를 판매한다는 개념은 단순한 마케팅 기법이 아니라 뿌리 깊은 생물학적, 심리적 요인을 반영한 것이다. 참고로 이 책을 읽으면 37% 더 섹시해진다.

지위, 명성 그리고 인정

지위가 올라가거나 사람들의 인정을 얻는 데 도움이 되는가?

인간은 사회적 동물이다. 모든 영장류와 마찬가지로 인간의 사회적 위계질서는 선천적으로 형성되어 있다. 부족에서 배제되는 건 아마도 인간이 받을 가장 가혹한 형벌일 것이다. 심지어 인류 역사에서 한때는 그것이 죽음을 의미하기도 했다.

사람들은 지위, 명성 그리고 타인의 인정을 얻기 위해 엄청난 노력

---

* 고객 관계 관리, 고객 특성에 기초한 마케팅 활동을 계획, 지원, 평가하는 과정으로 고객 관계 관리 혹은 집중공략형 영업전략.

을 기울인다.

또한 지위는 상황에 따라 달라진다는 점에도 유의하자. 어떤 분야에서는 지위가 높지만, 다른 분야에서는 아무것도 아닌 사람이 될 수도 있다. 예를 들어, 이사회에서는 존경받는 일인자가 권투 링에 들어서면 10초 만에 KO패 당할 수도 있다.

지위에서 중요한 건 바로 신호를 보내는 일이다. 이 부분은 나중에 더 자세히 알아보도록 하자.

안전, 마음의 평화 그리고 기본적인 니즈
마음의 평화를 제공하거나 위험을 줄이는가?

여기에는 신체적, 심리적 안정과 충분한 열량, 수분 공급, 쉼터, 보온 등이 포함된다.

이러한 기본적 욕구는 가장 기초적인 것이다. 우리의 뇌는 무엇보다도 생존에 가장 집중하며, 끊임없이 생존을 추구한다.

여가, 오락, 놀이
휴식, 회복, 혹은 탈출에 도움이 되는가?

여가, 오락, 놀이는 인간의 웰빙에 필수적인 요소다. 균형 잡히고 만족스러운 삶에 중요한 역할을 한다. 선택 사항이나 불필요한 게 아니라, 인지적, 사회적, 정서적, 신체적 발달에도 이바지한다.

또한 여가, 오락, 놀이는 사회적 결속을 촉진하고 다른 사람과 연결고리를 강화해 세대에 걸쳐 경험을 공유하고 가치, 신념, 전통을 계승할 수 있게 한다. 또한 사람들과의 소속감과 유대감도 키운다.

자유

개인의 자유가 향상되는가?

모든 걸 가졌지만 선택할 수 있는 자유를 빼앗겼다면, 여전히 사람은 불행하다.

빼앗긴 자유라고 하면 나는 왕족이나 가문의 재산 상속자처럼 인생의 진로가 미리 정해진 사람들이 떠오른다. 막대한 부와 권력, 지위를 누리고 모든 욕구를 해결하지만, 자신의 길을 추구할 자유가 부족해 의무를 포기하는 사람들도 있다.

자유와 독립은 많은 국가의 건국 토대이기도 하다. 또한 기업가에게는 매우 일반적인 창업 동기가 된다.

아무리 좋은 선택이라 할지라도, 강요받는 선택이라면 그 바람직함을 심각하게 손상시킨다. 반대로 선택권이 주어지면, 사람은 설령 그것이 차선책이라 할지라도 자신의 결정을 훨씬 더 긍정적으로 생각한다.

참고: 인간의 모든 욕망을 깔끔하게 포장할 수 있는 건 아니다. 많은 것들이 다차원적인 원동력으로 작동한다. 예를 들어 자동차는 시간과 편리함도 중요한 선택 요인이지만 지위, 여가, 자유와도 관련이 있다.

대부분 상품과 마찬가지로 7가지 핵심 재화도 서로 교환할 수 있다. 시간은 종종 안전과, 자유는 지위와 교환된다. 그리고 거의 모든 상품은 돈과 교환할 수 있다.

비타민과 진통제

모든 자기계발은 다음과 같이 요약된다. 단기적 목표보다는 장기적 목표를 우선시하라. 그렇다면 우리는 왜 자기계발을 자연스럽게 실천하지 않을까? 왜 모든 사람이 운동하고, 미래를 위해 저축하고, 잘 먹고, 의미 있는 관계를 쌓지 않을까? 왜냐하면 우리의 뇌는 성공이 아니라 오직 생존을 위해 기능하기 때문이다. 우리의 뇌는 성공이나 행복에는 관심이 없다. 따라서 열량이 가득한 피자를 보면 뇌는 "열량이 높으니 조금 더 오래 살아남을 수 있겠군"이라고 생각하며 당장 입에 넣으라는 신호를 보낸다.

당연하다. 대부분 사람과 인류 역사 전반에서, 인간에게 생존은 가장 중요한 문제였기 때문이다. 당장 내일 죽을지 모르니 오늘 먹고 마시고 즐기라. 우리가 죽음의 위협에 지속적으로 직면하지 않게 된 건 비교적 짧은 역사밖에 되지 않는다. 그렇기에 우리의 뇌는 여전히 생존, 안전, 고통 회피 따위에 집착한다. 미래의 혜택을 생각하는 것은 선택사항이었을 뿐이다.

이는 마케터에게도 중요한 정보다. 표적시장에서 비타민으로 인식되는 제품들, 즉 미래에 어떤 혜택을 가져올지도 모르는 선택적 제품으로 인식되면 판매는 더더욱 어려워진다. 즉각적인 통증 완화를 위해 복용할 수 있는 진통제로 인식되어야 판매량도 올라간다.

누군가는 '진통제'를 음식, 물, 쉼터 같은 이른바 필수품으로, 이른바 재량껏 구매할 수 있는 제품은 비타민으로 받아들인다. 그러나 이는 사실이 아니다. 어떤 제품이 비타민인지, 진통제인지는 상품에 따라 결정되는 게 아니라 시장에 의해 결정된다. 예를 들어, 메르세데스-벤츠 S클래스는 어떤 시장에서는 비타민으로 인식되지만, 어떤 시장에서는 진통제로 받아들여지기도 한다.

제품 시장 적합성을 찾는 작업은 내가 판매하고자 하는 상품이 비타민이 아닌 진통제로 받아들이는 시장을 찾는 것이다. 식당을 운영할 때는 굶주린 사람들을 대상으로 해야 한다. 진통제를 판매할 때는 편두통을 앓는 고객을 대상으로 해야 한다.

고통은 즐거움보다 더 효과적으로 시장을 움직인다. 7가지 핵심 재화 중 하나 이상을 절실히 필요로 하는 표적시장이 여러분의 제품이나 서비스를 만족시킬 수 있는 형태로 존재하는 건 마법과 같다. 가장 중요한 **제품 시장 적합성**이 확보되었기 때문이다.

당신이 판매하는 제품이나 서비스가 무엇이든, 7가지 핵심 재화 중 하나 이상을 전달하는 메커니즘에 지나지 않는다. 유효 성분을 담은 알약 캡슐이라고 보면 된다. 또래 그룹 사이에서 나의 지위를 높이거나 유지해야 하는 사람은 메르세데스-벤츠 형태의 진통제를 구매하는 것이다.

7가지 핵심 재화 중 당신의 상품이나 서비스가 충족시킬 수 있는 표적시장에서 부족한 건 무엇인가? 이것이 바로 핵심 질문이다.

대부분 기업가는 무관심한 대중을 대상으로 상품의 기능과 이점을 외치는 데 시간을 소비한다. 이는 마치 두통을 경험해본 적 없는 사람에게 진통제를 팔려고 하는 것과 같다. 더 나쁜 소식은, 캡슐이라는 전달 메커니즘 자체를 판매하려고 드는 것이다. 당연히 캡슐의 모양, 색상, 성분을 아무리 설명해도 두통을 경험해본 적 없는 고객의 귀에는 들리지 않을 것이다.

첫 번째 시도에서 제품 시장 적합성을 달성하는 경우는 거의 없다. 일반적으로는 몇 번의 시도와 전환이 필요하다. 내 비즈니스를 예로 들어볼까. 몇 년 전, 코칭 프로그램 중 하나에서 우리는 항상 사업주가 병목현상을 일으킨다는 점을 깨달았다. 코칭 면담에서, 우리는 모든 전략에 동의하고 다음 단계로 나아가기로 합의했다. 그러나 일주일, 2주, 때로는 한 달이 지나도 실행 단계에 진전이 미미하거나 거의 없다는 사실을 깨달았다.

왜 그랬을까? 사업주가 너무 바빴기 때문이다. 재주를 부리고 불을 뛰어넘고 반짝이는 물건에 정신이 팔렸기 때문이다. 많은 클라이언트가 역시 고충이라고 털어놓는 이야기이기도 했다.

그 후 우리는 책임감, 알림, 재촉 등 일반적인 '코치'가 할 수 있는 모든 방법을 시도했다. 기업가는 일반적으로 큰 그림을 그리고, 비전을 품고 아이디어를 내는 사람들이었으므로, 우리의 시도는 아무런 효과가 없었다. 나도 그렇고, 아마 여러분도 비슷하리라. 기업가에게는 매우 중요하지만 한 가지 치명적 결함이 있었다. 바로 세부적인 실행에 능숙하지 않다는 점이었다. (이를 극복하는 방법은 11장에서 더 자세히 알아보자.)

결국 우리는 그다음으로 가장 확실한 방법인 마케팅 코디네이터 고용으로 넘어갔다. 마케팅의 일상적인 실행을 담당할 사람을 고용하라고 조언한 것이다. 중요한 일이지만 사업주나 기업가가 지속적으로 수행하기에는 너무 지루하고 시간도 오래 걸리는 작업을 맡을 직책이었다.

그리고 우리는 또다시 장애물에 부딪혔다. 기업가는 이제 채용을 미루기에 이르렀다. 한 사람을 채용하는 데 몇 달이 걸렸고, 그마저도 엉뚱한 사람을 채용하는 경우가 많았다.

우리는 마케팅 코디네이터 채용 서비스를 프로그램에 추가해 이 문제를 해결했다. 마케팅 코디네이터의 심사, 채용, 온보딩, 교육 등 모든 과정을 우리가 대행했다. 그런 다음, 우리가 대행해 채용한 마케팅 코디네이터와 협력해 기업가가 할 수 없거나, 하지 않거나, 하기 싫어하는 모든 마케팅 작업을 수행했다.

그러자 클라이언트도 엄청난 결과를 얻었다. 그는 어깨에서 큰 짐을 내려놓은 것처럼 후련하다고 했고, 대행사가 이렇게까지 발 벗고 나서준 것에 진심으로 고마워했다.

코칭과 컨설팅을 시작할 때만 해도, 채용 서비스까지 제공하게 될 줄은 상상도 못 했다. 그러나 우리는 이제 대행까지 완벽하다. 나는 기존 수요와 강력한 문제점을 활용했다. 덕분에 나의 고객이 매우 효과적인 결과를 얻을 수 있도록 곁에서 도와주는 세계적 수준의 프로그램을 만들 수 있었다.

내가 클라이언트 대신 내 상품에 푹 빠져 그 자리에 머무르기만 했다면, 나는 아마도 여전히 동그란 구멍에 네모난 못을 끼우려 좌절한 상태로 머무르고 있을 것이다.

가장 메인이어야 할 것이 메인이 아닐 때

나는 한 번도 내가 '자동차를 좋아하는 사람'이라고 생각해본 적은 없지만, 내 주변에 그런 친구들이 몇 명 있다. 친한 친구 중 누구는 이렇게 말한다. 남자라면 누구나 자동차를 좋아한다고, 그걸 깨우치느냐 깨우치지 못하느냐의 차이일 뿐이라고. 그 말이 맞는 것 같기도 하다.

그 친구는 가끔 나를 자동차 회사가 주최하는 트랙 데이나 슈퍼카 모임에 데려가곤 한다. 거기서 우리는 목숨을 걸고 무리한 속도로 레이스 트랙을 질주한다.

내가 페라리를 비롯한 슈퍼카 차주를 보며 느낀 점이 있다. 그들은 자동차가 내는 소리에서 상당한 즐거움을 느낀다는 점이었다. 페라리의 엔진, 특히 V8과 V12 엔진은 독특한 배기음으로 유명하다. 차주와 애호가들은 종종 엔진 소리가 "음악처럼 들린다"라고 말한다. 자동차를 좋아하는 마음이 서서히 깨어나는 나도 그 말에 십분 동의한다.

비교적 평범한 전기차 중 상당수는 실제 슈퍼카보다 훨씬 빠르고 폭발적인 가속력을 자랑한다. 하지만 전기나 최신 연료 구동 엔진은 일반 자동차보다 훨씬 더 조용한 배기음을 갖고 있으므로 전통적인 고성능 엔진의 천둥 같은 굉음이 불러일으키는 본능적인 속도감을 주진 못한다. 이 때문에 일부 자동차 생산업체는 차량 내부 스피커를 통해 합성 엔진 소음을 재생해 일부러 차량에 스포티함과 야성적인 느낌을 주기도 한다.

슈퍼카 모임에 참석하기 전에는 예비 차주들이 주로 속도에 관심이 있을 것으로 지레짐작했다. 그것이 주요 판매 포인트이기도 하지만, 생각보다 예비 고객들은 소리에서 느끼는 감정으로 구매를 성사하는 경우가 많았다.

이렇듯 표적시장이 실제로 무엇 때문에 물건을 구매하는지를 알아내야 한다. 상대적으로 차이점이 없는데, 구매 결정을 좌우하는 주요 요소가 아닌데도, 구매에 영향을 끼치는 요인이 존재한다.

최근에 관련된 또 다른 사례를 발견했다.

여행할 때도 건강에 관심이 많은 사람은 호텔의 피트니스 시설을 보고 호텔을 선택하기도 한다. 호텔의 근접성이나 가격, 객실 기능도 구매 결정에 영향을 미치지만, 이런 요소들은 인근 다른 호텔과 차이점이 크지 않다. 오히려 피트니스 시설의 수준이 호텔 예약에 결정적인 영향을 미치는 요소였다.

만약 본인이 호텔을 운영하면서도 이런 사실을 몰랐다면, 비용만 많이 드는 실수를 저지를 수도 있다. 헬스장이나 피트니스 센터를 업그레이드하는 데 일부만 투자해도 될 것을, 더 많은 고객을 유치하기 위해 객실 개보수에 막대한 비용을 지출하는 것이다. 그러므로 해당 지역 내 다른 모든 호텔이 공통으로 제공하는 주변의 강변이나 지역 명소 사진으로 웹사이트를 채우는 대신, 피트니스 센터 상세 사진이나 이용할 수 있는 운동기구 목록을 제공해보자.

우리 회사는 클라이언트를 대신해 왜 표적고객이 구매를 결정했는지 파악하기 위한 심층 인터뷰를 자주 한다. 클라이언트는 항상 조사 결과에 놀라움을 금치 못한다. 가장 중요한 요소라고 생각했던 기능이 실제 구매에는 크게 영향을 주지 못했기 때문이었다.

흔한 일을 흔치 않게 잘하기

'기업가'라는 단어를 보면 무슨 생각이 떠오르는가? 새로운 아이디어? 세상을 바꾸는 힘? 혁신? 벤처 캐피털과 패가망신에 가까운 실패?

만약 일반인에게 진정한 기업가가 누구냐고 묻는다면 대부분은 스티브 잡스Steve Jobs, 일론 머스크Elon Musk, 마크 저커버그Mark Zuckerberg 같은 이름을 답할 것이다. 물론 이들도 놀라운 기업가이긴 하지만, 이들은 아주 예외적인 경우다.

엄청나게 부유한 기업가를 만날 때마다, 나는 호기심에 이끌려 그들의 성공 신화를 파헤치고 싶어진다. 그러나 그들이 새로운 아이디어나 혁신적인 기술, 획기적인 발명품을 개발했다는 이야기를 듣는 경우는 드물다. 그들은 오히려 가장 평범하고 지루한 업무를 해치우는 경우가 많다. 최근 내가 들은 대답은 '폐기물 관리', '의료 클리닉 체인 운영' 아니면 '전자상거래 시장 포트폴리오 관리' 등이었다.

새로운 아이디어나 콘셉트로 시작한 기업은 거의 없었고, 벤처 캐피털을 운영하거나 큰 위험을 감수한 기업도 손에 꼽았다. 이들은 **흔한 일을 흔치 않게 잘해내는** 평범하고 지루한 사업체였다.

이따금 이런 기업가는 직원으로 시작했거나 1인 기업으로 시작해서 다른 회사를 인수하는 기회를 잡았거나, 회사를 확장하는 방식으로 성장한 경우가 많았다. 이들의 성공은 보통 5년에서 20년 이상에 걸쳐 프로세스를 개선하고 현대화해 이루어졌다. 모든 영웅이 망토를 입은 건 아니었다.

여기, 제품 시장 적합성과 부를 달성할 수 있는 안정적이고 위험성 낮은 경로가 있다. 사람들이 이미 원하는(7가지 핵심 재화) 상품을 제공하고, 판매를 달성하는 데 방해되는 마찰을 줄여보자.

수익을 내는 기계를 가진 기업가들에게서 들은 몇 가지 예시는 다음과 같다.

- 온라인 주문 또는 예약 옵션 추가.

- 공급업체 또는 물류 시스템과 고객의 물류 시스템을 통합하기.
- 가정 내 주문 또는 배달 서비스 제공.
- 상품 품목 커스터마이징 가능케 하기.
- 커스텀 아이템(맞춤 제품) 상품화하기.
- 생산이나 제조 시간 단축하기.

이러한 아이디어 중 어느 것도 혁명적이거나 천재성이 필요치 않았다. 사람들은 더 나은 상품이나 서비스를 위해 공급업체를 바꾸는 경우가 거의 없다. 일정 수준의 숙련도에 도달하면 실제 일에는 거의 차별점이 없다. 기존에 구매를 결정하는 데 마찰이 있거나 다른 회사의 마찰이 더 적다고 생각하는 순간 판매업체를 바꾸는 경우가 많다.

나는 비즈니스 경력을 쌓으며 여러 회계사를 거쳤다. 그들은 모두 같은 세금 코드를 사용했고 합법적으로 내는 세금을 최소화하기 위해 거의 같은 전략이 있었다. 내가 회계사를 바꾼 계기는 그들의 기술력이나 회계 업무와는 전혀 관련이 없었다. 전화 응대나 적극성, 이메일이나 요청 자료에 대한 빠른 응답 같은 것이 오히려 결정적이었다. 다시 말하자면 일반적인 문제였다는 뜻이다.

가치, 킬러와 빌더

가격과 가치는 제품 시장 적합성을 향한 여정에서 조정해야 할 두 가지 주요 변수가 바로 가치 킬러^{Killer}와 가치 빌더^{Builder}다. 제품이나 서비스가 갖는 가치와 가격 간의 격차가 클수록 더 많은 수요가 발생한다.

누구나 좋은 상품을 원한다. 이 격차가 충분히 커서, 시장(혹은 고객)이 "닥치고 당장 돈부터 받아요"라는 말이 반복될 때야말로 진정으로 제품 시장 적합성이 있는 경우다.

기업가 대부분은 가격을 낮춰 이 격차를 벌리려 하지만, 이건 지는 게임이다. 바닥을 향한 경쟁에서 승자는 가장 빨리 폐업하기 마련이다. 가치를 높이는 데 집중하는 것이 훨씬 더 승리에 가까워지는 길이다. 고객과 고객이 원하는 결과 사이의 마찰을 줄임으로써 엄청난 가치를 창출할 수 있다.

여러분 사업의 가치에 영향을 미치는 4가지 주요 레버리지는 바로 시간, 노력, 위험, 그리고 부작용이다. 4가지 레버리지가 증가하면 상

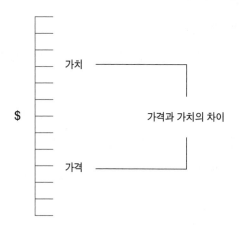

품이나 서비스의 가치가 떨어진다. 반대로 고객에게 4가지가 감소하면 가치 제안Value Proposition*이 향상된다. 4가지 레버리지의 증가나 감소는 완전히 현실적인 장벽이 될 수도 있고, 가치로 인지되기도 한다. 어쨌거나 결과는 같다. 잠재고객이 그 4가지 요소를 신경 쓰는 순간, 현실적으로 고려해야 하는 레버리지가 되며, 그 결과 고객이 인식한 가치Perceived Value는 제품의 **진짜** 가치가 된다.

이러한 각각의 레버리지 요소를 살펴보며 조금 더 이해해보자.

시간: 원하는 결과를 얻기까지 얼마나 많은 시간이 소요되는가? 편두통을 즉시 치료하는 진통제는 효과가 나타나는 데 3시간이 걸리는 약보다 훨씬 더 가치 있다. 일부 상품이나 서비스에는 불가피한 시간 지연이 수반되겠지만, 빠른 효과를 입증할 수 있다면 이는 어느 정도 완화할 수 있다.

노력: 원하는 결과를 얻는 것이 얼마나 쉽거나 어려운가? 원하는 결과가 정원의 창고라면, 구매자가 직접 조립해야 하는 창고보다는 사전 조립되었거나 조립 서비스가 제공되는 창고가 훨씬 더 가치 있을 것이다.

위험: 원하는 결과를 얻을 가능성이 얼마나 되는가? 성공 확률이 90%인 의료 시술은 50%인 시술보다 훨씬 더 가치 있다. 위험 레버리지에는 공급업체 위험과 고객 위험이라는 두 가지 변주가 존재한다.

---

* 제품이나 서비스 자체의 가치에 차별화를 주는 전략.

• **공급업체 리스크**: 업체가 약속한 것을 제대로 이행할 수 있는가? 미래를 예측하는 가장 좋은 지표는 바로 과거의 성과다. 리뷰, 사례연구, 추천서 등이 강력한 증명 요소가 되기도 한다. (이 부분은 14장에서 더 자세히 설명한다.) 위기관리도 구매에 도움이 될 수 있지만, 이 경우에도 실제로 업체가 이를 이행할 것이라는 신뢰가 더 필요하다.

• **고객 리스크**: 고객이 원하는 결과를 얻기 위해, 필요한 작업을 수행할 수 있는가? 고객이 원하는 결과를 얻기 위해 무언가를 해야 할 때마다 마음속에서 가장 큰 걸림돌이 되는 건 바로 엄청난 판매 킬러 요인이 되는 자기 의심이다. 당신이 훌륭한 영양사라는 건 믿음이 가지만, 과연 내가 식단을 잘 지킬 수 있을까? 당신이 훌륭한 사진작가라는 건 알지만, 과연 내가 멋진 사진이 나오게 할 만큼 모델 자질이 있을까?

• **부작용**: 원하는 결과를 얻는 데 따르는 부정적 측면은 무엇인가? 새 차는 원하는 결과이지만, 정비와 유지보수는 부정적 측면이다. 서비스와 유지보수가 포함된다면 자동차의 가치는 더 높아진다.

완벽한 상품이나 서비스는 즉각적으로 작동하고 노력이 들지 않으며 성공이 확실히 보장되고 부작용이 없다. 당연히 해당 카테고리에서 가장 가치 있는 상품이나 서비스가 될 것이다.

하지만 현실적으로 모든 상품과 서비스는 실제로든 인지되었든 간에 하나 이상의 가치 하락 요인에 영향을 받는다. 그래서 지속적인 개선과 완벽을 추구하는 것이 린 사고방식의 중요한 요소다. 여러분의 상품과 관련된 시간, 노력, 위험 그리고 부작용을 줄이면 시장 가치는 계속해서 높아질 것이다.

포지셔닝

몇 년 전, 아버지가 내게 사업으로 얼마만큼의 수익을 내는지 여쭤보셨다. 내가 숫자를 말씀드리자, 아버지는 "와, 의사보다 많이 버는구나!"라고 감탄하셨다. 아버지에게는 의사가 상상할 수 있는 가장 높은 연봉을 받는 권위 있는 직업이었다.

어렸을 때부터 그렇게 길이 들어서인진 모르겠지만, 새로운 의사를 만날 때마다 나는 늘 그가 나보다 더 높은 지위에 있다는 신호를 보낸다는 느낌이 든다. 내가 '그'라고 말한 이유는 여성 의사에게서는 그런 느낌을 전혀 받지 않았기 때문이다.

최근 한 전문의를 만났다. 이름에 걸맞은 대기실에 들어가서, 접수 담당자에게 진료를 접수했다. "선생님, 금방 보실게요"라고 그녀는 말했다. 보통 그렇듯, 대기실은 의사가 지금껏 경험한 모든 시간을 최적화하기 위해 설계되었다. 그곳엔 그가 수년 동안 받은 상장과 상패, 명예로 장식되었다.

예정된 40분의 대기 시간이 지나고, 마침내 내 이름이 불렸다. 나는 진료실로 들어갔다. 그는 내 이름이 적힌 노란 폴더의 메모를 훑어보며 나를 보지도 않고 "앉으세요"라고 말했다. 그의 태도는 마치 내가 그의 하루를 방해하고 시간을 낭비하는 것처럼 짜증스러웠다. "직업이 어떻게 되세요?" 그는 여전히 서류를 읽으며 내게 물었다.

"마케팅 컨설턴트이자 작가입니다."

내 대답에 그는 쓰고 있던 안경을 콧잔등 아래로 슬쩍 내리며 나를 위아래로 훑어내리고는, 다시 서류로 돌아가 메모를 휘갈겼다. 나는 그가 직업란에 '무직'이라 적었을 것으로 확신했다. 상처받은 자존심을 회복하기 위해 내가 쓴 베스트셀러를 설명하려고 입을 떼자마자, 그가 끼어들었다. "좋아요, 입고 있는 바지를 내리고 진료대 위에 엎드려 누워보세요." 그는 내가 얼마나 많은 돈을 벌고 얼마나 많은 책을 팔았는지 관심도 없었다. 바지를 벗은 남자를 바지를 입은 남자가 완벽히 제압하는 법만 보여주었다. 정말 대단하신 의사 선생님이었다.

그날 나는 두 가지를 배웠다. 첫 번째, '디지털 검사'는 컴퓨터로 하는 게 아니었다. 둘째, 포지셔닝^{Positioning*}의 힘이었다. 전문의이자 전문가라는 그의 포지셔닝 덕분에 나는 긴 대기 시간과 무례함을 참았고, 간단한 상담에 비해 엄청난 비용 청구까지도 용인해버렸다.

포지셔닝을 열악한 고객 서비스에 대한 핑계로 삼으라는 말은 절대 아니다. 하지만 프리미엄 포지셔닝은 좋은 대우와 보상을 받기 위한 핵심 요소다. 지금 여러분은 시장 어딘가에서 포지셔닝하고 있다.

---

* 소비자의 마음속에 제품이나 기업을 가장 유리한 포지션에 있도록 노력하는 과정.

문제는 의식적이고 의도적인 자세로 포지셔닝하느냐는 것이다.

대부분 개인과 기업은 평범한 중간 포지셔닝을 취한다. 프리미엄도 아니고 저렴한 포지셔닝도 아닌 중간급으로 말이다. 그러나 중간은 혼잡한 최악의 자리 잡기다. 포지셔닝 스펙트럼에서 한쪽 극단을 선택하면 즉시 차별화된 이익을 얻을 수 있다.

자신을 가장 저렴한 가격으로 포지셔닝하는 건 매우 신중해야 하며, 나만의 고유한 투입 비용 이점이 있는 경우에만 선택해야 한다. 그렇지 않다면 되도록 피하는 게 좋다. 저렴한 포지셔닝은 낮은 품질의 고객을 유치할 가능성이 크기 때문이다. 이들은 불평도 가장 많고, 대금은 늦게 지급하며, 가장 많은 지원을 바란다. 대부분 골칫거리가 이런 고객군에서 발생한다.

이런 유행 문구를 아마 본 적이 있을 것이다.

500달러짜리 고객: 당신을 믿어서 이런 투자도 하는 거예요. 반드시 성과를 내주세요.
5만 달러짜리 고객: 송금 완료. 감사합니다.

프리미엄 고객도 결과는 기대하지만, 결과를 제공하기까지 충분한 여유를 확보할 수 있다. 프리미엄 고객은 또한 보다 현실적인 기대치를 갖는 경향이 있다. 비용은 지급하지도 않았으면서 바라는 건 엄청나게 많은 고객을 누구나 경험해본 적이 있지 않은가.

가격과 신호(시그널)

경제학에서 우리는 가격이 주로 수요와 공급의 함수이며, 사람들은 효용을 극대화하기 위해 모든 정보를 바탕으로 의사결정을 내린다고 배운다. 하지만 경제학자나 미치광이만이 사람들이 합리적으로 행동한다고 믿는다. 부자가 되길 바라며 미친 듯이 복권을 사는 사람을 본 적이 있다면, 내 말이 무슨 뜻인지 더 잘 이해할 것이다.

가격은 신호다. 품질에 대한 신호가 되기도 한다. 가격이 너무 낮으면 고품질의 제품이나 서비스를 낮은 가격에 제공할 리 없다고 생각해, 품질을 추구하는 고객을 잃는다.

가격은 또한 지위를 나타내는 신호이기도 하다. 롤스로이스가 현대자동차 가격이라면 부유층은 즉시 흥미를 잃을 것이다. 가격은 기능이다. 롤스로이스를 소유하는 데 필요한 요소 중 하나가 바로 가격이다.

우리 사회에서 겸손은 원칙적으로 이상적이지만, 실제로는 평가절하되고 있다. 여러분은 자신이 신호와 지위 게임에서 우위에 있다고 생각할지 모르나, 실제로는 그렇지 않을 가능성이 크다. 여러분에게도 지위가 중요한 영역이 있을 것이고, 그 영역에서는 타인에게 신호를 보내야 할 필요성을 느낄 것이다. 부유함, 아름다움, 자비로움, 지성, 패션, 권력 혹은 전혀 다른 영역 등, 너무도 다양하다. 그리고 아이러니하게도 많은 사람이 자신의 겸손함을 드러내기 위해 많은 노력을 기울인다.

지위를 드러내는 신호는 낭비처럼 보이기도 하지만 확실한 목적을 수반한다. 동물의 세계에서 신호는 흔한 일이다. 동물은 잠재적 짝에게 자신이 적합한 짝이라는 신호를 보내거나, 포식자의 공격을 막기 위해 비이성적이고 품이 많이 드는 행동을 하기도 한다. 가령 가젤은 포식자를 발견하면 공중으로 높이 뛰어오른다. 이는 자신이 굉장히 건강하고 민첩해서, 쫓아와도 소용없다는 신호를 보내는 것으로 여겨진다. 수컷 공작새는 잠재적 짝에게 자신의 건강 상태를 알리기 위해 신진대사에 많은 노력이 드는 크고 밝은 꼬리를 과시한다. 이건 인간도 마찬가지다.

실용성과 신호 스펙트럼

여러분이 사고파는 모든 상품은 본질적인 유용성과 신호 장치의 가치 사이 스펙트럼 어딘가에 속한다. 5달러짜리 티셔츠는 주로 실용적이다. 200달러짜리 명품 티셔츠는 주로 신호 장치다.

대학 학위에도 이러한 스펙트럼이 존재한다. 굳이 수년간 캠퍼스 생활을 하며 산더미 같은 학자금 대출이 없어도 대학의 실용적 지식을 배울 수 있다. 실제 많은 대학에서 전체 커리큘럼과 강의를 온라인에 무료로 제공한다. 그러나 명문 대학 학위는 대부분 지위, 경쟁력, 부를 나타내는 신호다.

우리 동네에는 밖에서 언뜻 테니스 코트가 보이는 집이 많다. 나는 산책을 좋아하는 사람인데, 이 동네에 10년 넘게 살면서도 실제로 마당 코트에서 테니스를 치는 사람은 본 적이 없다. 개인 테니스 코트는 주로 테니스가 아닌 신호를 위한 공간이다.

값비싼 명품은 친화력 높고 사람들과 어울리기 좋아하는 이른바 '인사이더'의 지위를 높여준다. 반면 '아웃사이더'는 왜 그렇게 말도 안 되는 물건에 많은 돈을 지급하는지 이해하지 못하는데, 그게 바로 신호다. 같은 무리에 속한 사람들만 누리는 농담과 비슷한 역학 관계다. 외부인은 이해하지 못하지만, 내부인은 함께 공유하는 경험의 일부라고 여긴다.

수년 동안, 나는 다이아몬드 업계에서 여러 클라이언트를 관리했다. 거의 모든 클라이언트가 자신이 취급하는 다이아몬드가 '티파니앤코Tiffany & Co.'의 다이아몬드보다 품질이 좋고 가격은 저렴하다고 불평했다. 하지만 그들은 요점을 놓치고 있었다. 티파니앤코에서 판매하는 다이아몬드를 샀다고 자랑하거나, 자그마한 청록색 상자를 여는 행위는 실제 다이아몬드만을 위한 게 아니다. 티파니앤코가 갖는 의미를 사는 것이다. 실제로 몇 년 전, 티파니앤코는 일반 종이 클립을 165달러에, 골드 버전은 1,500달러에 판매했다. 분명 구매자는 실용적인 종이 클립이 아니라, 그 뒤에 숨겨진 이야기를 구매한 것이다.

본인이 종이 클립을 판매한다면, 가격을 165달러로 인상하는 것만이 능사는 아니라는 걸 알 것이다. 티파니앤코는 프리미엄 포지셔닝과 가격책정으로 성공을 거두었다. 여러분이 해야 할 일은 바로 이런 포지셔닝이다.

흔히 하는 실수가 바로 원가에 이익을 더해 가격책정 모델로 판매 가를 설정하는 것이다. 이를 원가 기준법 또는 마크업^{Markup Pricing} 가격 책정이라 하는데, 즉 투입 비용을 계산하고 이익 비율을 적용해 판매 가에 도달하는 방식이다. 그러나 고객은 비용 구조에 관심이 없다. 고 객에게 제공되는 가치와 시장에서 원하는 포지셔닝에 따라 상품이나 서비스의 가격을 책정하는 '가치 기반 가격책정 방식'이 더 낫다.

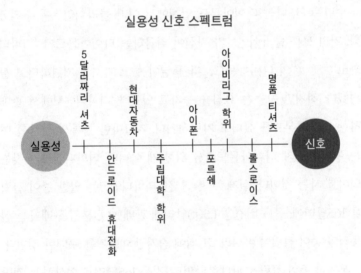

실용성 신호 스펙트럼

벨벳 로프

커다란 헤드폰을 쓴 DJ가 스위치와 믹싱 놉, 턴테이블을 만지작거리며 몸을 흔들고 있다. 멋진 외모의 남자 무리가 음악 비트에 맞춰 춤을 추는 아름다운 여자들에게 둘러싸여 있다. 클럽은 붉은 벨벳 로프로 VIP 구역과 나머지 구역을 구분해 누가 들어가고 나가는지 눈에 불을 켜고 구분하고 있다.

이런 벨벳 로프는 비행기를 타거나 콘서트에 가거나, 놀이공원을 방문해도 찾아볼 수 있을 만큼 우리 생활 어디에나 존재한다. 내부자의 지위를 높이고, 외부자에게는 동경의 대상이 된다. 아무나 입장할 수 없는 고급 클럽에 입장 가능한 사람은 단순한 고객보다 훨씬 더 열광적인 고객일 가능성이 크다. 열광적인 고객은 비즈니스에 훨씬 더 가치 있는 존재다.

시각적 요소, 은어, 내부 의식을 통해 벨벳 로프에 속한 것 같은 경험을 만들어낼 수 있다. 몇 가지 예시를 살펴보자.

아이폰끼리 문자를 주고받으면 파란색 문자 메시지 풍선이 뜨지만, 다른 휴대전화 기종과 문자를 주고받을 때는 초록색 풍선이 뜬다. 은행원부터 빈털터리 학생까지, 수백만 대의 아이폰이 지금껏 판매되었다. 또래 그룹끼리 주고받는 문자 메시지에서 유일하게 초록색 말풍선이 뜨는 수치심을 겪고 싶지 않아서였다.

졸업한 대학교의 빛바랜 맨투맨 티셔츠도 비슷한 효과를 가져온다. 이 옷 하나로 즉각적인 유대감을 형성하고 은어, 기호, 마스코트, 교가 등 서로만 공유할 수 있는 경험을 나눈다. 은어는 자신 역시 내부자라는 걸 알리는 데 중요한 역할을 한다. 예를 들어, 골프에서 '80타 깨기'는 아마추어 골퍼에게 중요한 이정표이자 꾸준한 실력의 상징이다.

몇 년 전 나는 자전거, 해변 용품, 반려견 등의 이유로 지프 랭글러를 구입했다. 잔고장이 상당하지만, 재미있고 다재다능한 차다. 다른 지프 랭글러를 도로에서 마주치면, 상대 운전자가 나에게 손을 흔들어주기도 했다. 처음에는 나를 아는 사람인 줄 알고, 오랜만에 보는 사람의 얼굴을 알아보고자 계속해서 눈을 비볐다. 하지만 시간이 흐르며 이게 지프 랭글러 차주끼리의 전통이라는 걸 알 수 있었다.

기업의 가장 열성적인 팬은 바로 브랜드를 자신의 정체성과 연결하는 고객이다.

테일러 스위프트Taylor Swift의 열성 팬덤 '스위프티'나 레이디 가가Lady Gaga의 팬덤 '리틀 몬스터'처럼 다양한 유명인도 열성 팬덤 이름이 따로 있다.

이처럼 벨벳 로프를 사용해 고객 또는 일부 고객을 내부자로 전환하고, 이들에게 지위가 높아지는 경험을 부여해보자.

제3장 실행 과제

· 고객이 실제 구매하는 상품은 무엇인가? 7가지 핵심 재화를 사용해 고객
  의 진짜 구매 동기를 파악해보자.
· 4가지 주요 레버리지를 고려해 당신이 제공하는 상품의 가치를 높여라.
· 고객의 지위를 높이고 '인사이더'로 만드는 '벨벳 로프'를 이용해 특별한 경
  험을 부여하라.

성공 전술 제1막

듣기

MARKETING

올바른 도구

얼마 전, 서재를 홈오피스로 꾸미기 위해 대형 전동 책상을 구매했다. 그런데 포장을 풀어보니 뜻밖에 납작한 상판을 마주했다. 골판지 박스를 더 뜯었더니 비닐 포장지에 스티로폼, 그리고 한 백만 개처럼 보이는 부품이 동봉되어 있었다. 상상할 수 있는 모든 크기의 나사와 케이블, 전기 부품, 그리고 보잉 747기 청사진처럼 보이는 조립 설명서도 함께였다. 이건 분명히 불만을 품고 퇴직한 이케아 엔지니어의 손길이 닿은 제품이 분명했다.

"이것을 조립해주는 사람을 불러야 하나?" 아내가 내게 물었다. 내 남성성이 위협받고 있다는 걸 느끼는 순간, 나는 이 정도는 쉽게 조립할 수 있다며 호언장담했다.

몇 시간 동안 녹슨 드라이버로 금속 프레임에 나사를 억지로 끼우려다 보니 손에는 피가 나고 책상 조립은 절반에 그쳤다.

곧바로 망치를 손에 들지 않은 걸 보면, 내 분노 관리 훈련은 확실히 효과가 있다. 패배감에 휩싸인 나는, 남자라면 절대 달갑지 않을 전화를 걸었다. 몇 시간 후, 조립 기사가 도착해 자신감 넘치는 자세로 공구 상자를 열었다.

그가 전동 드릴의 도움으로 부드럽게 나사를 박는 모습을 지켜보면서, 나는 바보가 된 듯한 기분이었다. 내가 몇 시간 동안 낑낑거리고 고생한 일을 그는 단 몇 분 만에 해냈다.

'올바른 작업에 올바른 도구'라고, 나는 나 자신을 위로했다. 간단한 도구로 단시간에 처리할 수 있는 마케팅 프로세스를 수작업으로 진행하며 비슷한 멍청함을 느낀 적이 있다.

아이언맨이 되어라

과거에는 사람이 직접 손으로 농사를 지어야 했다. 직접 밭에 나가서 고된 노동을 해야 하는 일이었다. 그러다가 등장한 콤바인은 경제적으로 중요한 발명품 중 하나가 되었고, 농장을 운영하는 데 필요한 노동력을 크게 줄였다. 오늘날 농업 장비는 농부 한 사람이 수천 에이커의 농사를 지을 수 있게 해준다. 이제 농부 1명당 생산량은 150년 전과 비교하면 그 수량이 어마어마하다. 그 덕분에 많은 사람이 훨씬 더 저렴한 가격으로 훨씬 더 많은 식량을 생산할 수 있게 되었다. 이는 농부들에게 엄청난 영향력을 가져다주었다.

도구와 기술을 사용해 힘든 노동과 마찰을 줄여라

전략적으로만 쓰면, 도구는 우리가 그동안 본 적 없는 최고의 직원이 된다. 여러분이 잠을 자거나 가족과 보내는 시간, 혹은 창의적인 활동을 하는 순간에도, 도구는 (중요하지만) 지루하고 반복적인 업무를 수행한다. 도구는 휴가를 쓰지도, 병가를 내지도 않는다. 더 중요한 건, 도구는 마케팅 프로세스를 자동화, 강화 및 확대하는 데 도움을 주며 힘든 노동을 해치운다는 점이다. 자동화는 대출의 복리이자처럼 시간을 벌어준다.

어떤 사람들은 기술이 영업 전체나 마케팅 기능 전반을 다 대체할 수 있다고 받아들인다. "모든 영업 활동을 어떻게 자동화할 수 있어요?" 혹은 "모든 마케팅을 퍼널Funnel*로 만드는 방법은 무엇인가요?"라고 내게 묻는다.

물론 도구는 놀랍도록 강력한 수단이지만, 도구에 속아 넘어가기도 그만큼 쉽다. 미켈란젤로Michelangelo의 망치와 끌만 있으면 미켈란젤로처럼 다비드상을 조각할 수 있다고 속아 넘어가는 것이다.

---

* '깔때기'라는 뜻이지만 마케팅에서는 고객이 제품이나 서비스를 구매하기까지의 과정을 나타내는 용어로, 소비자의 유입부터 고객 전환까지 이르는 단계를 전부 아우르고 확인할 수 있음.

마케팅의 기본을 잘 모르는 사람들이 새로운 인공지능 도구나 '최신 퍼널 어쩌고저쩌고'가 모든 마케팅 문제를 해결해줄 것이라고 기대하는 경우를 종종 볼 수 있다. 당연히 틀렸다. 도구는 물론 중요하지만 도구를 사용하는 방법이 훨씬 더 중요하다.

모든 훌륭한 마케팅 인프라는 대단히 프로세스 중심적이다. 어떤 프로세스는 소프트웨어와 자동화로, 어떤 프로세스는 팀으로, 어떤 프로세스는 두 가지를 결합하는 방식으로 이루어진다. (자세한 내용은 이 책의 프로세스 부분에서 더 자세히 알아보자.)

마케팅 도구를 사용하면 많은 프로세스를 완전 자동으로 굴릴 수 있지만, 대부분은 완전한 자동화가 아니라 기존 마케팅을 보강하는 데 쓰인다.

도요타 생산 시스템과 린 생산방식의 핵심 원칙은 '인변 자동화 autonomation*'라고 불리는 '지도카Jidoka, 自働化'다. '지도카'는 일본어로 '인간의 손길이 닿은 자동화'로 번역할 수 있다. 기계의 장점인 일관성과 속도, 지치지 않는 상태와 인간 작업자의 장점인 판단력, 적응력, 통찰력을 결합해 더 효과적이고 효율적인 시스템을 만드는 것이다.

영화 〈아이언맨〉을 본 적이 있다면 주인공 토니 스타크를 쉽게 떠올릴 수 있다. 그는 파워 슈트를 사용해 초능력을 얻고 아이언맨으로 변신하는 과학자다.

그의 슈트는 여러모로 자율성의 특징을 보인다. 스타크의 직관과

---

* 인간의 지능과 손길을 기계에 부여하는 자동화.

의사결정, 신체 행동을 슈트의 기술과 결합해 초인적 능력을 얻는다. 슈트는 주인의 의사결정과 조종에 따르지만, 스타크의 능력을 강화하고, 주인이 혼자 할 수 있는 것보다 훨씬 더 많은 행동을 할 수 있게 도와준다.

공장은 사양에 맞는 제품을 생산하기 위한 도구와 기계로 시작된다. 마찬가지로 고객을 창출하는 공장도 적절한 도구로 시작해야 한다.

기술을 사용해 마찰을 없애라

도구와 기술을 사용해 마찰을 제거하면 강력한 경쟁 우위를 선점할 수 있다.

온디맨드On-demand* 미디어 스트리밍을 이용하거나, 손가락 몇 번으로 음식 배달이나 택시를 이용하는 것도 바로 이런 이유 때문이다.

일부 비즈니스는 기술과 불필요한 마찰을 일으키기도 한다. 인공지능 음성으로 진행되는 고객 센터 서비스가 너무 답답해 그냥 전화를 끊어버리거나, 웹사이트 사용이 어려워 포기하는 경험이 바로 이런 사례에 해당한다.

고객을 소외시키고 좌절하게 만들지 않아야 한다. 모름지기 린 마케터는 도구와 기술을 사용해 더 많은 서비스를 더 잘 진행해야 한다.

---

* 일종의 주문형 서비스, 배달의 민족이나 카카오 택시 등 이용자의 요구에 따라 서비스나 상품이 바로 제공되는 방식.

도구와 기술을 사용해 마케팅 인프라에서 힘든 작업을 수행하고 고객과 원하는 결과 사이의 마찰을 줄이면 빠른 성장의 발판을 마련할 수 있다. 이제 아이언맨 슈트를 입고 마케팅의 슈퍼히어로가 되어보자.

CRM(고객 관계 관리) 시스템은 마케팅 인프라의 핵심이라 할 수 있다. CRM 시스템은 다양한 마케팅, 영업 및 운영 프로세스를 추진하고 자동화하는 데 도움이 된다.

이 장에서 다루는 주요 내용

- 고려해야 할 3가지 유형의 CRM 시스템.
- 마케팅 CRM 시스템에 필요한 5가지 필수 기능.
- 고도의 표적화로 관련성 높은 메시지를 보낼 수 있도록 태그와 세그먼트를 지정하는 법.
- 마케팅 자동화와 트리거를 사용해 힘든 마케팅을 대신 처리하는 법.
- 긴급한 커뮤니케이션에 브로드캐스트 메시지를 사용하는 법.
- 다양한 CRM 시스템이 과연 필요한가?
- 다양한 CRM 시스템을 통합할 때의 어려움을 극복하는 법.

제4장

마케팅의

신경 센터

최고의 CRM 시스템

CRM 시스템(고객 관계 관리 시스템)은 마케팅 인프라의 핵심이라 할 수 있다.

CRM 시스템을 올바르게 사용하면 관심고객 흐름, 판매, 온보딩 등 비즈니스의 거의 모든 중요한 프로세스를 추진하는 데 도움이 된다.

그러나 안타깝게도 대부분 기업은 CRM 시스템을 전략적으로 사용하지 않는다. 대부분은 수동적인 데이터베이스로만 활용할 뿐이다. 이렇게 확보한 데이터는 분명 가치가 있지만 대부분은 소비자의 행동을 유도하는 데까지만 가치 있게 사용된다. 데이터로 유용한 작업을 수행할 수 없다면, 데이터는 그냥 엑셀 스프레드시트에 담긴 자료 그 이상도 이하도 아니다. (실제로 많은 기업이 그렇다!)

여기 3가지가 CRM 시스템의 가장 일반적인 분류법이다.

- 마케팅 자동화

- 영업 관리

- 운영

일반적으로 3가지 유형 간에는 기능이 어느 정도 겹치는 부분이 있다. 비즈니스에 따라 하나, 둘 또는 3가지 모두를 운영해야 할 수도 있다.

'최고의' CRM 시스템이 무엇이냐는 질문도 자주 받는다. 최고의 CRM 시스템은 다름 아닌 당신이 사용하는 그 시스템이다. 그렇다면 각 등급의 CRM 시스템에 관한 설명과 몇 가지 구체적인 권장 사항을 살펴보자.

당신의 마케팅 자동화 CRM 시스템은 무엇인가

마케팅 CRM 시스템은 가격, 기능, 사용, 편의성 면에서 큰 차이가 있다. 이 시스템이 수행해야 하는 5가지 기본 기능은 다음과 같다.

- 고객 데이터 저장

- 태그 지정 및 세분화

- 자동 트리거

- 브로드캐스트 메시지 전송

• 보고

제대로 된 마케팅 CRM 시스템이라면, 용어는 조금씩 다를 수 있으나 이 5가지 기능이 모두 포함되어 있다.

그러나 CRM 시스템에 이 기능들이 모두 포함되었다고 해도, 특정 기능이 다른 기능에 비해 더 강하거나 약할 수 있다는 점을 유의해야 한다. 이는 지극히 정상적인 현상이다. 어떤 장점이 나의 요구 사항에 잘 부합하는지를 고려해 이를 바탕으로 CRM 시스템을 선택해야 한다.

예를 들어, 당신은 주로 온라인 비즈니스에서 복잡한 자동화를 많이 사용하는데, CRM 시스템은 오직 보고 기능만 갖추었을 수도 있다. 혹은 '브로드캐스트 메시지'*기능이 필수적임에도 기본적인 태그 지정 및 세분화로 충분한 지역적 오프라인 비즈니스를 운영할 수도 있다.

참고: 이제부터는 CRM 시스템에서 전송되거나 트리거**가 되는 '메시지'를 설명하고자 한다. 일반적으로는 이메일 메시지가 많지만 문자나 알림, 음성 메시지 또는 우편으로 보내는 엽서나 편지도 이에

---

* 중앙에서 각 이용자에게 통지하는 메시지로 광고·마케팅에서는 수신인을 정밀하게 타기팅해 디지털 매체를 이용해 내보냄. 지역 방송 광고나 문자 메시지처럼 지역별, 채널, 시간대를 모두 설정해 전송할 수 있다.(옮긴이)

** 방아쇠라는 뜻으로, 마케팅에서는 소비자가 특정 행동을 보일 때, 사전 설정해 둔 방식으로 고객 이탈을 막거나, 고객 유입으로 전환하는 방식.

해당한다. 대부분 CRM 시스템에는 이메일 메시지 기능이 포함되었으며, 다른 유형의 메시지 전송을 위해 타사 서비스와 통합하는 경우도 있다.

물론 모든 소프트웨어가 고정적인 것은 아니다. 대부분 CRM 소프트웨어 공급업체는 시간이 지나면 기능을 추가하고 개선하기 때문에, 한 시스템에서 CRM 기능을 배우고 이해하면 다른 시스템으로 쉽게 전환할 수 있다.

그렇다면 각 기능에는 어떤 것이 있는지 조금 더 살펴보자.

고객 데이터 저장

CRM 시스템이 가장 먼저 하는 일은 잠재고객 및 관심고객과 실제고객 데이터를 저장하는 것이다. 그러나 이 기능은 규모와 범위가 상당히 다양한 편이다.

CRM 시스템은 가장 기본적인 형식을 이용해 고객 이름과 이메일 주소만 수집하고 저장한다. 단순한 요구 사항을 가진 순수 디지털 비즈니스를 운영한다면, 이 정도의 수집 정보만으로도 충분히 마케팅이 가능할 것이다. 그러나 비즈니스 대부분은 잠재고객 및 관심고객과 실제고객에 관한 더 많은 데이터가 저장되어야 한다. 마케팅 CRM이 저장할 수 있는 몇 가지 일반적인 데이터는 다음과 같다.

- 이메일 주소

- 거주지 및 우편 수령 주소

- 전화번호 혹은 휴대전화 번호

- 위치 정보

- 참고 사항이나 기타 의견

- 생일 혹은 기타 기념일

- 관심사

- 활동 정보

CRM 시스템은 대부분 비즈니스에서 중요하게 생각하는 특정 유형의 데이터를 수집할 수 있도록 사용자 지정 영역을 만들 수도 있다. 예를 들어 꽃집을 운영할 경우, 고객의 연인 이름을 수집한다면 중요한 비즈니스 정보가 될 것이다. 그럴 경우, CRM 시스템에서 '파트너의 성함'이라는 사용자 지정 영역을 새로 만들 수 있다.

CRM 시스템의 일부 데이터는 수동으로 입력할 수도 있고, 자동으로 채울 수도 있다. 예를 들어, 좋은 마케팅 CRM 시스템은 웹사이트와 직접 연동되기도 한다. 이를 통해, 실제고객이나 잠재고객이 방문한 웹 페이지를 자동으로 추적할 수도 있다. 물론 데이터를 지나치게 오남용하고 싶진 않지만, 이러한 정보가 마케팅 및 영업 활동에 매우 유용한 것은 사실이다.

예를 들어, 당신이 재무 설계사다. 그런데 잠재고객이 웹사이트의 보수적 투자 및 리스크 관리와 관련된 모든 페이지를 방문했다는 걸 발견했다. 그렇다면 이런 정보는 해당 잠재고객과의 미팅이나 전화 상담에서 정말 유용한 정보가 될 수 있다. 고위험 투자로 큰 수익을 창출한다는 이야기로 잠재고객의 탈주를 막고, 고객이 원하는 방향으로 대화를 유도할 수도 있지 않은가.

한편 CRM은 수동 데이터 입력도 가능하다. 예를 들어, 잠재고객과의 모든 면담 내용을 기록해두는 것처럼 말이다.

이름표 태그 및 세그먼트 분류

무작위 사람들에게 관련 없는 콘텐츠를 전송하는 것이야말로 수신 차단을 당하거나 구독 취소, 스팸 취급으로 이어지는 가장 빠른 길이다. 자칫하면 낭비되는 미디어에 큰 비용을 써야 한다. 이럴 때 태그를 지정하면 다차원적인 방식으로 발신 목록을 세분화할 수 있다.

예를 들어, 여러분이 한적한 주택 단지 동네인 '살 만한 카운티'의 부동산 중개인이라 치자. 당신의 CRM 시스템에 브라이언, 제니, 데이비드가 있다. 브라이언과 그의 가족은 아름다운 '살 만한 카운티' 해변에 있는 휴가용 별장을 찾고 있다. 제니는 이미 이 동네에 거주하고 있고, 그의 비즈니스는 계속해서 성장세이며 이제 사업을 조금 더 키울 계획이다. 제니는 해변과 숲을 다 선호하고 있어 지역은 크게 문제가 되지 않는다. 데이비드는 이 동네에 거주하지 않는다. 그는 임대 수익률이 높은 부동산을 찾는 투자자다. 그는 '살 만한 카운티'가 자신의 투자 기준에 부합하는 지역 중 하나라고 생각한다.

자, 이제 부동산 중개인인 당신의 CRM 시스템은 브라이언에게 '휴가-별장'과 '해변'이란 이름표를, 제니에게는 '자영업'이나 '해변' 그리고 '숲'이란 이름표를, 데이비드에게는 '투자자'와 '수익률'이라는 이름표를 붙일 것이다.

이때 아름다운 해변 신축 별장이 매물로 나왔다. 고가의 부동산이지만 임대 수익률은 낮게 전망된다. 여러분은 우선 CRM 시스템에 들어가, '해변'이라는 이름표가 붙은 모든 사람의 목록을 가져온다. 이렇게 하면 데이비드에게 굳이 불필요한 메시지를 전송하지 않으면서도 브라이언과 제니에게 메시지를 보낼 수 있다.

이어서 숲 지역에 독특한 부지가 시장에 나왔다. 이 매물은 작년에 인기 있었던 단기 임대 숙소로, 소유주는 평균보다 훨씬 높은 임대료를 거둬들였다. CRM 시스템에서 이번에는 '숲' 또는 '수익률' 이름표가 붙은 모든 고객 목록을 불러오자. 이렇게 하면 제니와 데이비드는 알림을 받을 수 있고, 브라이언에게는 불필요한 연락이 가지 않는다.

가령 정부에서 '살 만한 카운티'의 주요 인프라 개발 계획이 발표되리란 정보를 얻었다 치자. 그러면 투자자를 대상으로 설명회를 열어 이 계획이 어떻게 마을에 더 많은 고용과 주택 수요를 창출할 수 있는지 설명하는 게 좋지 않을까? 이때는 '투자자' 이름표가 태그된 사람들의 목록만 불러온다. 데이비드에게는 관련성이 있는 데다가 분초를 다투는 정보이지만, 브라이언이나 제니는 굳이 관심이 없을 것이다.

간단한 예시를 통해, 태그를 사용해 관련성 높고 표적화된 메시지를 전송하는 법을 알아보았다. 즉 목록에 있는 모든 사람에게 메시지를 전부 전송했다면, 다들 자신과 관련 없고 성가신 메시지를 받았을 것이다. 이런 광고 메시지는 잠재고객과의 관계를 훼손하고, 아무런 가치도 창출하지 못하는 데다가 마케팅의 '낭비'만을 초래한다. 태그 지정과 세그먼트 분류를 통해 적시에 적절한 고객에게 적절한 메시지를 보낼 수 있다.

가장 좋은 건, 이름표를 적게 지정하는 것보다 과하게 지정하는 것이다. 온라인으로만 비즈니스를 운영하기 때문에 지리적 위치별로 사람들을 태그할 필요는 없다고 치부할 수도 있다. 그러나 나중에 데이터가 없어 곤란을 겪는 것보다는, 애초에 태그 지정을 넉넉하게 잡아서 해당 데이터를 확보하는 게 낫다. 5년 후, 첫 오프라인 매장을 오픈할 계획이라면 확실히 모든 고객의 위치 데이터를 목록에 넣어두는 것이 유용하지 않겠는가.

자동 트리거

자동화는 CRM 시스템에서 매우 과소평가하고 잘 사용하지 않는 기능이다. 그러나 일단 사용하기 시작하면 어떻게 자동화 없이 사업을 꾸렸는지 모를 정도로 편안할 것이다. 그만큼 자동화가 많은 작업을 대신 해주기 때문이다.

자동 트리거는 사용자의 행동, 경과 시간, 태그 그리고 헤아릴 수 없을 만큼 많은 변수 등 다양한 요인에 의해 발생할 수 있다. 자동화는 여러분의 상상력에 의해서만 제한된다.

예를 들어, CRM 시스템에 누군가를 추가하면 환영 절차가 트리거로 작용할 수도 있다. 고객 목록에 이름을 올리는 순간 고객을 환영하는 이메일이 전송된다. 그런 다음 24시간 후, 영업 사원이 고객에게 전화를 거는 작업이 생성된다. 그 후 48시간 이내에 정보를 담은 이메일이 전송된다. 이는 시간을 기반으로 트리거를 사용하는 예다. 환영 절차와 이메일 마케팅에 대해서는 12장에서 더 자세히 알아보자.

좀 더 정교한 방식으로 트리거를 설정할 수도 있다. 예를 들어, 잠재고객이 웹사이트에 특정 제품 가격 정보를 조회하면 CRM 시스템에서 해당 제품을 기반으로 표적화한 이메일을 자동으로 전송하는 자동 트리거를 설정해놓을 수도 있다.

혹시 '장바구니 방치 고객' 자동 트리거를 경험해본 적이 있지 않은가? 인터넷 쇼핑몰에서 제품 한두 개를 장바구니에 넣어두고 결제하지 않았을 때, 몇 시간 후 주문 완료를 유도하는 링크나 할인 코드가 담긴 장바구니 확인하기 이메일을 받아본 적이 있을 것이다. 바로 행동 기반 자동 트리거다. 매우 효과적이며 즉각적으로 판매를 늘리고 손실될 뻔했던 매출을 복구한다.

브로드캐스트 메시지 전송

브로드캐스트 메시지는 빠르게 진행되어야 하는 커뮤니케이션에 가장 이상적인 마케팅 방식이다. 일반적으로는 수동으로 전송하거나, 특정 날짜와 시간을 설정해 예약 전송한다.

'블랙 프라이데이 캠페인'을 예로 들어보자. 재고가 모두 나가기 일주일 전, VIP 고객에게 할인 코드가 포함된 엽서를 우편으로 보내, 이들이 일반 고객보다 먼저 물건을 구매할 수 있게 유도할 수 있다. 세일 전과 세일 기간 동안, CRM 시스템에 있는 고객에게 이메일을 보내 할인에 대한 기대감이나 초조함을 키울 수도 있다. 마지막으로 블랙 프라이데이 기간 종료 몇 시간 전, '마지막 기회!' 문자 메시지를 보낼 수도 있다. 이렇게 여러 매체를 사용하는 것은 잠재고객의 관심을 끌고 마음을 사로잡을 수 있는 강력한 방법이다.

만약 여러분의 마케팅 콘텐츠가 상시적이라면, 관심고객 육성을 위해 자동화에 의존해도 괜찮다. 예를 들어, 내가 요가를 가르치는 센터를 운영한다면, 나의 콘텐츠는 현재, 1년 후 그리고 몇 년 후에도 비슷한 관련성을 띨 수 있다. 그럼 같은 마케팅 콘텐츠를 매우 효율적으로 재사용할 수도 있다.

그러나 콘텐츠에 시간제한이 있거나 '폐기하기 쉬운' 내용이 섞여 있다면, 대부분은 브로드캐스트 메시지를 사용한다. 예를 들어, 시장에 나오는 새 매물 알림을 보내는 부동산 중개인의 메시지는 지금은 관련성이 높지만, 시간이 조금만 흘러도 예전 정보로 치부될 것이다.

보고

마케팅 CRM 시스템은 많은 일을 수행했으므로, 마케팅의 효과를 판단하는 중요한 데이터 소스로 활용할 수 있다.

우리는 시스템을 통해 누가 메시지를 열었는지, 얼마나 많은 사람이 '구매' 버튼을 눌렀는지, 얼마나 많은 사람이 후속 알림을 보고 구매를 완료했는지와 같은 기본적인 사항을 알고 싶다.

보고 기능도 훨씬 더 정교해질 수 있다. 일부 CRM 시스템에는 관심고객 점수(리드 스코어링) 기능이 있어, 얼마나 많은 관심고객이 실제 고객으로 전환되었는지 확인할 수 있다. 또한 각 고객의 행동을 분석해 점수로 환산할 수도 있다. 이메일을 열고 링크를 클릭해 웹사이트를 탐색하는 시간이 긴 관심고객일수록, 이메일을 열거나 콘텐츠와 상호작용을 하지 않은 사람보다 훨씬 더 높은 점수를 받을 것이다.

그리고 대다수의 경우, 관심고객 점수에 따라 자동 트리거를 실행할 수 있다. 예를 들어 고객의 활동 점수가 '낮음에서 높음'으로 올라가면 영업 담당자가 해당 고객에게 전화를 걸도록 작업을 생성하는 자동 트리거를 걸어놓을 수 있다.

일부 CRM 시스템은 수치를 추적하고 종합적인 보고서를 생성한다. (마케팅 측정 지표는 15장에서 더 자세히 살펴보자.) 다른 시스템에도 기본적인 보고 기능은 내장되어 있으며, 필요한 보고서를 생성하기 위해 데이터를 별도의 도구로 추출해야 하는 경우도 있다.

영업 관리 CRM 시스템

사업체에 별도의 영업팀이 있다면 영업 부서의 활동과 영업의 파이프라인을 관리할 수 있는 영업 관리 CRM 시스템이 필요할 것이다.

영업 프로세스가 매우 기본적이라면, 마케팅 자동화 CRM 시스템으로 영업 관리를 대체해도 문제는 없다. 그러나 영업팀이 별도로 존재하고, 잠재고객과 접촉이 잦은 비즈니스를 운영한다면 영업 관리 전용 CRM 시스템이 필요하다. 두 시스템이 비슷해 보이기도 하고, 기능이 중복되는 데 굳이 여러 도구를 쓴다는 게 불필요하다고 느껴질 수도 있다. 그러나 마케팅 도구를 선택할 때는 단순성과 전문성 사이의 절충점을 자주 고민해야 한다.

영업 관리 CRM 시스템의 핵심 기능은 팀 내 각 영업사원에게 활동을 할당하고 이를 추적하는 것이다. 다음에는 누구에게 전화하고 이메일을 보내야 할까? 아웃바운드* 또는 인바운드**(혹은 이 두 가지를 혼합하는) 영업 활동에 따라 서로 다른 지표와 활동을 추적할 수 있다.

영업 관리 CRM 시스템에는 이메일 및 통화 기능이 내장되어 있기도 하다. 일부 시스템은 통화를 녹음하고 향후 코칭이나 검토를 위해 시스템에 녹음 내용을 저장할 수 있게 만들어놓기도 했다.

본격적인 영업 관리 CRM 시스템을 사용하든, 마케팅 자동화 시

---

* 상품이나 서비스를 판매하기 위해 회사가 먼저 고객에게 접근하고 연락하는 영업.
** 먼저 제품에 관심을 두고 접근하는 고객을 중심으로 하는 영업.

스템과 결합하든, 영업 활동과 성과를 추적할 수 있는 도구는 꼭 필요하다.

당신이 사용하는 운영용 CRM 시스템

고객을 만들어가는 과정이 시작되면, 고객과 상호작용을 추적할 방법이 필요하다.

업종과 업무 유형에 따라 사용하는 운영용 CRM 시스템의 유형은 크게 달라질 수 있다.

물론 필요한 기능이 매우 기본적이라면 공유 스프레드시트나 데이터베이스만으로도 충분할 수 있다. 그러나 대부분 비즈니스는 팀, 고객 기반이 증가할수록 필요한 기능과 방식도 빠르게 늘어난다.

만약 프로젝트 기반 업무를 수행하거나, 컨설팅 유형의 비즈니스를 운영하는 경우, 프로젝트 관리 도구가 가장 적합한 CRM 시스템일 것이다. 이러한 비즈니스에는 마케팅 대행사, 전문 컨설팅 회사, 코칭 및 교육 비즈니스 등이 포함된다.

그러나 거래나 고장·수리 업무가 많은 경우 고객 센터나 서비스 또는 작업 관리 시스템과 같은 유형의 운영 CRM 시스템이 적합하다. 이는 무역, 건설, 통신 및 IT 비즈니스에 적합하다.

온라인 스토어나 마켓 플레이스에서 주로 제품을 판매한다면, 전자상거래 플랫폼에 구축된 운영 CRM 시스템을 사용할 가능성이 크다.

규제가 심한 산업이나 특수한 업무 흐름을 가진 산업에 종사할 경우, 산업별 운영 CRM 시스템을 사용할 가능성이 크다. 이러한 시스템은 일반적으로 규정 준수, 규제 등을 포함하며 의료 서비스, 금융 서비스, 모기지 중개, 로펌, 부동산업 등에서 자주 사용한다.

의료업이라면 진료 관리 시스템으로 엑스레이를 저장하고, 환자 예약을 관리하고, 임상 노트를 안전하게 보관하는 프로그램이 좋다.

금융업이라면 법률 및 규제 요건을 준수하는 컨설팅이나 추천을 검수하는 시스템이 있다. 또한 보험료 계산이나 관련 문서 작성 등 특수한 작업을 수행하는 데 도움을 받을 수도 있다.

어쨌거나, 여러분이 종사하는 업계가 어디든 운영용 CRM 시스템은 여러분의 비즈니스와 팀에 다음과 같은 면에서 도움이 되어야 한다.

- 최신 고객, 의뢰인 또는 환자 연락처 정보 공유.
- 고객, 의뢰인, 환자와의 상호작용 기록 및 보관.
- 관련 문서 또는 파일 링크 저장.
- 모든 규제 요건 준수 감수.
- 업무 흐름이나 작업, 프로젝트 상태 관리 및 보고.

CRM 시스템을 하나로 묶기

CRM 시스템은 고객 여정의 여러 단계에서 중요한 역할을 도맡는다. 인지도 단계에서는 마케팅 자동화 CRM 시스템을 많이 활용할 것이다. 잠재고객을 유치하는 과정에서는 마케팅 자동화와 영업 관리 CRM 시스템 사이의 협업이 필요하며, 잠재고객이 초반 단계를 거쳐 일정한 수준의 관심고객이 되었을 때, 이를 식별할 수 있어야 한다. 영업 전환 단계에서는 영업 관리 시스템이 핵심 도구가 될 가능성이 크다.

여러분이 사용하는 운영 CRM 시스템은 다양한 기능을 수행하며 마지막 배송 과정까지 세계적 수준의 경험을 제공하는 데 중요한 역할을 한다.

여러 CRM 시스템을 사용하면 도구적 측면에서 복잡해지지만, 시스템 간 통합을 통해 이를 완화할 수 있다. 일부 시스템은 기본적으로 통합을 지원한다. 특히 마케팅 자동화와 영업 관리 시스템 간의 통합은 원활한 편이다.

CRM 시스템을 통합하는 또 다른 방법이 있다. 바로 제3의 회사가 지원하는 업무 흐름 자동화 도구를 사용하는 것이다. 이런 도구는 시스템을 유기적으로 연결하고 시스템 간의 데이터를 동기화할 수 있다. 또한 통합에 필요한 유용한 로직을 추가할 수도 있다.

예를 들어, 마케팅 자동화 CRM 시스템이 잠재고객을 관심고객으로 식별할 경우, 이때 자동 트리거를 실행할 수 있다. 이런 기능은 영업 관리 시스템에서 거래를 생성하고, 팀의 영업 담당자에게 연락 작업을 할당한다. 거래가 성사되면 영업 관리 CRM 시스템은 또 다른 업무를 트리거로 발생시켜, 운영 중인 CRM 시스템이 고객 계정을 생성하고 온보딩 프로세스를 시작하기도 한다.

'린 마케팅 허브(LeanMarketing.com/hub)'에 접속해 마케팅 CRM 시스템을 비교하고 자신에게 적합한 시스템을 찾아보자.

일부 CRM 시스템에서는 마케팅 자동화, 영업 관리 및 운영 구성 요소가 필요하지만, 이 모든 기능을 전부 다 제대로 수행하는 경우는 드물다. 그러나 단순한 단일 시스템을 사용하고 싶다면 이런 부분은 기꺼이 감수해 타협하는 것도 괜찮다.

또 다른 올인원 접근법으로는 일반적인 CRM 시스템을 개발하고 커스터마이징해 응용할 수 있는 플랫폼을 사용한다. 그런 다음 업계나 비즈니스 필요에 맞게 또 설정하고 필요한 마케팅 자동화, 영업 관리 및 운영 기능을 구축하는 것이다. 이는 대기업에서 주로 사용하는 방식이기도 하다.

그러나 막대한 예산과 사내 IT 부서가 있고, 불편함과 고충에 내성이 아주 강한 사람이 아니라면 이런 방식은 추천하지 않는다. 소프트웨어 개발 주기가 길고 비용이 많이 드는 이른바 '하얀 코끼리 프로젝트'로 애물단지가 되는 경우를 종종 봐왔기 때문이다. 또한 커스터마이징이 필요한 요소를 직접 개발하고 유지해야 하므로, 소프트웨어 개발자에게 끌려다니는 경우도 많다. 올인원 시스템의 단점도 비슷하다. 무엇이든 해결할 수는 있겠지만, 그렇다고 특출나게 뛰어난 건 아니다.

제4장 실행 과제

- 이미 마케팅 CRM 시스템을 사용했다면, 그 시스템이 내가 원하는 기능을 전부 충족했는지 평가해보자. 아직 사용 전이라면, 몇 가지를 사용해보고 어떤 것이 내게 가장 적합한지 알아보자.
- CRM 시스템에서 고객 연락처에 이름표 태그를 지정하고 세그먼트를 지정해보자.
- 마케팅 CRM 시스템을 사용해 수동으로 진행하던 관심고객 육성 과정을 자동화로 바꿔보자.

우리가 쓰는 어휘는 결과에 근본적인 영향을 미친다. 좋은 카피라이팅이 훌륭한 마케팅으로 이어진다.

이 장에서 다루는 주요 내용

- 내가 원하는 방향으로 움직일 수 있도록 나의 표적시장을 '프로그래밍'하는 법.
- 카피라이팅에서 할 수 있는 가장 큰 실수와 이를 방지해 이목을 끄는 법.
- 더 영향력 있고 설득력 있는 사람이 되는 데 도움이 되는 카피라이팅의 십계명.
- 잘못된 단어가 치명적인 사고로 이어진다! 마케팅에서 이런 실수를 피하는 방법.
- 표적시장에서 감성적 구매를 끌어내는 법.
- 설득력 있고 행동 지향적인 짧은 형식의 메시지, '강력한 홍보 문구 쓰는 법.'

감성을 담은
로봇 프로그래밍하기

당신의 말 한마디가 차이를 만든다

지난 장에서는 '감성 로봇'의 개념과 인간 행동을 주도하는 7가지 핵심 재화에 대해 알아보았다.

프로그래머가 코드를 사용해 컴퓨터에게 행동을 지시하는 것처럼, 유능한 마케터는 말로써 사람들에게 영향을 미친다. 이 장에서는 촉촉한 로봇이 원하는 일을 하도록 '코드를 짜는 법'에 대해 알아보고자 한다.

마케팅은 비즈니스의 고급기술이다. 그리고 카피라이팅은 바로 이런 마케팅 고급기술의 일종이다. 이 장에서 나는 '카피라이팅(광고 글쓰기)'이라는 단어를 써야 하는지로 고민이 많았다. 평소 우리가 쓰는 어휘보다 훨씬 더 많은 것을 포함했으며, 훨씬 많은 것을 논의하고자 했던 까닭이다.

다른 사람이 내 말에 귀 기울이고, 내 말에 따라 행동하는 커뮤니케이션 방식을 배우면 삶의 모든 영역에 좋은 영향을 미칠 수 있다. 이 장에서는 말로 영향력을 행사하고 설득하는 데 가장 강력한 기술을 공유하고자 한다. 이 기술은 마케팅에서 가장 궁극적인 도구다. 함께 시간을 들여 이 기술을 연마해보자.

그리 똑똑하지 못해도 의사소통 기술이 뛰어나면, 의사소통이 원활하지 못한 똑똑한 천재를 늘 이기는 법이다. 타고난 지능보다 커뮤니케이션 기술을 발전시키는 게 훨씬 더 쉽다니 얼마나 좋은 소식인가.

필 M. 존스^{Phil M.Jones}는 자신의 저서 『사람의 마음을 움직이는 마법의 말 한마디』(생각의날개, 2023)에서 주문처럼 이런 말을 남겼다. "쓰는 단어를 바꾸면 세상이 바뀐다." 참으로 동의하는 바다. 나는 안과 밖으로, 말을 잘하는 법을 배우는 것보다 더 좋은 시간 투자 대비 효과를 본 적이 없다. 그리고 덕분에 이 자리에 있을 수 있게 되었다.

카피라이팅은 '글쓰기'가 아니더라도, 마케팅의 모든 부분에 영향을 미친다. 비디오나 오디오에 사용되더라도, 카피라이팅에서 쓰는 어휘는 마케팅과 관련된 거의 모든 작업의 기본 단위다.

이 장에서는, 잠재고객과 실제고객의 구매를 끌어내는 강력한 카피를 작성하는 데 도움이 되는 몇 가지를 알아보고자 한다.

언젠가는 자극적인 연애소설을 써보고 싶다고 상상하면서도, 지금은 돈을 버는 단어들에 집중해보고자 한다. 돈을 버는 것도 많은 사람에게 자극적인 일이니, 어쩌면 나는 일거양득의 효과를 누렸는지도 모르겠다.

어느 쪽이든, 내가 쓰고자 하는 글은 퓰리처상을 받을 수 있는 장르는 아니다. 철학을 전공한 가난한 예술가 양반은 절대 공감하지도, 감동하지도 못할 글일 것이다. 그러나 당신의 개인 재무 담당자라면 말이 다르다. 그는 감동한다. 그러니 괜찮다. 혹시라도 글쓰기로 타인에게 감동을 주고 싶다면, 지금이라도 늦지 않았으니 다른 사람에게 이 책을 선물하자.

좋은 카피는 이 책의 자산과 프로세스 파트에서 설명하는 모든 것의 기본이다. 훌륭한 마케팅 카피를 작성하려면, 여기 카피라이팅의 십계명을 따르자.

카피라이팅 십계명: 첫 번째, 보기에 즐거이 하라

이메일이나 판매 페이지를 작성하거나, 동영상이나 팟캐스트를 녹화할 때 흔히 하는 질문이 있다. "얼마나 길어야 해요?" 이는 마치 "나무에 나뭇잎이 몇 개나 달려 있어요?" 또는 "나초 한 그릇의 양이 얼마나 돼요?"라고 묻는 것과 비슷하다. 한 가지 분명한 사실은 나초 한 그릇은 항상 살사 소스와 치즈가 넘쳐흐를 정도로 커야 한다는 것이다.

콘텐츠를 제작할 때 흔히 하는 오해가 있다. 사람들의 집중력이 짧을 것이란 편견이다. 이런 이유로 "이메일은 짧게", "동영상은 2~3분 이내로" 같은 말도 안 되는 조언이 판을 친다. 그러나 사람들은 앉은 자리에서 넷플릭스 시리즈의 에피소드를 몇 개씩 정주행하고, 몇 시간짜리 팟캐스트를 다 듣고, 한 번에 몇 시간씩 유튜브의 바다에서 헤엄친다.

사실 사람들은 집중력이 짧은 게 아니라 지루함을 오래 견디지 못할 뿐이다. 이용할 수 있는 더 재미있는 콘텐츠가 세상에 넘쳐나는데, 왜 일부러 지루한 것을 선택하겠는가? 보는 사람이 참여할 수 있게 유도한다면, 대중은 분명 주의를 기울일 것이다.

카피라이팅의 기본 규칙이 바로 여기에 있다. **절대 지루하게 만들지 말아야 한다.** 이 규칙을 빼면 다른 규칙은 조금 어겨도 상관없다.

사실 콘텐츠를 '인포테인먼트Infotainment'*로 생각하는 것도 좋은 방법이다. 정보를 제공하고, 교육하고, 동기를 부여하는 등의 목적이 있지만, 지루하다면 누구도 그 정보를 소비하지 않는다. 당신의 콘텐츠는 메시지를 전달하는 정보성 매개체여야 한다. 즐겁지 않으면 메시지는 절대로 전달되지 않는다.

혹시 전방에서 발생한 사고로 인해 꽉 막힌 고속도로에 서 있어본 적 있는가? 정말 환장할 노릇이다. 사고 현장으로 가까이 다가가자, 구급차의 불빛이 번쩍이고 있고, 반대 차선에서 사고가 발생했다는 사실도 알게 되었다. 그러나 반대편 구간에서 사고가 났다면 내가

---

* 정보(information)와 오락(entertainment)을 합성해 만든 신조어로서 정보·오락이란 뜻.

탄 도로는 왜 막히는 걸까? 그때 깨달음을 얻는다. 반대 차선에서 일어난 사고로 전방에 있던 운전자들이 하나같이 깜짝 놀라 속도를 줄이고 지나갔기 때문이다. 정당한 분노가 치밀어 오른다. "아니, 사고 구경하느라 차가 막혀?" 소리가 절로 나온다. 어떻게든 속도를 줄이고 고개를 내밀어 사고를 구경하려던 멍청이들 때문에 약속 시간에 30분이나 늦었기 때문이다. 그러나 그 현장을 지나치는 순간, 당신은 어떻게 되는가? 역시 속도를 늦추며 사고 현장을 구경하기 마련이다.

매력적인 광고 카피도 비슷하다. 사람들의 호기심을 자극하는 카피는 아름답지 않더라도, 아니 오히려 보기에 거북하더라도, 거부할 수 없다. 마치 유튜브에서 찾아볼 수 있는 '실망스러운 동영상'과 비슷하다. 보기에는 고통스럽다. 위태롭게 균형을 잡는 사다리를 타고 오르는 동영상을 보고 있으면, 앞으로 어떤 일이 벌어질지 알면서도 차마 고개를 돌릴 수 없다.

이런 식으로, 카피라이터는 '한눈을 팔 수 없는' 카피를 일컬어 미끄럼틀 또는 미끄러운 경사면이라 부르기도 한다. 전설적인 카피라이터 조셉 슈가맨Joseph Sugarman은 자신의 저서 『첫 문장에 반하게 하라』(북스넛, 2007)에서 이런 현상을 다음과 같이 설명한다.

놀이터에 있는 가파른 미끄럼틀을 상상해보라. 이제 누군가 측면 손잡이를 포함한 미끄럼틀 전체에 베이비오일이나 기름을 바르는 모습을 상상하라. 그리고 사다리를 타고 올라가 미끄럼틀 꼭대기에 앉았다가

중력에 의해 미끄럼틀을 내려오는 자신을 떠올리자.

미끄러지기 시작하면서 속도가 붙는 순간, 멈추려고 손잡이를 아무리 잡아봐도 멈출 수 없다. 하강을 막으려고 모든 노력을 기울여도, 미끄럼틀 위의 당신은 계속해서 미끄러질 뿐이다. 이것이 광고문구가 가야 할 방향이다.

광고의 모든 요소는 미끄러운 슬라이드 효과를 일으켜야 한다. 헤드라인은 소제목을 안 읽고는 배길 수 없게끔 강력하고 설득력 있어야 하며, 소제목은 첫 문장을 꼭 읽어야 할 정도로 흡인력 넘치고, 첫 문장은 다음 문장으로 매끄럽게 이끌어야 한다. 그렇게 카피 문구 전체를 끝까지 읽지 않을 수 없게 만들어야 한다.

하지만 내가 파는 것이 진지한 것이라면 어떨까? 언제나 재미를 추구하는 게 과연 옳을까? 재미있다는 게 반드시 웃긴다는 뜻은 아니다. 부적절한 웃음은 오히려 메시지의 전달력을 떨어뜨린다. 여러분의 임무는 코미디언이 되는 게 아니다. 사람들이 주의를 기울일 수 있게 충분히 설득력 있는 문구를 만드는 일이다.

비즈니스 보험 같은 진지한 상품을 예로 들어보자. 어떤 헤드라인이 사람들의 시선을 사로잡고 더 많은 내용을 읽어볼 수 있게 유도할까?

저렴한 비즈니스 보험 가격

vs.

회사를 상대로 한 소송 판결로 개인 자산이 압류된다면 어떻게 하시 겠습니까?

세상은 여러분이 평범해지길 바란다. 세상은 여러분이 안전한 구역에서 평범하게 머무르길 바란다. 우리는 온 힘을 다해 이런 편견에 저항해야 한다.

재미있다는 건, 우리의 말을 무시할 수 없다는 뜻이다. 그렇다면 정확히 재미있다는 건 어떤 걸까? 예술과 포르노그래피의 차이처럼 정확하게 설명할 수는 없지만, 보면 느낌이 확실히 온다. 이어지는 9가지 십계명에서는 가능한 한 명확한 설명을 약속한다.

카피라이팅 십계명: 두 번째, 헷갈리면 '아니오'라고 하는 법이다

마케터로서 우리는 표적시장의 긍정적 반응을 기대한다. 하지만 메시지가 불분명하면 사람들은 혼란스러워하고, 헷갈리는 순간 '아니오'라는 답만 돌아오는 법이다. 사람들이 '예'라고 대답하게 하려면, 카피는 간단하고 명확해야 한다.

다음은 간단하고 명확한 문구를 만드는 몇 가지 방법이다.

평범한 말투로 써라: 일반적인 카피라이팅의 실수는 바로 '전문적인'

말투 또는 '학술적인' 말투로 글을 적는 것이다. 경찰이 언론과 대화하는 모습을 보면 전문가적인 어휘가 무엇인지 알 수 있다. "두 명의 남성이 언쟁을 벌이던 도중, 용의자가 흉기를 사용해 피해자에게 치명적인 총상을 입혔습니다" 같은 말처럼 말이다. 평범한 대화였다면 "두 사람이 싸우다가 한 남자가 총을 꺼내 상대를 죽였어요"라고 말할 것이다.

의도를 담아라: 몇 년 전 아주 마음에 남는 명언을 들었다. 바로 내가 보낸 메시지와 상대가 받는 메시지가 늘 같지만은 않다는 말이었다. 나는 그 후로 늘 그 명언을 염두에 두고 산다. 고객, 직원, 공급업체, 가족 등 누구와 대화하든 내가 보내는 메시지를 상대는 전혀 다른 의미로 받아들일 수 있다는 점을 잊지 않는다. 이런 통찰력 덕분에, 나는 내가 사용하는 어휘에 늘 정확한 의도를 담아 생각한다. 사람들은 말이나 의미가 아니라 들은 내용에 따라 반응하고 구매를 결정한다는 사실을 잊지 말자.

문장은 간단하게: 메시지를 간결하게 표현하지 못하면 대중은 메시지를 이해하는 데 어려움을 겪을 가능성이 크다. 최고의 커뮤니케이터는 늘 단순한 언어를 사용한다. 단순한 언어는 설득력이 있다. 이를 위한 좋은 방법이 있다. 바로 한 문장에 여러 생각을 욱여넣지 않아야 한다. 길고 복잡한 문장은 혼란스럽고 이해하기 어렵다.

줄여서 완성도를 높여라: 간결하다는 건 불필요한 단어를 줄인다는 뜻이다. 단어 8개로 표현할 수 있는 말을 굳이 10개로 늘리지 않는다. 세 문장으로 아이디어를 전달할 수 있는데 굳이 일곱 문장으로 늘리지 말자. 글을 쓸 때는 많은 시간이 불필요한 단어와 문장을 줄이는 데 쓰인다.

일반적으로 많이 잘라낼수록 글의 완성도는 높아진다. 프랑스의 수학자이자 철학자인 블레즈 파스칼Blaise Pascal은 "내게 시간이 더 있었더라면 더 짧은 편지를 썼을 것"이라고 했다. 즉 좋은 글쓰기에서 시간을 가장 많이 잡아먹는 부분은 바로 수정이다. 많은 작가가 슬럼프를 고민한다. 나는 그보다 더 심각한 문제가 바로 작가의 '배설'이라고 생각한다.

와이파이나 휴대전화의 연결이 원활하지 않은 이유로 대부분은 바로 신호 대^對 잡음비가 너무 낮기 때문인 경우가 많다. 간섭으로 인한 잡음을 통과하는 신호가 충분하지 않거나 동시에 신호를 전송하는 다른 장치가 너무 많기 때문이다. 카피라이팅에서 불필요한 단어가 바로 이런 잡음이다. 글은 신호 대 잡음비가 높아야 한다.

정치인이나 회사 홍보 담당자처럼 말은 많은데, 실제로는 아무런 영양가도 없는 말을 들어야 했던 경험이 누구에게나 있을 것이다. 그들의 신호 대 잡음비는 너무 낮다.

혹시 어린이 동요 〈나이 많은 맥도널드 아저씨에게는 농장이 하나 있어요Old MacDonald Had a Farm〉를 들어본 적 있는가? 이 동요는 짧은 생각을 전달하는 데 너무 많은 단어를 사용한다. 신호 대 잡음비가 높게 다시 편집한다면 동요는 딱 한 문장으로 끝날 것이다. "나이 많은 맥도널드 아저씨에게는 소, 닭, 돼지가 사는 농장이 하나 있었답니다." 끝.

간단한 단어를 사용하라: 전문용어나 지나치게 학술적이거나 어려운 단어는 피해야 한다. 한두 음절로만 이루어진 단어를 사용하라. 12세 어린이도 무슨 말인지 이해할 수 있을 만큼 쉬워야 한다. 글의 난이도를 평가하는 데 쓸 수 있는 휴대전화 앱도 있다.

텍스트를 시각적으로도 쉽게 만들어라: 몇 개의 문장으로만 구성된 단락을 만들어야 한다. 양이 많고 긴 텍스트는 눈에 피로감을 준다. 문단, 글머리 기호, 부제목으로 단락을 나누어라. (이 부분은 아홉 번째 계명에서 더 자세히 설명하겠다.)

술에 취해 쓰고, 술이 깼을 때 수정하라: 글쓰기와 수정을 동시에 시도하지 말아야 한다. 글쓰기와 수정은 서로 다른 두 가지 모드다. 글을 쓸 때는 결과가 부끄럽더라도 (당연히 그러하겠지만) 모든 아이디어를 쏟아내자. 그리고 1시간 정도 휴식을 취하거나 다른 일을 하다가 수정작업을 시작하자. 장문의 글을 작성할 경우, 다른 날 편집하면 새로운 시각으로 작업물을 바라볼 수 있다.

명확한 글쓰기를 위해 마지막으로 팁을 하나 더 남기자면, 최종 수정 과정에서 텍스트를 컴퓨터 음성으로 들어보도록 한다. 대부분 운영 체제에는 텍스트-음성 변환 기능이 내장되어 있다.

내가 쓴 글을 읽을 때는 글을 작성했던 뇌가 글을 읽는다. 이 때문에 실제 내가 쓴 내용보다 내가 의도한 내용이나 생각한 대로 읽는 경우가 종종 있다. 그러나 내가 쓴 글을 컴퓨터가 읽어주면 내용이 끔찍할 때가 많다. 이상한 문장 구조나 지나치게 길고 혼란스러운 문장도 훨씬 더 눈에 띈다.

카피라이팅 십계명:
세 번째, 멋진 헤드라인을 써야 한다

전설적인 광고인, 데이비드 오길비^{David Ogilvy}가 이런 말을 남겼다. "평균적으로 본문을 읽는 사람보다 꼭지만 읽는 사람이 다섯 배 더 많다. 헤드라인을 작성했다면 1달러어치 중 80센트를 쓴 것이나 다름없다."

80%의 사람이 내용을 읽지 않는다는 말이 어떤 의미인지 쉽게 받아들일 방법이 있다. 당신이 말하는 동안 당신 앞에 다섯 명이 서 있다고 상상해보는 것이다. 그리고 당신이 첫 문장을 말하자, 다섯 명 중 네 명이 자리를 떴다. 오직 한 사람만이 남아 나머지 이야기를 듣는다. 이런 상황을 인지한다면 첫 문장에 훨씬 더 신중을 기하지 않을까?

그러나 작가는 일반적으로 대부분 시간을 본문에 집중하고 헤드라인에는 아주 작은 시간만을 할애한다. 얼마나 말이 안 되는지 이제 이해되는가?

헤드라인이 독자의 관심을 끌지 못하면 나머지 내용은 전혀 알릴 수 없다. 그러므로 카피라이팅 작업에 우선순위가 필요하다.

'헤드라인'은 영업 편지나 기사처럼 말 그대로 첫 줄을 의미할 수도 있고, 제작 중인 콘텐츠의 첫 꼭지에 해당하는 모든 것을 의미할수도 있다. 가령 유튜브 동영상이라면 썸네일과 제목이 헤드라인이되기도 한다. 팟캐스트에서는 에피소드의 제목이 헤드라인이다. 숏폼 소셜 미디어 동영상에서는 처음 몇 초가 그런 기능을 하며 사람들을 끌어당긴다.

훌륭한 카피라이터는 헤드라인에 상당한 시간을 할애한다. 1시간동안 글을 쓴다고 치면, 60분 중 최소 15분은 헤드라인과 부제목 작성에 할애하는 것이 좋다. 최소 50가지 후보를 목표로 두고 써보자.말도 안 되고 과하다고 느껴지겠지만, 정말 효과적이다.

언론이 오랫동안 관심을 끄는 헤드라인을 쓰기 위해 사용했던 기교를 우리도 써보자. 특이한 주장을 하되 질문의 형식을 취하는 법이다. "신약, 암 치료제가 될 수 있을까?"처럼 말이다. 질문을 제시함으로써, 진실 여부와 상관없이 암시적으로 주장하고자 하는 바를 드러내 사람들의 이목을 집중시킬 수 있다.

만약 기자가 신약을 정말 암 치료제로 확신했다면, 헤드라인에도"암 치료제 발견!" 같은 단정적 표현을 썼을 것이다. 이는 저널리즘에널리 퍼진 '베터리지의 헤드라인 법칙'Betteridge's Law of Headlines으로, "물음표로 끝나는 모든 헤드라인의 답은 '아니오'다"를 따른 것이다. 약간 교묘하지만 질문 형식의 헤드라인은 생동감을 불어넣는 유용한도구가 된다.

우리의 헤드라인도 독자를 사로잡고 흥미를 유발하며 첫 문장부터 빨려 들어가는 흡인력을 지녀야 한다. 최근 뉴스피드를 보다가 이와 딱 맞는 예시를 발견했다.

> **'엔론(Enron)'사의 임원은 어떻게 스트리퍼와 혼외 임신, 이혼, 실직으로 2억 8,000만 달러를 벌어들였는가.**

다음은 황당한 기사로 악명 높은 호주의 언론사 '노던 테러토리 뉴스Northern Territory News'의 대표적인 헤드라인과 부제다.

> **나는 왜 항문에 폭죽을 꽂았을까.**
> **항문에 꽂은 폭죽에 친구들이 불을 붙이는 바람에 심각한 화상을 입은 한 남자가, 자신을 방문해준 친구들에게 재미를 주기 위해 그런 짓을 벌였다고 전했다.**

(헤드라인이 충분하지 않다고 여겨진다면 기사에 첨부된 사진 이야기를 해야겠다. 뱀을 감은 맥주병을 들고 술을 마시는 남자의 사진을 함께 확인할 수 있었다!)

고속도로에서 남의 차 사고를 보느라 천천히 지나가던 운전자가 짜증 났던 것처럼, "누가 이런 쓰레기를 읽어?"라고 생각할 수도 있다. 그런데 인터넷 사용 기록을 확인해보니, 이런 글을 읽는 사람이 바로 여러분이었다.

물론 이는 극단적인 사례다. 그러나 광고비의 80%가 헤드라인에 쓰인다면, 여러분의 광고가 제 역할을 하는지 확인해볼 필요는 충분히 있다.

카피라이팅 십계명: 네 번째, 이름을 짓고 주장하라

장미가 장미가 아니었다면 향은 여전히 좋겠지만, 누구도 지금만큼 많이 사지는 않았을 것이다. 만약 장미가 아니라 '가시 돋친 곰팡이 풀'이라는 이름을 붙였더라면, 그 모습과 향이 같더라도 오늘날처럼 모두가 사랑하는 꽃이 될 수는 없었을 것이다.

톰 크루즈Tom Cruise, 빈 디젤Vin Diesel, 우피 골드버그Whoopi Goldberg 같은 유명 배우의 이름은 왜 그토록 근사하게 들릴까? 우연이 아니다. 많은 사람이 자신의 브랜드에 맞게 이름을 바꾸거나 예명을 사용한다. 톰 크루즈의 원래 이름은 토머스 마포더Thomas Mapother, 빈 디젤은 마크 싱클레어Mark Sinclair, 우피 골드버그의 실명은 캐린 존슨Caryn Johnson이었다. 많은 배우가 배우 조합에 가입하면서 이름을 바꾼다.

이와 마찬가지로 기업과 제품도 때로는 약간의 재변신이 필요하다. 테슬라 자동차 내부에 사용되는 이른바 비건 가죽이 그 좋은 예시다. 물론 비닐이나 플라스틱은 고급스럽거나 친환경이라는 '테슬라'의 포지셔닝에 맞지 않지만, '비건 가죽'은 훨씬 더 그들이 추구하는 이미지와 어울리지 않은가.

멸종 위기에 처한 코뿔소^{rhinoceros}도 마찬가지다. 코뿔소는 발음하기도 어렵고 철자도 끔찍하며 따뜻하거나 포근한 느낌을 연상케 하지 않는다. 차라리 '통통한 유니콘'은 어떨까?

'블루리본 스포츠'는 (그리스 승리의 여신 이름을 따서) '나이키^{Nike}가 되었다. 튀긴 음식이 건강에 좋지 않다는 평판을 얻기 시작하자, '켄터키 프라이드 치킨'은 'KFC'로 이름을 바꿨다.

중요한 프레임워크나 프로세스, 상품의 이름을 정하고 소유권을 주장하자. 이는 포지셔닝, 브랜딩, 지식재산권 보호에도 중요하다. 이 책의 10장에서는 지식재산권과 상표권의 기술적 측면에 대해 더욱 자세히 설명할 것이다.

물론 마케팅을 내가 만들어낸 건 아니지만, 나는 '1페이지 마케팅 플랜'과 '린 마케팅' 같은 핵심 프레임워크와 프로세스에 상표권을 신청해 놓았다. 두 가지 모두 내게는 내 이름보다 더 중요할 정도로 가장 잘 알려진 브랜드가 되었다.

카피라이팅 십계명: 다섯 번째, 구하라, 그리하면 받으리라

아비앙카 항공 052편은 콜롬비아 보고타^{Bogota}에서 뉴욕^{New York}으로 향하는 정기 항공편이었다. 그러던 1990년 1월 25일, 해당 편의 비행기였던 보잉 707기는 연료가 부족해 케네디 국제공항에서 20마일 떨어진 지점에 추락했다. 승무원 9명 중 8명과 탑승객 149명 중 65명이 사망했다.

자연스럽게 질문이 떠오른다. 비행기가 목적지 공항에 도착하기 직전에 어떻게 연료가 부족했을까? 연료 누출? 기술적 결함? 아비앙카 052편은 둘 다 아니었다.

기상 조건으로 인해 항공기는 케네디 공항 주변을 선회하고 있었다. 비행기는 이미 두 차례나 착륙 지연 통보를 받은 후였다. 사고 무렵, 해당 비행기는 착륙 허가를 기다리며 오래도록 상공에 머무르느라 연료 부족을 심각하게 걱정했다.

그 시점에서 부기장 마우리시오 클로츠^{Mauricio Klotz}는 관제사에게 "우리 비행기부터 착륙해야 합니다"라고 무전을 보냈다. 이후 여러 차례 교신에서 그는 "연료가 다 떨어졌으나 다시 한번 시도해보겠습니다", "네, 5분 정도는 버틸 수 있을 것 같습니다" 등의 무전을 남겼다.

지금 생각해보면 말도 안 된다고 생각할 수도 있다. 하지만 악천후 속에서 수많은 교신이 오가는 가운데 수십 건의 지연된 항공편을 동시에 관리해야 하는 항공 교통 관제사에게는 이처럼 모호한 메시지가 크게 와닿지 않았다.

항공 교통 관제사는 '메이데이^{Mayday}*', '팬팬^{Pan-pan}**', '비상' 등 매

---

* 추락 직전의 긴급신호.

** 위급사항에 도움을 요청하는 신호.

우 구체적인 단어에 즉시 대응하도록 훈련받지만, 아비앙카 052편 승무원은 이러한 단어를 전혀 사용하지 않았다. 안타깝게도 이 때문에 항공기의 운명이 결정되었고, 불필요하게 많은 인명 피해가 발생했다.

극단적인 예이긴 하지만 소심함의 위험성과 무언가를 이루어야 할 때 명확하고 직접적인 언어의 중요성을 강조하는 사례다.

많은 웹사이트, 이메일, 마케팅 자료에서 많은 일을 정확하게 수행하지만, 행동을 요구할 때는 소심한 모습을 자주 보인다. 그러나 대중을 이끌고 그들이 무엇을 하기를 원하는지 정확히 말해야 한다. '여기를 클릭하세요', '시작하기', '지금 다운로드', '이메일에 답장하기' 등이 좋은 예다.

이러한 소심함의 대부분은 마케팅이 '인지도'에 관한 것이라는 일반적인 오해에서 비롯된다. 인지도는 중요하지만, 인지도와 행동에는 큰 차이가 있다.

스위스가 국가라는 건 우리 모두 잘 아는 사실이다. 그렇다고 해서 모두가 스위스를 여행할 계획이 있는 것은 아니다.

채소가 몸에 좋다는 것도 잘 알지만, 그렇다고 해서 저녁 식사로 모두가 채소를 먹을 계획을 세우지는 않는다.

마케팅에서 인지도는 좋은 출발점이지만, 고객이 진정으로 원하는 것은 추진력이다.

아주 오래전 한 작가는 "구하라, 그러면 받을 것이다"라고 말했다.

인생과 비즈니스에서 원하는 것을 더 많이 얻으려면 좋은 질문자가 되어야 한다. 구하는 것은 받는 과정의 시작이다. 원하는 것을 충분히 얻지 못했다면 명확하고 직접적으로 묻지 않는 것이 문제일 수 있다.

카피라이팅 십계명:
여섯 번째, 감정은 범죄를 저지르고, 논리는 그걸 감춘다

감성 로봇을 성공적으로 '프로그래밍'하려면 반드시 알아야 할 한 가지가 있다. 로봇은 논리가 아니라 감정에 따라 움직인다는 점이다. 로봇은 논리적으로 작동하는 척할 수 있지만, 대부분 경우 논리에만 의존해서는 아무것도 얻을 수 없다.

아버지가 돌아가신 이후로 나는 매일 아버지를 생각한다. 가장 그리운 건 아버지가 하시던 '사소한 농담'과 종종 보이시던 부적절한 '관찰'이다. 아버지는 주변 누구보다도 웃긴 분이셨고, 아버지의 유쾌한 웃음은 전염성이 강해서 항상 우리도 따라 웃게 만드셨다. 확실히 요즘 시대에 어울리는 '올바른' 분은 아니었지만, 그렇다고 비열한 분은 아니셨다.

한번은 맥도날드에 갔다. 당시에는 특별한 날에만 갈 수 있는 곳이었다. 줄의 맨 앞에 다다랐을 때 아버지가 내게 팔꿈치를 내밀며 눈썹으로 줄을 서 있는 앞사람을 향해 손짓했다. 그러고는 속삭이셨다. "앞에 사람 말이다. 빅맥 두 개와 감자튀김, 그리고…" 아버지는 웃음을 참으며 속삭였다. "다이어트 콜라를 시켰다."

아버지가 평생 과체중이었던 것을 감안하면 아이러니한 일이지만, 아버지는 맥도날드를 먹는 이유를 솔직하게 받아들이셨던 것 같다. 우리 차례가 돌아오자, 아버지는 주문하며 종업원에게 "일반 콜라로 줘요"라고 강조하시고는 내게 윙크를 보냈다. 우리 모두의 눈이 휘둥그레졌다.

이 일화에서 얻을 수 있는 교훈은, 맥도날드가 샐러드와 채소를 곁들인 '건강 메뉴'를 선보인 이후 오히려 빅맥과 감자튀김 같은 클래식 메뉴의 판매가 급증했다는 사실이다.

건강 메뉴 덕분에 맥도날드에 가는 것이 반드시 죄책감을 유발하는 정크푸드를 먹으러 가는 일이 아니게 된 것이다. 맥도날드는 이제 케일 샐러드를 팔지만, 판매 데이터에 따르면 샐러드를 사 먹는 사람은 그리 많지 않은 것으로 보인다. 감정이 범죄를 저지르고 논리가 이를 은폐하는 셈이다.

마케터로서 우리가 하는 대부분의 일은 사람들의 비이성적 행동을 이해하고 이를 활용하는 것이다. 괴짜이고 분석적인 성격 탓에 카피에 논리, 사실, 기능과 혜택을 꾸역꾸역 다 집어넣었던 나의 초창기 마케팅은 대다수가 비참한 실패를 맛봤다. 결국 나는 사람들이 주로 감정에 따라 구매하고 논리로 정당화한다는 사실을 깨달았다. 논리는 어둠 속에 은밀히 숨어 있어야 하고, 감정의 불꽃은 완벽한 주의력을 흔들어야 한다.

기술 제품이나 B2B(기업 간 거래)를 판매하는 사람들로부터 이에 대한 반발을 들은 적이 있다. "일반 소비자에게는 효과가 있을지 몰라도, 내가 상대하는 고객은 회사의 CEO란 말입니다"라고 말이다.

CEO에게 무언가를 판매한다는 말이나, 기업 간 거래^{B2B}니, 기업 대 소비자 거래^{B2C}니 하는 것은 모두 개념적인 명칭일 뿐이다. 우리는 인간 대 인간, 즉 H2H를 판매하고 있다. 그리고 사람은 먼저 감정에 따라 구매하고, CEO든 청소부든, 논리로 구매를 정당화한다.

"IBM을 사서 해고된 사람은 아무도 없다"라는 슬로건은 전 세계 최고 경영진에게 수십억 달러 상당의 장비를 판매하게 했다. 이는 정교한 구매자들의 감정 중심 구매행동의 좋은 예다. IT 업계의 밑바닥에서 일한 사람으로서 나는 IBM이 결코 가장 저렴하거나, 가장 성능이 좋거나, 가장 가치 있는 옵션이 아니었다고 자신 있게 말할 수 있다. 구매가 실제로 어떻게 이루어지는지 깨닫기 전까지는 완전히 비합리적인 선택이다.

B2B 및 기업 영업에서 시각은 매우 중요하다. CEO부터 직원까지 거의 모든 사람이 "이렇게 하면 상사에게 바보처럼 보이거나 해고 당하지는 않을까?"라고 생각한다. B2B 및 엔터프라이즈 영업에서는 '안전한' 옵션으로 제시하는 것이 최고 또는 가장 혁신적인 옵션으로 제시하는 것보다 훨씬 더 유리할 수 있다. 기업 세계에서는 최적의 구매 결정을 내렸다고 해서 칭찬을 받거나 승진하는 경우는 거의 없지만, 잘못된 결정을 내리면 부정적인 결과에 직면하게 된다.

세련된 최고 경영진은 빅맥 두 개와 감자튀김, 다이어트 콜라를 주문하거나 선정적인 클릭 미끼 헤드라인을 클릭하는 감정에 휩싸인 로봇 같은 존재다. 그들이 관련 직업에 종사한다고 해서 감정에 따라 의사결정을 내리는 데 덜 취약한 것은 아니다.

다음은 카피에 이를 구현하는 두 가지 방법이다.

1. **글을 쓸 때는 감정에서 시작하라:** 대중이 느끼기를 바라는 감정은 무엇인가? 7가지 핵심 재화를 활용해보자. 그들이 실제로 구매하는 것은 무엇인가? 지위? 부? 그들이 원하는 게 자유인가? 여러 핵심 재화의 조합일 가능성이 크지만, 지배적인 상품이 하나 있을 수도 있다.

가격, 가치, 사양 같은 논리적 내용도 포함할 수 있다. 하지만 이러한 요소의 주된 역할은 사후에 구매를 정당화하는 것임을 기억하라. 즉 은폐하는 것이다.

카피의 논리 중 일부는 숫자와 통계일 가능성이 크다. 이는 금방 지루해지므로 카피라이팅의 위험 영역으로 간주해야 한다. 내용이 방대하거나 복잡하면 독자를 잃을 가능성이 크므로 표현 방식에 신중을 기해야 한다.

2. **숫자에 의미를 부여하라:** "5기가바이트의 하드디스크 드라이브 저장 공간"이라고만 말하지 말고, "주머니에 노래 1,000곡을 담을 수 있습니다"라고 말해보자. "300만 명의 구독자가 있습니다"라고 말하지 말고, "우리 구독자 수를 도시로 치환하면 미국에서 세 번째로

큰 도시를 채울 수 있습니다"라고 말해보자. 얼마나 더 설득력 있는지 체감할 수 있는가?

카피라이팅 십계명:
일곱 번째, 쓰기 전에 정리·기록하라

눈을 깜빡일 때마다 커서가 사라져 빈 화면을 힘없이 바라보던 공포증을 누구나 경험했을 것이다. 글을 쓰기 시작할 때 이런 문제가 발생하면 정말 심각해진다. 나는 글을 쓰는 건, 그 자리에 무언가를 만들어낸다기보다는 빈칸을 채우는 것이라고 생각한다.

세스 고딘은 "작가에게 슬럼프는 없다. 배관공에게 슬럼프가 있다는 말을 들어본 적이 있는가?"라고 말했다. 나도 동의한다. 전문 배관공은 공구를 손에 들고 현장에 도착한다. 카피라이터도 마찬가지다.

그래서 글을 써야 할 때 깜박이는 커서나 빈 페이지를 쳐다보며 당황하는 일이 없도록 도구 상자를 준비해두었다. 다음은 글의 흐름을 유지하기 위해 사용하는 요령이다.

이야기 은행: 여덟 번째 계명에서 스토리텔링의 중요성에 대해 조금 더 다뤄볼 것이다. 참고할 수 있는 흥미로운 이야기 은행을 준비해두면 글을 더 잘 쓰고 더 기억에 남게 할 수 있다.

콘텐츠 은행: 나는 '최고의' 아이디어를 모아둔 파일을 보관한다. 홍

미로운 아이디어가 떠오르거나, 그런 소재를 듣거나, 읽거나, 보게 되면 이를 콘텐츠 파일에 메모한다. 이 파일에는 마케팅, 영업, 영향력, 성공 등 내가 관심 있는 다양한 주제가 분류되어 저장되어 있다. 글을 쓰거나 무언가를 만들어내야 할 때, 콘텐츠 은행을 참고하면 멋진 아이디어를 떠올릴 수 있다.

힌트 파일: 멋진 광고, 헤드라인, 이메일, 판매 페이지를 봤다면? 힌트 파일에 복사본을 보관해두었다가 영감을 얻거나 무언가를 작성해야 할 때 참고해 아이디어를 떠올려보자.

스크랩 파일: 말 그대로 구, 문장, 단락을 그대로 옮긴다. 흥미롭거나 독특한 문구를 듣거나 읽으면 나는 스크랩 파일에 추가한다. 힌트 파일과 비슷하지만 좀 더 미시적이다. 이런 파일로 글쓰기에 영감을 얻는다.

구매욕이 돋았던 것: 혹시 광고나 이메일을 클릭했거나 무언가를 보고 정말 사고 싶은 마음이 들었을 때면 스크린 캡처나 복사본을 떠서 보관한다. 캠페인을 진행할 때 정말 큰 영감을 얻을 수 있기 때문이다.

여러분은 각자 원하는 방식으로 정리할 수 있지만, 개인적으로 나는 모든 장치에서 접근할 수 있고 검색하고 추가할 수 있는 자유로운 형식의 노트로 정리하는 것이 가장 편하다고 생각한다.

게다가 나의 프로세스를 전문 작가들과 비교해본 결과, 모두 비슷한 도구 세트를 갖추고 있었다.

유일한 단점은 그냥 대충 듣거나 읽는 게 사실상 불가능하다는 점이다. 앞서 말한 파일 중 하나에 무언가를 추가하려면 언제나 보던 동영상이나 듣던 팟캐스트, 읽고 있던 무언가를 멈추어야 한다.

카피라이팅 십계명:
여덟 번째, 이야기하라

인간은 이야기를 통해 메시지를 받아들이는 본능이 있다. 이는 문자가 발명되기 수천 년 전의 일이다. 이야기는 사람들의 머릿속에 저장 공간을 차지한다. 누군가가 들려준 이야기는 내용을 잊은 지 한참이 지나도 기억에 남는다.

몇 번을 봐도 웃음이 끊이지 않는 영화(《뛰는 백수, 나는 건달》Office Space이 내 웃음코드다)나 울컥하게 만든 소설 등, 우리는 모두 이야기에 감동한다.

이야기는 재미있고, 메시지의 설득력을 높여주며, 무엇보다도 사람들을 감정적으로 움직여 구매로 이어지게 한다.

스토리텔링 프레임워크는 여러 가지가 있다. '영웅의 여정'은 긴 형식의 콘텐츠에 자주 사용되는 잘 알려진 프레임워크다. 프레임워크가 복잡할수록 사용할 가능성이 작아진다. 다음은 놀라운 스토리텔러이자 쇼맨인 빈 장Vinh Giang에게 배운 매우 간단한 2단계 스토리텔링 프레임워크다.

1. **사건**: 누가, 무엇을, 어디서, 언제 일어났는지. 단순히 보고하는 것이 아니라 이야기를 재현하라. 보고와 재현의 차이점은 바로 4가지 감각인 VAKS(시각, 청각, 운동감각, 후각)이다. 이를 통해 스토리에 색을 더하고 생동감을 불어넣을 수 있습니다.

"버스를 놓칠 뻔했어요"라고 말하면 보고다. "어둑어둑한 거리를 전력 질주하면서 얼음장처럼 차가운 비를 맞았습니다. 숨이 차고 지친 저는 버스가 멈추자마자 버스 정류장에 도착했습니다"라고 말하면 재현이다.

2. **요점**: 이렇게 하면 정보를 인사이트로 전환하고 스토리를 관련성 있게 만들 수 있다. "제가 여러분에게 이 이야기를 하는 이유는… 때문입니다." 이렇게 요점은 스토리의 마지막에 남겨둔다. 이렇게 하면 거의 모든 스토리를 어떤 상황이나 요점과 연결할 수 있다.

비유, 은유, 직유는 더 미시적인 수준의 매우 강력한 스토리텔링 장치이기도 하다. "그는 무자비했다"보다, "그는 고기를 다루듯 적을 다뤘다"가 더 생생하고 기억에 남는 법이다.

스토리는 바주카포지만 비유, 은유, 직유는 권총과 같다. (자, 또 비유가 나왔다.) 비유는 복잡한 것을 단순화하고, 미지의 무언가를 내가 아는 것과 연결하며, 카피에 재미와 생동감을 불어넣는다. 비유는 사람들이 "나는 그런 식으로 생각해본 적이 없다"라고 말하거나 생각하게 만들며, 훌륭한 관계 형성 장치로 기능한다.

앞서 일곱 번째 계명에서 설명한 대로 나만의 이야기 은행을 만들

자. 감동을 주거나, 흥미를 유발하거나, 웃게 하거나, 울게 하는 모든 이야기를 기록하자.

카피라이팅 십계명:
아홉 번째, 이중 독자 경로를 만들어라

어떤 사람들은 독자가 되어, 어떤 사람들은 대충 훑고 지나가며 당신의 카피를 읽는다. 그리고 사람들 대부분은 이 두 가지가 합쳐진 모습이다. 일반적인 부제목을 사용하면 독자는 모든 내용을 파악할 수 있지만, 훑고 마는 사람은 콘텐츠의 요점만 파악할 수 있다. 이렇게 하면 이중 독자층이 형성된다.

이 책 전체에서 나는 한 장과 긴 텍스트 블록을 일반 부제목으로 나누었다. 이렇게 하면 눈이 더 편하고, 건너뛰는 독자가 다시 본문으로 돌아오게 유도할 수 있으며, 각 섹션을 더 독립적으로 구성할 수 있다.

이중 독자 경로가 텍스트 기반 콘텐츠에만 적용되는 것은 아니다. 예를 들어 유튜브나 팟캐스트 같은 비디오·오디오 플랫폼에서도 챕터를 표시해 콘텐츠를 구분할 수 있다. 시청자나 청취자가 에피소드의 세그먼트로 빠르게 이동하고 다음 내용을 쉽게 파악할 수 있는 것이다.

이중 독자층 경로는 시청자의 관심을 유지하는 좋은 방법이다.

카피라이팅 십계명:
열 번째, 전과 후를 요약하라

이 책의 각 장이 짧은 요약과 함께 앞으로 다룰 내용을 미리 알려주며 시작한다는 걸, 지금쯤이면 다들 눈치챘을 것이다. 앞으로 소개할 관광 명소를 미리 보여주는 것 같은 느낌으로 말이다. 또한 각 장의 마지막에는 요점을 상기시키고 정보를 행동으로 옮기는 데 도움이 되는 실천법도 있다.

이런 요소는 일반적인 소제목과 함께 책을 더 쉽게 따라가고 다시 찾아볼 수 있게 해준다.

글을 쓰거나 말할 때는 먼저 무슨 이야기를 할 것인지 미리 말하자. 이렇게 하면 흥미를 유발하고 사람들의 주의를 집중시키고 유지할 수 있게 한다. 그런 다음, 방금 말한 내용을 다시 한번 반복하라. 이렇게 하면 기억력과 이해도를 높이는 데 도움이 된다. 마지막으로, 방금 가르친 내용을 바탕으로 실질적인 행동 항목을 제공해 실질적인 결과를 얻을 수 있도록 도움을 주자.

말을 바꾸면 세상이 바뀐다

앞서 말한 카피라이팅 십계명이 훌륭한 카피라이터와 커뮤니케이터가 되는 모든 법을 담은 것은 아니지만, 제대로 참고한다면 20%의 노력으로 80%의 결과를 얻을 수 있다.

글쓰기 조언에 대해 더 깊이 알고 싶다면 두 권의 책을 추천한다. 첫 번째는 윌리엄 스트렁크 2세^{William Strunk Jr}와 E. B. 화이트^{E. B. White}가 쓴 『글쓰기의 요소』(디아스포라, 2016)다. 이 짧은 책에는 오랜 세월을 견뎌온 원칙이 담겨 있다. 나는 몇 년에 한 번씩 이 책을 다시 읽곤 한다. 두 번째는 스티븐 킹^{Stephen King}의 『유혹하는 글쓰기』(김영사, 2017)다. 쉽고 재미있게 읽을 수 있는 훌륭한 책으로, 글쓰기의 대가에게서 확실한 조언을 얻을 수 있다.

말을 바꾸면 세상을 바꾸고 결과를 바꿀 수 있다. 카피라이팅 십계명을 비즈니스와 생활에서 실천해보자. 상사와 연봉 협상을 하고 있다면? 인상적인 숫자에 의미를 부여하자. 아이들이 채소를 먹었으면 좋겠는가? 아이들에게 이야기를 들려주고 그 이야기를 아이들에게 중요한 무언가와 연관 짓자. 잠재고객이 마케팅 캠페인에 반응하기를 원하는가? 명확하고 직접적인 방식으로 정확히 무엇을 해야 하는지 알려주자.

사람을 끌어당기는 메시지 작성하기

이제 카피라이팅의 광범위한 측면에 대해 살펴봤으니, 짧은 형식의 독립적인 메시지를 작성하기 위한 간단한 프레임워크도 살펴보자. 짧은 형식의 메시지는 광고, 랜딩 페이지, 웹사이트 상단 또는 독자의 관심을 끌고 행동을 취하도록 유도해야 하는 모든 곳에서 사용할 수 있다.

긴 형식의 카피는 설명할 시간과 공간의 여유가 있지만, 짧은 형식의 카피는 모든 단어에 집중해야 한다. 불필요한 단어는 메시지 전달에 방해가 되는 요소다. 데이터 압축 알고리즘처럼 적은 공간에 많은 정보와 의미를 압축해야 한다.

메시지에 흡인력을 주기 위해 다음의 7가지 필터를 통과시켜보자. 짧은 메시지에 이 필터를 모두 적용할 수는 없지만 가능한 많은 필터를 적용하려고 노력하자.

1. **고객에 관한 것인가?** 웹사이트, 이메일, 광고의 많은 메시지가 자기중심적이다. "우리는 업계 최고의 제품을 제공합니다", "우리는 1985년에 설립되었습니다" 같은 자기 과시적인 문구를 흔히 볼 수 있다. 그러나 아무도 신경 쓰지 않는다. 사람은 누구나 자신과 자신의 문제만 걱정하는 법이다. 메시지가 너무 자기중심적이면 누구도 귀담아듣지 않는다. 혹시 자기 이야기만 계속해서 하는 사람과 대화해본 적 있는가? 마치 물고문을 당하는 기분이다. 따라서 잠재고객과 그들이 겪는 문제에 관한 메시지를 작성해야 한다.

2. **이해하기 쉬운가?** 두 번째 십계명에 따라 항상 명확성을 우선시한다. 때로는 짧은 형식의 메시지에서 재치나 기발한 표현을 사용하고 싶을 수도 있다. 그러나 재치를 담느라 명확성이나 쉬운 이해도가 훼

손되어서는 안 된다. 언제나 재치보다 명확함을 선택하자. 이해하기 쉽게 만들자. 대중이 여러분의 말을 이해하기 위해 조금의 칼로리도 소비해선 안 된다. 잘 모르겠다면 12세 어린이에게 메시지를 읽고 다시 설명해 달라고 부탁해보자.

3. **믿을 만한가?** 주장, 제안 또는 약속이 믿을 만한가? 표적시장의 합리적인 사람이 자신의 문제를 해결할 수 있다고 믿을 수 있는가? 메시지가 100% 사실이라고 해도 (물론 그래야 하지만) 신뢰성 또는 신빙성 측면에서 극복해야 할 차이가 있을 수 있다. 이를 극복하는 가장 좋은 방법은 증거를 제시하는 것이다. 예를 들어, 모호하고 믿기 어렵고 정량화할 수 없는 "업계 최고의 고객 서비스"라고 말하는 대신 "첫 구매자의 94%가 재구매 고객이 됩니다"라고 말하자. 증거는 믿기 힘든 주장을 사실로 바꿔준다.

4. **재미있거나 독특한가?** 가장 최악의 메시지는 바로 지루한 메시지다. 참신한 요소를 소개할 수 있는가? 메시지, 제품, 포장, 가격 등 다양한 요소가 있을 수 있다. 나는 다른 업계의 아이디어를 받아들이는 것을 좋아한다. 예를 들어, 업계에서 일반적으로 구독 가격이나 배달 서비스를 제공하지 않는다면, 이를 참신함이나 차별화를 만드는 데 사용할 수 있다. 핵심 결과물에서 참신함이 나오는 경우는 드물다.

5. **단점 없이 장점만 있는가?** 단점을 최소화하거나 아예 단점이 없는 결과를 얻을 수 있는가? 잠재고객이 가장 일반적으로 싫어하는 것이

무엇인지 생각해봐야 한다. 위험, 단점 또는 희생 없이 잠재고객이 원하는 변화를 제공할 수 있는가? 가령 이런 메시지처럼 말이다. "좋아하는 음식을 포기하지 않고도 체중을 감량할 수 있습니다."

6. 누구를 위한 것인지 분명한가? 이상적인 표적시장의 누군가가 여러분의 메시지를 읽거나 들었을 때 "나한테 딱 맞아!"라는 반응이 나와야 한다. 여기에서 표적시장 선택 및 제품 시장 적합성 같은 기본요소가 중요한 역할을 한다. 이러한 요소를 갖추었더라도 짧은 형식으로 명확하고 간결하게 전달하는 것이 중요하다. 메시지가 누구를위한 것인지 알릴 수 있는 유용한 도구는 헤드라인 앞에 '표시'를 남기는 것이다. 예를 들면 "캘리포니아의 한 치과 의사, '환자 노쇼와막판 취소를 81% 줄였습니다'"처럼 말이다.

'캘리포니아의 한 치과 의사'라는 표시는 비즈니스에서 겪는 큰 문제를 해결하기 전에 이 메시지가 누구를 위한 것인지 명확하게 알려준다.

7. 다음 행동이 명확한가? 명확하고 직접적인 클릭 유도 문안을 제공해야 한다. 고객이 취해야 할 실제적이고 눈에 보이는 다음 행동은무엇인가? 전화번호로 전화를 걸거나 링크를 클릭하거나 이메일 주소를 입력해야 하나? 다음에 무엇을 해야 하는지 정확히 제시해야한다.

이 7가지 필터를 각각 통과해 짧은 메시지에 흡인력이 느껴지는지 확인해보자. 메시지 초안을 작성했다면 자신에게 질문해본다.

- 고객에 관한 내용인가?

- 이해하기 쉬운가?

- 믿을 수 있는가?

- 흥미롭거나 독특한가?

- 나쁜 점은 빼고 좋은 점만 담았는가?

- 누구를 위한 것인지 분명한가?

- 다음 행동이 분명한가?

주의점을 최대한 많이 충족할 때까지 메시지를 계속해서 수정하고 다듬자.

제5장 실행 과제

- 콘텐츠를 검토하고 카피라이팅 십계명을 적용하자. 모든 콘텐츠가 십계명을 따라야 한다.
- 콘텐츠를 만들어야 할 때 언제든지 활용할 수 있는 콘텐츠 및 이야기 은행을 만들자.
- 가능한 한 흡인력 넘치는 메시지를 쓸 수 있게 필터를 참고하고 짧은 형식의 마케팅 메시지에 적용해보자.

인공지능(AI)은 전통적인 직업과 산업을 파괴하고 있으며 앞으로도 계속해서 파괴할 것이다. 린 마케터라면 이를 활용해 새로운 기회와 운영 효율성을 창출해야 한다.

제6장

인공지능

활용법

<u>오래된 모든 게 다시 새로워지는 요즘</u>

기술은 가장 궁극적인 파괴력을 갖고 있다. 기술은 주기도 하고 빼앗기도 하지만 대부분 내어주는 쪽이다. 기술은 일자리, 비즈니스, 산업을 파괴해왔고 앞으로도 계속해서 그럴 것이다. 이러한 혼란의 반대편에 서 있다면 씁쓸함을 느끼고 '좋았던 시절'에 대한 향수를 느낄 수도 있다. 하지만 그 시절은 다시 돌아오지 않을 것이며, 여러분은 색안경을 끼고 과거를 바라볼 가능성이 크다.

17세기에는 인쇄술이 교육을 방해하고, 세상에 너무 많은 책이 넘쳐나며, 가짜 정보, 경박하거나 해로운 정보의 유포를 조장할 것이란 우려가 넘쳐났다.

수 세기가 지난 지금도 인터넷, 소셜 미디어, 인공지능^{AI}에 대한 우려의 목소리는 비슷하다. 심지어 인공지능이 말 그대로 인류를 파괴하거나 장악할 것이라는 우려도 있다. 나는 실리콘밸리의 실력자들을 환영하는 쪽이다.

새로운 기술이 등장할 때마다 예측을 빗나가지 않는 사이클이 반복된다. 먼저 새로운 기술이 모든 걸 바꿀 것이라는 과대광고가 등장한다. 새롭게 핫한 기업들이 등장한다. 그다음에는 일자리를 없애고, 우리를 멍청하고 게으르게 만들며, 사회를 퇴보시킬 것이라는 공포가 뒤따른다. 그제야 마침내 모두가 기술을 받아들이고 일상생활과 업무 흐름에 접목되어 생산성이 향상된다.

인공지능 대 인간의 어리석음

인간은 편견과 본능으로 인해 우리에게 도움이 되지 않는 방식으로 생각하고 행동한다. 우리는 타고난 어리석음을 가지고 있다. 이를 이해하면 과대광고나 두려움에 사로잡히지 않을 수 있다.

한스 로슬링Hans Rosling은 『팩트풀니스』(김영사, 2019)에서 우리의 관점을 왜곡하는 10가지 본능을 설명한다. 여기에는 좋은 것보다 나쁜 것에 더 주목하려는 부정 본능, 무서운 것에 더 주의를 기울이는 공포 본능, 단순한 설명과 명확한 내러티브를 선호하고 복잡하거나 다면적인 설명에 저항하는 '단일 관점 본능'이 포함된다.

마케터로서 우리는 마케팅을 더 효과적으로 하기 위해 이러한 본능을 고려한다. 기업가로서 우리는 이러한 본능을 조심해야 한다.

흔히 볼 수 있는 파멸과 우울의 상인들이 전하는 뉴스에 집중하다 보면 세상이 무너져 내렸다고 생각할 수 있다. 이들의 비즈니스 모델은 우리의 부정, 공포, 단일 관점 본능을 활용하는 데 의존한다. "수십억 명의 사람들이 평온한 하루를 보냈다"라는 헤드라인은 클릭과 관심을 끌지 못한다.

미디어, 영화, TV 프로그램에서는 디스토피아적인 미래를 묘사하지만 나는 그렇게 생각하지 않는다. 우리는 인류 역사상 가장 좋은 시대에 살고 있으며, 미래는 점점 더 밝아지고 있다. 솔로몬 왕은 모든 영광을 누렸지만, 오늘날의 평범한 사람들만큼 좋은 삶을 살지는 못했다. (공정하게 말하자면 정말 재미있게 살았던 것 같긴 하지만 말이다.)

그렇다고 모든 문제가 해결된 것은 아니다. 아직 해결해야 할 과제가 많이 남아 있다. 하지만 지난 수백 년 동안의 발전이 시사하는 바가 있다면, 기술과 현재의 인공지능은 많은 문제를 해결하는 데 도움이 될 것이다.

인공지능이 초지능화되어 가장 똑똑하고 재능 있는 인간의 지능을 능가하는 것은 피할 수 없는 일이다. 인공지능이 인간을 대신해 에너지를 얻기 위해 농사를 짓기 시작할지는 아직 미지수다. 만약 그렇게 된다면 마케팅보다 훨씬 더 큰 문제가 발생할 것이다. 나는 이 운명이 '링크드인' 자기소개에 '미래학자'라고 적힌 사람들에게만 국한되기를 바랄 뿐이다.

공상과학 소설의 내용이 과학적 사실로 바뀌는 확실한 기록이 있다. 영화 〈스타트렉: 넥스트 제너레이션〉 시리즈는 괴짜들의 통과의 례와도 같다. 시리즈의 주인공 중 데이터^{Data}라는 이름의 휴머노이드 로봇이 등장한다. 그는 인간이 할 수 있는 모든 일을 할 수 있을 뿐만 아니라, 심지어 훨씬 더 잘한다. 더 똑똑하고, 더 강하고, 더 빠르다. 시리즈 내내 그는 인간의 감정과 행동을 이해하고 모방하기 위해 고군분투한다. 뛰어난 능력에도 불구하고 그는 대부분 시간을 인류에게 봉사하는 데 보낸다. 초지능 인공지능도 그럴 것으로 생각한다. 우리가 왜 그렇게 행동하는지 이해하려 애쓰겠지만, 결국 우리를 도와주는 것이 목적이 될 것이다.

세상을 집어삼키는 소프트웨어

많은 도구와 혁신은 소프트웨어가 되어 우리를 혼란에 빠뜨리거나, 우리의 많은 일을 가능케 할 것이다. 벤처 캐피털리스트인 마크 안드레센은 "소프트웨어가 세상을 잠식하고 있다"고 했다. 대부분 경우 집을 나설 때 내가 가져가는 물건은 스마트폰뿐이다. 예전이었다면 바리바리 챙겼을 음악 플레이어, 카메라, GPS 내비게이션, 노트북, 차고 문 리모컨, 지갑, 신용카드 등 많은 물건을 소프트웨어가 말 그대로 '먹어 치웠기' 때문이다.

업종과 관계없이 소프트웨어의 혁신이 다가왔음을 체감하고 받아들이는 중이다. 당신은 빼앗거나 빼앗길 것이다.

프로세스 중심의 일자리와 비즈니스는 사라질 것이다. 이것은 분명 좋은 일이다. 지루하고 반복적이며 위험한 일들이 사라질 것이기 때문이다. 사람들은 흔히 운전기사, 포장기사, 생산설비 근로자 등 이른바 블루칼라 노동자는 일자리를 잃을 것으로 생각한다. 이들도 큰 영향을 받겠지만 법률, 회계, 의료, 마케팅 같은 프로세스 중심의 사무직 업무도 영향을 받을 것이다.

충분히 반복할 수 있거나 예측할 수 있는 기능은 처음에는 천천히, 나중에는 한꺼번에 자동화되고 창의적인 작업과 창의적인 업무 구성요소만 남을 것이다. 그러나 길고 복잡한 법률 계약서 초안을 작성하는 일은 인공지능 도구가 대신할 수 있지만, 거래를 구성하고 협상하는 일은 여전히 변호사나 은행가의 창의적 기술이 필요하다.

소프트웨어 먹이사슬의 올바른 편에 서기 위해 기술 전문가가 될 필요는 없다. 하지만 기술을 비즈니스의 힘을 키우는 용도로 사용하는 데 개방적이어야 한다. 인공지능이 여러분의 일자리를 빼앗거나 비즈니스를 방해하지는 않겠지만, 인공지능을 사용하는 누군가는 그럴 것이다.

파괴가 아닌 혁신

주요 기술혁신에 대한 가장 일반적인 두려움은 파괴다. 두려움은 당연한 일이지만, 꼭 그렇다고만 볼 수는 없다. 손실에만 초점을 맞추면 엄청난 기회를 놓칠 수 있다.

이런 시나리오의 영화를 여러 번 봤고 결말이 어떻게 나오는지 알고 있다. 인공지능은 일부 직업, 비즈니스, 산업을 없애겠지만 많은 새로운 일자리를 창출할 것이다. 또 엄청난 부를 창출할 것이다. 새로운 직업에 관한 논문에서 연구원 데이비드 오터[David Autor]는 2018년 전체 고용의 60%가 1940년에는 존재하지 않았던 직업에서 발생했다고 지적했다. 사실 유튜버, 게이머, 팟캐스터가 직업이 될 수 있으리라고 누가 상상이나 했을까? 인공지능은 이러한 추세를 가속할 것이다.

우리는 결국 잔디밭에서 주먹을 휘두르며 "젊은것들은 노력의 의미를 몰라!"라고 외치는 노인이 될 수도 있고 새로운 일자리, 비즈니스, 산업을 창출하고 활성화하고 확장할 기회를 받아들일 수도 있다.

1930년 미국 가수 연합은 사람들이 녹음된 음악을 듣거나 소리가 나오는 영화를 보는 것을 막기 위한 캠페인에 천만 달러에 해당하는 금액을 썼다.

명예 없는 '이익.'

'통조림' 음악 사용에 반대하는 예술가들: 직장을 잃고 상심한 사람들과 쏟아지는 비난.

영화에 녹음된 사운드가 등장하면서 음악가들의 고용이 급격히 감소했다. 1927년 미국과 캐나다 전역의 극장에는 약 24,000명의 음악가가 고용되어 있었다. 그해 최초의 유성 영화인 〈재즈 싱어〉가 등장하면서 이러한 일자리 중 상당수가 사라졌다. 1930년까지 음악가의 30%가 일자리를 잃었다. 일부 시장에서는 음악가의 실업률이 50~75%에 달하기도 했다.

하지만 새로운 기술은 단순히 파괴만 하는 것이 아니다. 새로운 기술은 새롭고 더 큰 기회를 창출하는 창조적 힘이다.

음반, 라디오, 유성 영화는 훨씬 더 저렴한 비용으로 창작물을 제작했고, 더 많은 대중이 접할 수 있는 문화가 되었다. 현재 할리우드는 300여 명의 음악가가 수천 개의 극장에서 상영되는 영화에 음악을 공급한다.

당시만 해도 '통조림 음악*'이 '진짜' 영화 음악을 대체할 가능성은 희박해 보였다. 하지만 모두 알다시피 결과는 달랐다. 오히려 변화에 맞춰 보완하고, 결과물을 확장하고, 사람을 지원했다. 평범한 음악가는 손해를 봤지만 음악 산업은 어느 때보다 더 커졌다. 이제 많은 뮤지션이 콘서트, 라이브 이벤트, 관련 상품 판매로 음반 판매보다 더 높은 수입을 올리고 있다. 녹음한 음악으로 얻은 대중의 관심 때문이다.

---

* 레코드나 카세트 테이프에 녹음한 음악.

린 마케터를 위한 도구 키트

인공지능이 더욱 강력해지면서 마케터가 수행해야 했던 많은 양의 수작업이 사라지고 있다. 마케터들이 표적시장 가치 창출로 초점을 전환하면서 린 마케팅 원칙이 중요해졌다. 린 용어를 사용하자면, 마케터의 업무는 이제 주로 '가치 흐름^{value stream}'에 속한다.

한 세기 전 레코딩 음악이 음악가들을 혁신했던 것처럼, 일상적이고 노동 집약적으로 운영되었던 많은 마케팅 업무가 인공지능을 통해 간소화, 확장, 자동화되고 있다.

전문화된 인공지능 도구를 사용하면 이미지, 동영상, 오디오 콘텐츠를 더 쉽고 저렴하고 빠르게 편집하고 만들 수 있다. 대규모 언어 모델^{LLM}* 같은 범용적인 인공지능 도구는 놀랍게도 사용자의 입력에 따라 사람과 유사한 텍스트를 생성할 수 있다. 또한 데이터 이해, 코드 작성, 복잡한 쿼리**에 대한 답변 등 다양한 작업을 수행할 수 있다.

이전 장에서 설명한 것처럼, 어휘는 마케팅에서 하는 모든 단계의 기본 요소다. 따라서 언어 모델이 글쓰기에 미치는 영향에 주의를 기울일 필요가 있다.

글이 평범하고 지루하며, 양만 많다면 이미 게임은 끝났다. 일자리

---

* 방대한 양의 문서, 위키피디아 항목, 책, 인터넷 기반 리소스와 기타 자료를 사용해 학습하고, 자연어 질의에 대해 인간과 비슷한 응답을 만들어내는 인공지능.

** 정보수집 요청에 쓰이는 컴퓨터 언어.

를 잃은 과거 음악가들의 길을 가게 될 것이다. 언어 모델은 콘텐츠를 무제한으로 생산할 수 있기 때문이다.

하지만 언어 모델이 훌륭한 글쓰기를 할 수 있을지는 개인적으로 의문이다. 글쓰기가 설계되었지만 기계는 인간처럼 단어를 이해하지 못한다. 신념, 의견, 의식도 없다. 인공지능의 언어 모델은 방대한 양의 텍스트 데이터에서 패턴을 연구해 학습할 뿐이다.

모델의 주요 역할은 예측이다. 일련의 단어가 주어지면 고도의 자동 수정 기능처럼 다음 단어를 예측한다. 예를 들어 '하늘은…'이라고 입력하면 그다음에 '파랗다'라는 단어가 자주 나오는 것을 학습해 다음 단어로 '파랗다'를 예측해 생성한다.

이러한 언어 모델은 설계상 가장 일반적인 패턴을 예측한다. 따라서 진부하고 일반적인 문장을 많이 생성할 수밖에 없다. 모델의 출력이 너무 예측 불가능하면 이해가 되지 않는 텍스트가 생성될 수 있다.

이를 관리하기 위해 언어 모델은 생성 과정에서 '온도'라는 무작위한 설정을 사용한다. 온도가 낮게 설정되면 모델은 가능성이 큰 두 번째 단어를 선택한다. 이렇게 하면 예측할 수 있고 일관성 있는 문장이 생성되지만, 평범하고 진부한 결과물이 나온다. 반대로 온도를 높게 설정하면 모델은 가능성이 낮은 단어를 선택한다. 그 결과 더 다양하고 창의적인 결과물이 나오지만, 때로는 무의미하거나 문맥과 무관한 결과물이 나올 수 있다.

대규모 언어 모델은 특히 프로그래밍이나 법률 문서처럼 구조, 패턴 또는 규칙에 크게 의존하는 명확한 '정답'이 있는 작업에서 탁월한 성능을 발휘한다. 문장 구조가 보편적이라 학습 데이터에서 반복되는 경우가 많고, 모델은 반복되는 패턴을 학습하기 때문이다. 그러나 창의성에는 어느 정도의 독창성과 참신함이 필요하다. 따라서 기존 데이터에서 패턴을 찾아 학습하는 언어 모델은 창의적으로 글을 쓸 수 없다.

훌륭한 글쓰기를 통해 훌륭한 마케팅을 하려면 대규모 언어 모델에 의존해서는 안 된다. 고유한 스토리, 경험, 관점을 대신할 수 있는 것은 없다. 인공지능은 평범한 작가이지만 훌륭한 글쓰기 조력자가 될 수 있다.

과거에 검색엔진과 원격 협업 도구가 그랬던 것처럼 대형 언어 모델은 내게도 일상적인 도구가 되었다. 글쓰기 같은 작업에서 내 능력을 향상하고 보강하는 강력한 방법으로 이 도구를 사용한다. 조사, 요약, 카피 편집, 글쓰기 다듬기, 브레인스토밍에도 이 도구를 사용한다. 매일 새로운 활용 방법을 찾아내고 있다.

> 린 마케팅 허브(LeanMarketing.com/hub)에 접속해 마케팅과 글쓰기에 AI 도구와 대규모 언어 모델을 어떻게 사용하는지 살펴보자.

많은 인공지능 도구는 자연어 인터페이스를 갖추었으므로 명확한 사고로 글을 쓸 수 있는 사람이 가장 능숙하게 사용할 수 있다. 작가는 본질적으로 새로운 소프트웨어 엔지니어다.

인공지능은 마케터를 위한 진정한 아이언맨 슈트이며, 적은 자원으로 더 많은 일을 할 수 있게 해주고 진정으로 린 마케팅 인프라를 구축할 수 있도록 도와줄 것이다. 개별 악기를 연주할 필요 없이 오케스트라의 지휘자 역할을 할 수 있게 해준다고 생각하면 쉽다.

제6장 실행 과제

- 비즈니스 및 마케팅 시스템에서 수동, 프로세스 중심의 작업을 파악하자. 그런 다음 무거운 작업을 대신 수행할 수 있는 도구와 기술을 조사해본다.
- 고객 여정에서 마찰이 발생하는 부분은 어디인가? 마찰을 줄이고 고객 경험을 개선하는 데 도움이 되는 도구와 기술을 도입해보자.
- 인공지능 도구를 콘텐츠 제작에 통합해 시간, 비용, 노력을 줄이면서 결과물과 품질을 높여보자.

L E A N

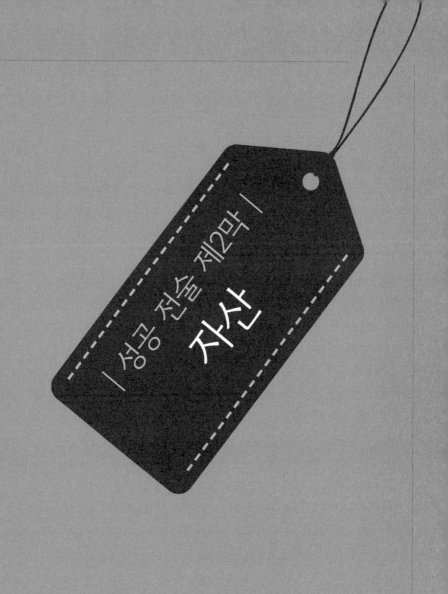

| 성공 전술 제2막 |

자산

부자가 더 부자가 되는 이유

나는 넉넉하지 않은 가정에서 자랐다. 부모님은 이민 1세대였다. 다른 많은 이민자와 마찬가지로 자녀들에게 더 나은 삶을 만들어주기 위해 먼 길을 오셨다. 부모님의 희생에 매일 감사하고 있다. 정부의 기본적인 지원과 부모님이 열심히 일한 덕분에 우리는 항상 집 문제와 음식 문제를 걱정하지 않았다.

집안에서 부자에 관해 이야기할 때면, 늘 '탐욕스럽다' 또는 '정직하지 않다'라는 말이 나오곤 했다. 내가 유일하게 이해한 부자의 모습은 '스크루지 영감'이 금화와 돈으로 가득 찬 금고에 뛰어드는 만화책에서 나온 것이 전부였다.

첫 사업을 시작하고 나서야 성공한 기업가와 사업주들을 접할 수 있었다. 많은 사람이 부를 축적했지만 내가 배웠던 부자의 모습과는 달랐다. 그들 대부분은 관대하고 여유로우며 남을 돕는 사람이었다.

그로부터 얼마 지나지 않아 로버트 키요사키^{Robert Kiyosaki}의 『부자 아빠 가난한 아빠』(민음인, 2018)라는 자기계발서를 처음 샀던 기억이 난다. 가족들이 나를 탐욕스럽고 정직하지 못한 부자가 되려고 노력한다고 여길까 봐 부끄러워서 몰래 읽으려고 했던 기억이 생생하다.

『부자 아빠 가난한 아빠』는 부족한 점이 많지만, 내게는 재테크 입문서였고 자산과 부채 같은 기본 개념을 이해하는 데 도움이 되었다. 이 책의 자산에 대한 정의는 단순하지만 아름답다. 자산은 일을 하든 안 하든 주머니에 돈이 들어오는 것이다.

시간이 지나면서 돈과 부에 대한 내 생각은 크게 바뀌었다. 나는 더 이상 부유층을 의심의 눈초리로 바라보지 않는다.

부와 돈에 대한 많은 교훈도 얻었다. 가장 중요한 교훈은 **부자들은 주로 노동보다는 자산에서 수입을 얻는다는 것**이었다. 자산은 가진 자와 못 가진 자를 구분하는 요소다.

부동산을 소유하고 있다면 임대 소득을 얻을 수 있다. 주식을 소유하고 있다면 배당금을 받을 수 있다.

자산을 소유하지 않은 경우 유일한 선택지는 노동으로 수익을 창출하는 것이다. 이 방법이 잘못된 것은 아니지만, 확장성이 없고 판매할 수 없으며 중단하면 수입도 끊긴다. 반면 자산은 노력하지 않아도 소득을 창출한다. 자산을 운영하거나 업그레이드하기 위해 노동과 결합하면 자산은 강력한 성공 전술이 되어 이러한 노동 투입을 크게 증폭한다.

마케팅 자산 구축

마케팅 자산도 매우 유사한 방식으로 작동한다. 마케팅 자산은 관심고객, 잠재고객, 실제고객을 생성하고 이를 비즈니스의 매출과 수익으로 전환하는 데 도움이 된다. 마케팅 자산은 마케팅 비용을 줄이고 더 크고 더 나은 결과를 얻을 수 있는 열쇠다.

린 마케팅의 다섯 번째 원칙
자산을 활용해 마케팅 활동의 수익률 높이기

마케팅 자산이 전혀 없거나 취약하다면 시간, 비용, 노동력으로 보완해야 한다. 전화 영업, 지속적인 잠재고객 발굴, 네트워킹 같은 노동 집약적인 '사냥' 활동에 의존해야 한다. 탄탄한 마케팅 자산을 바탕으로 농사를 짓는 것과 비슷하다. 심고, 물을 주고, 수확하면 된다.

사냥과 채집은 모두 균형 잡힌 마케팅 시스템에 중요하다. 그러나 사냥에만 의존하기는 어렵다. 사냥을 멈추면 흐름도 멈추기 때문이다.

새로운 비즈니스 창출이 어렵다는 건, 마케팅 자산이 제대로 작동하지 않는다는 신호다. 비슷하게 고객 확보 비용이 너무 비싸다면, 이 또한 마케팅 자산이 제대로 작동하지 않는다는 뜻이다.

유정을 개발하기 위해 조사하고, 허가받고 설계하고 건설하는 모든 과정이 힘들다. 그러나 일단 유정을 건설하고 나면, 잘 운영하면서 석유를 뽑아내고 수익만 올리면 된다.

자산은 마케팅에서 엄청난 힘을 발휘한다. 그러므로 새로운 마케팅 자산을 만들거나 기존 자산을 업그레이드하는 데 상당한 시간과 노력을 투자할 것을 권장한다. 흥미로운 점은 일단 자산이 구축되면 최소한의 노동력 투입으로 지속해서 흐름을 이끌고 수익을 창출할 수 있다는 것이다.

마케팅은 흔히 비용으로 생각하기 쉽지만, 마케팅 자산을 구축하면 마케팅을 자본 투자로 인식하게 될 것이다. 더 높은 수익률을 창출하려면 자산을 개선하는 데 투자해야 한다. 예를 들어, 유정의 생산 능력을 두 배로 늘리려면 두 배로 열심히 일해야 할까? 두 배로 똑똑해져야 할까? 운이 두 배로 좋아야 할까? 당연히 아니다. 필요한 개선을 위해 자본을 투자하면 된다. 엔지니어와 협력해 더 깊게 파거나 위치를 조정하거나 펌프를 업그레이드하는 등, 시스템을 변경하면 된다. 그런 다음 자본 투자의 이점을 누릴 수 있다.

마케팅 자산도 마찬가지로 업그레이드할 수 있다. 시간이 지남에 따라 개선하면 점점 더 높은 수익을 창출할 수 있다. 낭비를 없애고 효율성을 높이며 목표 시장을 위해 더 많은 가치를 창출할 수 있다. 결과적으로 마케팅 시스템에서 더 많은 잠재고객과 관심고객을 확보하고 궁극적으로 더 많은 고객을 확보할 수 있다.

브랜딩만큼 많은 혼란과 낭비를 초래하는 개념도 드물다. 하지만 강력한 브랜드를 구축하는 것은 비즈니스에서 할 수 있는 가장 강력하고 수익성 있는 일 중 하나다

이 장에서 다루는 주요 내용

- 일반 비즈니스 조언이 우리를 잘못된 길로 인도하는 이유, 진정한 비즈니스 성공을 이루는 법.
- 전문용어와 미사여구를 배제한 진정한 브랜드의 의미.
- 브랜드의 목적과 강력한 브랜드는 어디에서 오는가?
- 고객이 브랜드에 실제로 관심 갖는 것.
- 브랜드의 강점을 측정하는 방법.
- 제품 및 서비스에 프리미엄을 부과하는 방법.
- 판매가 브랜드를 구축하는 가장 좋은 방법인 이유

제7장

판매로 출발하는
당신의 브랜드

열정이라는 착각

지금부터 말할 내용은 여러분을 화나게 할 수도 있고 자유롭게 할 수도 있다.

내가 매일 하는 일의 대부분은 기업가를 갇힌 상태에서 벗어나게 하는 것이다. 그들이 스스로 자초한 면도 있지만 대부분 경우 컨설턴트, 유명인, 미친 사람들의 잘못된 조언으로 인한 결과였다.

모두가 "열정을 따르라"라고 말한다. 비전, 사명, 핵심 가치를 파악하라고 말이다. 거의 모든 비즈니스 및 자기계발 서적의 첫 몇 장은 이와 같은 내용이다. 이런 말도 안 되는 조언은 도움이 되기는커녕 많은 사람을 막막하게 만든다.

최근에 읽은 한 책은 "자기 자신이나 돈을 버는 것보다 더 큰 것을 좇아라"라고 말했다. 왜 그럴까? 왜 그냥 시장에 가치를 제공하고 그 일부를 차지하면 안 될까? 재미있게 일하고, 사람들을 돕고, 그 과정에서 돈을 많이 벌면 괜찮을까? 원대한 비전, 높은 사명, 하늘에서 뚝뚝 떨어지는 열정 없이 성공할 수는 없을까? 나는 그렇게 생각하는 사람이다.

조금만 과장해보자면, 나는 내가 하는 일에 열정적이다. 월요일이 기다려진다. 나는 고객을 사랑한다. 열렬한 팬들에게 메시지를 받으면 가슴이 벅차오른다. 기업가가 특별한 비즈니스를 구축하고 자신만의 방식으로 삶을 살아갈 수 있게 돕는 것을 좋아한다. 불빛이 없던 누군가에게 불을 켜주는 일은 정말 기분이 좋다.

이 모든 게 내가 하는 일에 대한 열정을 불러일으키지만, 재정적으로 어려움을 겪었다면 열정이 훨씬 줄어들었을 가능성이 크다. 사실 꽤 실망했을지도 모르겠다. 아마 나도 월요일이 싫었을 것이다. 고객과 함께 일하는 것도 그다지 신나지 않았을 것이다. 재정적 빈곤과 비교하자면, 재정적 성공은 열정을 불러일으킨다.

그래, 이해한다. 인생에서 가장 좋은 것은 모두 공짜라는 것, 나도 안다. 잘 안다. 나도 아름다운 석양, 강아지의 흔들리는 꼬리, 타닥거리는 모닥불의 따스함을 좋아한다. 하지만 돈으로도 멋진 것들을 살 수 있다. 또한 공짜를 더욱더 풍성하게 만들어주기도 한다.

가령 나의 해변 별장에서 바라보는 만 너머의 일몰 풍경은 이웃들이 서로 소리를 지르는 교외의 임대 주택에 살 때보다 더 달콤하다.

세계 최고 수준의 동물병원 치료 덕분에 반려견의 꼬리가 더 부드럽게 움직인다. 어린 시절 기르던 개가 차에 치였을 때, 우리에게 동물병원은 상상도 할 수 없는 사치였다. 어머니가 직접 나서서 재활치료를 해주셨던 기억이 난다.

그렇다면 열정과 성공 중 무엇이 먼저일까? 타고난 열정을 가지고 태어나는 사람도 있다는 사실을 부인할 수 없다. 그들은 자신의 일을 위해 이 땅에 태어났다는 것을 안다. 하지만 그들은 소수에 불과하다. 나머지 사람에게는 많은 것을 시도하고, 기회를 찾고, 호기심을 갖는 여정이 될 것이다. 나는 아직도 '어른이 되어' 무엇이 되고 싶은지 고민하고 있다. 여정의 일부는 막다른 골목이 될 수도 있고, 다른 여정은 약속의 땅으로 인도할 수도 있다.

나사를 제조해 수백만 달러를 버는 사람을 예로 들어보자. 어느 날 일어나서 "와, 나사를 향한 열정이 정말 엄청나. 세상을 바꾸는 나사를 만들기 위해 모든 것을 걸겠어"라고 생각했을까? 아마 아닐 것이다. 열정적인 산업용 청소부, 사무용품 도매업자, 해충 방제업자들은 모두 어디로 갔을까?

아마도 그들은 시장에서 기회를 발견하고, 기술이나 자본을 보유하고, 이를 잘 활용해 수익성 있는 비즈니스를 구축했을 가능성이 크다. 그리고 그 결과가 어떨까? 이제 그들은 그 일에 열정을 쏟고 있다. 이건 인과관계가 아닌 상관관계다.

대부분 열정은 성공의 전제 조건이 되기보다는 성공에 뒤따른다. 다시 말해, 열정은 수익과 마찬가지로 결과다. 여러분이 열정을 찾는 것은 아니다. 열정이 여러분을 찾는 것이다. 새로운 것을 시도하고, 호기심을 따르고, 자기 적성을 발견하면 열정이 발현되는 더 넓은 영역이 만들어진다.

"좋아하는 일을 하라"라는 말보다 기업가에게 더 효과적인 주문은 "자신이 하는 일을 사랑하라"다. 좋아하는 일을 하라는 말은 아마추어를 위한 말이다. 좋아하는 일을 사랑한다는 것은 전문가를 위한 것이다. 영국의 작가 윌리엄 서머싯 모음^{William Somerset Maugham}은 영감에 의해 글을 쓰는지 습관에 의해 글을 쓰는지 질문을 받은 적이 있다. 그는 "영감이 떠오를 때만 글을 쓴다. 다행히도 매일 아침 9시에 영감이 떠오른다"라고 대답했다. 이것이 바로 프로들이 하는 방식이다.

리처드 브랜슨^{Richard Branson}이나 스티브 잡스처럼, 성공의 비결은 열정을 따른다고 말했던 비즈니스 업계의 유명 인사들은 어떨까? 만약 스티브 잡스가 컴퓨터 하드웨어 회사가 아닌 주방용품 제조업체를 설립했다면, 그는 그 일에 열정을 쏟았을 것이고 우리는 세계에서 가장 아름다운 주방용품을 갖게 되었을 것이다. 아마도 매년 최신 모델로 프라이팬을 업그레이드했을지도 모른다.

리처드 브랜슨이 항공사에서 휴대전화에 이르기까지 수익을 창출하는 모든 것에 열정을 쏟는다는 것도 놀라운 우연의 일치라고 생각한다. 열정을 따르라고 말하는 대부분 억만장자는 부동산, 금융, 일반 상품 같은 지루한 일로 부를 쌓았다.

열정을 반대하지는 않는다. 열정이 있다면 더 큰 힘을 발휘할 수 있다. 다만 열정을 연료로 사용할 것이다. 열정에 확신이 없더라도 걱정하지 말자. 좋은 동료가 있으니까. 때때로 당신의 연료는 비열하고, 당신의 원동력은 두려움, 절망, 복수심일 수도 있다. 이런 것들도 똑같이 효과적이거나 더 효과적일 수 있다. 갖고 싶은 연료가 아닌 현재 가지고 있는 연료를 사용하자. 가고 싶은 곳에 먼저 도착하고 나머지는 그곳에 도착한 후 치료사와 함께 해결하자.

어떤 열정은 수익 창출이 불가능하다. 아름다운 숲속을 걷고 하이킹하는 데 열정적이지만, 그걸로 내가 돈을 벌 수 있는 건 아니다. (물론 어떤 사람들은 그게 내가 등산화 회사를 창업해야 하는 이유라고 말하기도 한다.)

이것은 '열정을 따르기'와 관련된 다음 문제로 이어진다. 열정을 중심으로 비즈니스를 구축하는 데 필요한 일의 약 99%는 실제로 열정을 쏟는 일과는 무관하다. 내가 등산화 회사를 창업한다면 대부분 시간을 하이킹이 아닌 디자인, 제조, 영업, 마케팅과 같은 일반적인 회사 구축에 투자해야 할 것이다.

대신 노력과 호기심, 기회를 따르라. 무언가에 시간을 투자하면 더 잘할 수 있다. 더 잘하게 되면 더 잘할 기회가 생긴다. 자신이 잘하는 일을 그만두는 사람은 거의 없다. 일단 잘하게 되면 그 일에 대한 열정이 얼마나 커지는지, 놀라울 정도로 말이다.

사이먼의 말을 무시하라

"열정을 따르라"는 말은 유명한 TED 강연이자 책이 된 사이먼 사이넥Simon Sinek의 한 줄짜리 명언 "이유에서 시작하라"에서 비롯되었다. 이제 이 말은 경영 컨설팅의 백일몽이 되었다. 끝없는 회의와 기업 세미나의 주제이기도 하다. 장점이라면, 세미나가 끝났을 때 마음속에 무언가 꿈틀거리는 감정이 피어오른다는 것이다. 결국 '이유'를 찾는 게 틀린 건 아니니 말이다.

TED 강연에서 사이먼은 "사람들은 당신이 하는 일을 구매하는 것이 아니라, 당신이 하는 이유를 구매합니다"라고 힘주어 말한다. 하루의 외유만으로 조직은 금방 시선을 돌려 '이유'를 바꿔버린다. 매혹적인 유혹이 아닐 수 없다. 무엇을, 누구에게 판매할까? 고민하는 것보다 판매의 이유를 바꿔버리는 게 훨씬 쉽기 때문이다.

"이유에서 시작하라"를 따른 사례를 보면 의도가 없었다고 해도, 내게는 전략이라기보다 수정주의*에 빠져 있던 지난 역사를 떠올리게 한다. 규범이라기보다 변명에 가깝다. 실리콘밸리의 모든 기술 스타트업은 "세상을 더 나은 곳으로 만드는 것"이라는 사명이 있다는 농담이 유행처럼 번지는 게 이상하지 않다.

사이먼 사이넥은 '이유'를 찾는 것을 유행으로 만들었지만, 나는

---

* 이미 정설로 굳어진 역사적 사실에 이의를 제기해 그런 사실이 존재하지 않았다고 부정하거나, 기존 통설에 수정을 가하려는 것.

그것이 득보다 실이 더 많다고 생각한다. 초기 성공은 절박함에서 비롯된 집중의 결과인 경우가 많다. 비즈니스가 성장하고 절박함이 없어지면 집중력을 유지하는 게 힘들어진다. 많은 훌륭한 비즈니스가 만족스러운 수준의 성공에 도달한 후 정치 또는 관료주의로 인해 산만해져서 정체되는 것을 목격하기도 했다.

사이먼의 의견에 무조건 반대하는 건 아니다. 오히려 그를 좋아한다. 그는 매우 똑똑한 사람이고 연설도 훌륭하다. 또한 여러분이 비즈니스에서 하는 일에 대해 더 높은 목적을 갖는 데 반대하는 것도 아니다. 여러분과 여러분의 팀을 이끄는 놀라운 '이유'가 있다면 꼭 그것을 사용하라. 하지만 "왜 이 일을 하는가?"라는 이유에 파묻히면 여러분의 물건을 사는 사람은 어머니와 가장 친한 친구뿐이라는 사실을 기억하자. 나머지 사람들은 여러분의 비즈니스와 그 상품을 구매하므로.

하지만 내가 가장 짜증 나는 건 바로 기업가에 환상을 심는 사람들이다. 기업가라면 이런 일을 해야 한다는 환상이 있다.

- 일자리 창출
- 부 창출
- 경제 발전에 기여
- 자신과 가족을 위한 좋은 삶 개척
- 세금 납부

- 많은 가치를 창출하고 그중 일부만 취하기
- 자선 단체에 기부하기
- 투자자를 위한 수익 창출
- 고객 육성
- 직원 격려하고 돌보기

실제로 비즈니스를 운영해본 적이 없는 어떤 멍청한 컨설턴트가 나타나 이 모든 게 충분하지 않다고 말하며, '브랜드 목적'에 맞는 '이유'를 생각해내야 한다고 조언한다. 고귀해 보일 수 있는 이유 말이다. 이 목록에 있는 것들보다 더 고귀한 것이 있을까? 이것보다 더 큰 '이유'가 정말 필요할까?

우리는 타인의 '이유'를 무시하는 것은 정말 해서는 안 될 무례라고 여긴다. 그렇다면 고귀한 목적을 어떻게 논의할 수 있을까? 분명히 말하는데, 비즈니스의 가장 고귀한 목적은 수익을 창출하는 것이다.

사회적 기업이나 자선 단체라면 '이유'로 시작하는 것이 합리적일 수 있다. 그러나 영리 기업이라면 '이유'가 아니라 '판매'가 먼저다.

브랜드란 무엇인가?

마케팅에서 이른바 브랜드 구축만큼 많은 낭비를 초래하는 것은 없다.

이는 당연히 비즈니스의 핵심 가치에 대한 워크숍에서 시작된다. 정직, 근면, 품질, 책임감, 소통 같은 진부한 표현이 나올 것이다. 이 중 어떤 것도 나쁘다는 것은 아니다. 너무도 당연하고 기본적인 기대치일 뿐이다. 하지만 이런 것을 나열하는 게, 마치 놀라운 발견인 양 취급받는다.

시간이 지날수록 '시너지', '핵심 역량', '패러다임 전환' 등 더 이상한 단어들이 난무한다.

나는 한때 이 사람들이 도대체 무슨 말을 하는지 이해하지 못하는 이유가 그들은 똑똑하고 나는 멍청하기 때문이라고 생각했다.

노벨 물리학상을 받은 물리학자 리처드 파인먼의 연구를 접하면서 생각이 바뀌었다. 파인먼의 천재성은 복잡한 아이디어를 간단하고 우아한 방식으로 전달하는 능력이었다. 파인먼 법칙은 "누군가 복잡한 전문용어를 많이 사용해서 무언가를 설명하면, 듣는 이는 이해하지 못할 가능성이 크다"는 말이다.

그래서 파인먼에게서 영감을 얻은 브랜드에 대한 나의 정의를 소개한다. **브랜드는 비즈니스의 개성이다.**

개인의 개성을 구성하는 다양한 요소가 있듯이, 브랜드도 다양한 요소로 구성된다. 이름, 옷차림, 커뮤니케이션 방식은 개성을 구성하는 요소 중 일부이지만, 브랜드는 그 이상이다.

브랜드를 구축한다고 주장하는 대부분 사람은 색상, 글꼴, 로고에 집착한다. 브랜드가 비즈니스의 개성이라고 한다면 이러한 시각적

디자인 요소는 사람의 옷차림에 비유할 수 있다. 이러한 요소들이 중요하지 않은 것은 아니지만, 브랜드의 전체 성격이나 브랜드와 친밀한 관계를 구축하는 주된 이유는 아니다.

마야 안젤루^{Maya Angelou}는 "사람들은 당신이 한 말은 잊고, 당신이 한 행동은 잊겠지만, 당신이 그들에게 어떤 느낌을 주었는지는 결코 잊지 못할 것이다"라는 유명한 말을 남겼다.

누군가가 나를 어떻게 느끼게 하는지는 그 사람과 관계에서 핵심적인 요소다. 많은 브랜드 마케터들은 이를 인지하고 디자인, 광고, 이미지를 통해 이러한 감정을 불러일으키려고 노력한다. 하지만 이는 어렵고 비용이 많이 들며 효과가 제한적인 경우가 많다. 마치 장거리 연애에서 사랑의 관계를 만들고 유지하려고 노력하는 것과 같다.

나이키, 애플, 코카콜라 같은 유명 브랜드를 보면 화려한 광고, 대형 광고판, 값비싼 스폰서십이 성공의 비결이라고 생각할 수 있다. 하지만 이 모든 것은 판매 성공의 결과이지 원인이 아니다.

린 마케팅의 여섯 번째 원칙
판매는 브랜드를 구축하는 가장 좋은 방법이다

나이키는 창립자 필 나이트^{Phil Knight}가 자동차 트렁크에 운동화 싣고 육상 대회와 지역 스포츠 행사를 돌며 물건을 팔았던 일에서 시작되었다.

코카콜라는 존 S. 펨버턴$^{John S. Pemberton}$ 박사가 약국의 소다 분수기에서 시럽을 판매하던 데서 시작되었다.

애플은 스티브 잡스와 스티브 워즈니악이 컴퓨터 클럽과 전자제품 판매장에서 취미와 열정을 가진 사람들에게 싱글 보드 컴퓨터를 판매하면서 시작되었다.

비즈니스의 개성을 경험하는 데 실제로 함께 일하는 것보다 더 좋은 방법이 있을까? 말하지 말고 보여주어야 한다. 이것이 바로 비즈니스를 판매로 시작하는 이유다.

브랜드의 목적

나는 회계사를 사랑한다. 그들의 세계를 완전히 이해하지는 못하지만, 컴퓨터광으로서 그들에게 동질감을 느낀다. 그들에게 질문하면 곧바로 답을 얻는다. 보통 내가 가장 좋아하는 직설적인 대답인 숫자를 알려준다.

가장 널리 통용되는 두 가지 회계 기준인 GAAP(일반회계기준)와 IFRS(국제회계기준)에 따르면, 여러분이 만든 브랜드의 가치는 대차대조표에서 인정받을 수 없다. 브랜드는 '무형자산'으로, 회계학적으로 말하면 '머릿속에 있는 모든 것'이기 때문이다. 회계 담당자의 말처럼 이는 매우 정확한 표현이다. 브랜드는 표적시장의 머릿속에 존재한다.

브랜드를 사고파는 상황이라면 조금 달라진다. 브랜드와 돈이 교환되면 회계사는 흥분해 대차대조표에 '영업권'*이라는 항목을 추가한다.

영업권은 쉽게 계량화할 수 있는 자산의 가치를 초과해 지급한 금액을 의미한다. 예를 들어 어떤 회사를 1,000만 달러에 인수했다고 가정해보자. 그런데 인수 시점에 회사는 300만 달러의 재고와 500만 달러의 시설과 장비가 있었다. 그렇다면 차액인 200만 달러가 '영업권'의 몫이었다는 뜻이다. 그리고 영업권의 상당 부분은 브랜드의 가치다.

브랜딩을 생각할 때 영업권은 훌륭한 단어다. 유형적인 것 이상으로 창출되는 추가적인 가치를 나타낸다.

따라서 누군가 '브랜드 목적'에 대해 이야기하는 것을 들으면 정중하게 자리를 피하자. 그들이 말하려는 나머지 내용은 대개 완전히 말도 안 되는 이야기일 테니까.

브랜드의 목적은 단 하나, 여러분이 하는 일의 본질적 가치 이상의 프리미엄을 청구할 수 있게 하는 것이다. 회계사 친구들의 표현을 빌리자면, 고객이 기꺼이 지급할 의사가 있는 영업권이라고 할 수 있다. 고객이 프리미엄을 지급하지 않는다면 브랜드는 존재하지 않는다.

---

*어떤 회사의 수익력에 유리한 요소로 작용하는 명성·사업 관계·개성·장소·우수한 경영·좋은 노사관계·능률 등의 무형 자산.

브랜드는 어디에서 오는가?

"브랜드는 어디에서 오는가?"라는 질문은 "아기는 어디에서 왔어요?"라는 질문과 같다. 그다음에는 보통 어색한 침묵과 완곡한 표현이 뒤따른다. 이 책은 그러고 싶지 않다. 기왕 여기까지 읽었다면 조금은 직설적으로 이야기해도 괜찮을 것이다.

고객과 기업이 서로를 매우 사랑할 때 브랜드가 만들어진다. 브랜드는 회사가 하는 일과 상품 가치에, 더 높은 영업권을 청구할 수 있는 훌륭한 개념이다. 브랜드는 고객, 직원, 주주 모두를 행복하게 하고, 모두가 행복하게 살 수 있게 한다.

아, 순수한 척은 넣어두자. 이게 현실이다.

사랑하는 친구나 가족을 생각해보자. 낯선 사람보다는 그들을 돕기 위해 더 큰 비용과 노력을 기울이지 않겠는가? 낯선 사람에게 친절하게 대하는 것도 중요하지만, 사랑하는 친구나 가족은 여러분과 이미 많은 호감을 쌓아왔기 때문에 여러분의 시간, 자원, 관심을 훨씬 더 많이 받을 가능성이 크다.

마찬가지로, 표적시장과 정기적으로 호감을 쌓으면 강력한 브랜드를 구축할 수 있다. 다른 모든 조건이 같다면 사람들은 자신이 알고, 좋아하고, 신뢰하는 사람에게서 구매하는 것을 선호한다.

일반적인 마케터들은 끊임없는 과대광고, 사기, 압박으로 브랜드 가치를 떨어뜨리는 경우가 많다. 이를 보완할 유일한 방법은 가격을 할인하는 것이다.

이와는 대조적으로 린 마케터는 호감과 브랜드 자산을 창출한다. 이를 위해 세계 최고 수준의 고객 경험을 제공하고, 강력한 지적 재산을 구축하며, 마케팅이 유용하고 재미있으며 가치 있는 것이 되어야 한다.

다음 장에서 이러한 목표를 달성하는 구체적인 방법에 대해 자세히 살펴본다.

제7장 실행 과제

- 고객의 관점에서 바라본 비즈니스의 성격은 무엇인가? 전체 고객 여정을 검토하고 심지어는 직접 비즈니스에서 구매해 고객이 어떤 경험을 하는지 직접 체험해보자.
- 모든 마케팅 자료를 검토해 고객이 원하는 느낌과 일치하고 일관성이 있는지 확인하자.
- 비즈니스가 잠재고객 및 고객과 더 많은 호감을 형성하는 방법을 고려하자.

신뢰, 호감도, 브랜드 자산을 구축하는 것은 중요한 마케팅 과제다. 주력 마케팅 자산은 이를 달성하는 동시에 잠재고객에게 많은 가치를 창출하는 데 도움이 될 수 있다.

이 장에서 다루는 주요 내용

- 신뢰를 구축하고, 관심고객을 생성하고, 영업 활동을 지원하고, 추천을 유도하는 데 도움이 되는 마케팅 자산을 만드는 방법.
- 성공적인 주력 자산의 예.
- 이상적인 잠재고객에게 실제로 도움을 줄 수 있다는 것을 강력하게 보여주는 방법.
- 보이지 않는 잠재고객을 구매 주기의 정확한 타이밍에 눈에 보이는 잠재고객으로 전환하는 '트립 와이어'를 만드는 방법.
- 주력 마케팅 자산에서 흔히 저지르는 실수와 이를 방지하는 방법

제8장

당신의

주력 자산

결과 미리 보기

많은 마케팅은 잠재고객이 제품이나 서비스를 구매한 후 얼마나 멋진 삶을 살 수 있을지를 약속하는 데 초점을 맞추었다. 하지만 문제는 모두 같은 주장을 하는 통에 다른 사람과 차별화하기가 어렵다는 데 있다. 더욱이 잠재고객이 여러 번 배신당한 경험이 있어 여러분의 말을 믿지 않는다는 것도 문제다. 여러분의 주력 자산은 말하기보다는 보여줌으로써 이를 극복해야 한다.

고객이 된 후에 도움을 주겠다고 약속하는 대신, 주력 자산은 실제로 표적시장이 구매하기 전에 결과를 얻을 수 있게 도와준다. 이는 고객에게 많은 가치를 창출하며, 이를 잘 수행하면 표적시장에서 유명해질 수 있다.

주력 자산은 영업 프로세스 지원, 추천 유도, 관심고객 생성 등 다양한 방식으로 활용될 수 있다. 신뢰, 호감, 브랜드 자산을 창출하고 이를 수익으로 전환할 수 있는 강력한 방법이다.

가장 일반적으로 주력 자산은 콘텐츠이지만 항상 그런 것은 아니다. 몇 가지 예시를 다음에서 살펴보자. 주력 자산은 고객을 유치하는 데 사용할 수 있지만 일반적으로 '리드 마그넷'*이라고 부르는 것과는 다르다.

리드 마그넷은 잠재고객의 연락처 정보나 원하는 행동에 대한 대가로 제공하는 가치 있는 콘텐츠 또는 인센티브를 통틀어 일컫는다. 리드 마그넷은 훨씬 더 구체적이다. 10개의 서로 다른 광고 캠페인을 운영하는 경우, 광고 카피와 연관성이 높은 10개의 리드 마그넷을 사용할 수 있다.

주력 자산은 더 광범위하다. 관심고객 생성에 사용할 것이라면 더 많은 리드 마그넷이 뒤따라야 한다.

일반적으로 주력 자산은 무료지만 반드시 무료일 필요는 없다. 저렴한 비용으로 여러분의 업계와 여러분이 하는 일을 엿볼 수 있는 입문용 자료가 될 수 있다. 주력 자산의 목표는 단순한 고객 생성 외에도 다음과 같은 것들을 추구할 수 있다.

- 이상적인 관심고객에게 실제로 도움이 될 수 있음을 증명하기.
- 독창성을 강조하고, 과장하고, 구체화하기.

---

* 고객을 유치하기 위해 무료로 제공하는 물품이나 서비스.

- 보이지 않는 잠재고객을 눈에 보이는 잠재고객으로 전환하기.
- 구매 여부와 관계없이 신뢰, 호감, 브랜드 자산을 구축하기.

주력 자산은 잠재고객이 현재 겪고 있는 고통과 여러분이 제공하는 고통 완화 사이의 강력한 디딤돌이 될 수 있다.

주력 자산은 '큰 아이디어'를 중심으로 한다. 여기서 큰 아이디어란 반드시 거창한 것만 의미하지는 않는다. 이상적인 표적시장에 주의를 기울이고 '나도 저걸 원한다'라고 생각하게 만든다는 뜻이다. 이는 비즈니스에 따라 다르지만 일반적으로 콘텐츠, 경험 또는 도구가 될 수 있다.

주력 콘텐츠

1900년 미쉐린 타이어^{Michelin tire} 회사의 창립자인 미쉐린 형제 앙드레^{André}와 에두아르^{Édouard}가 고급 레스토랑에 별을 부여하는 미쉐린 가이드를 출간했다. 별 1점은 '해당 카테고리에서 매우 훌륭한 레스토랑', 별 2점은 '그 음식을 먹기 위해 우회할 가치가 있는 훌륭한 요리', 별 3점은 "특별한 여행을 할 가치가 있는 뛰어난 요리"를 의미한다.

1900년대의 타이어 회사라면 빠르게 증가하는 운전자 시장을 공략하고 고객이 더 많이 운전하게 유도해야 했다. 어느 때보다 더 빠르고 더 멀리 이동할 수 있는 새로운 교통수단의 소유자라면, 가볼 만한 곳을 소개하는 가이드가 큰 도움이 된다. 서로 윈윈이다. 미쉐린 가이드가 바로 주력 콘텐츠의 전형적인 예다.

고유한 프로세스, 프레임워크 또는 방법론에 이름을 부여하고 주장하는 것은 주력 콘텐츠를 만들기 위한 확실한 출발점이 될 수 있다. 여러분이 하는 일이 독특하지 않더라도 동일한 콘텐츠의 홍수 속에서 잠재고객에게 차별화할 수 있는 무언가를 제공할 수 있다.

서비스 기반 비즈니스의 경우, 주력 콘텐츠는 종종 우리 상품의 DIY용 버전이거나 표적고객의 문제를 해결하는 데 도움이 되는 도구다.

노하우를 공개한다고 하면 "내 비밀을 알려주면 누가 내 서비스를 구매하겠느냐?"와 같은 일반적인 반대에 부딪힌다. 그러나 DIY나 도구 형태로 지식, 아이디어 또는 전문지식을 제공한다고 해서 서비스 수익이 실제로 줄어든 사례를 단 한 번도 본 적이 없다. 오히려 정반대의 결과가 대부분이다.

노래는 더 많이 재생될수록 더 많은 인기를 얻는다. 인기가 높아지면 판매 및 스트리밍 수익이 발생하고, 더 많은 사람이 공연자의 라이브 공연을 보고 싶어 한다. 여러분의 비즈니스도 최고의 콘텐츠를 아낌없이 공유할 때 관심과 수익이 증가한다. 기존의 통념은 최고는 마지막을 위해 남겨두라고 말한다. 하지만 기존의 통념은 기존의 결과를 초래한다. 최고를 먼저 풀어 엄청난 가치를 창출해보자.

서비스 기반 비즈니스의 일반적인 불만은 잠재고객이 서비스를 제공하는 데 필요한 기술과 전문성을 과소평가한다는 점이다. 때로는 너무 잘나서 자신이 하는 일을 쉽게 보이게 만들기도 한다. 사람들은 자신이 인정하는 가치에 대해서만 비용을 지급한다. DIY 버전을 제공하는 것은 잠재고객이 원하는 결과를 얻기 위해 실제로 무엇이 필요한지 보여줄 좋은 방법이다. 또한 호감을 형성하고 신뢰를 구축하며 유료고객이 될 경우 얻을 수 있는 엄청난 가치에 대한 상상력을 자극할 수 있다.

표적시장의 진정한 잠재고객은 거의 항상 돈을 지급하고 함께하는 것을 선호한다. 콘서트 관람객은 집에서 같은 노래를 무료로 들을 때와 콘서트에 참석할 때 매우 다른 경험을 위해 돈을 지급한다. 마찬가지로, 자신의 전문 분야가 아닌 영역에서 DIY 프로세스를 통해 어려움을 겪는 것은 원하는 결과를 안전하게 안내해주는 전문가와 함께 일하는 것과는 매우 다른 경험이다.

사고의 리더로 자리매김하고 싶다면 비문학 서적이야말로 최고의 콘텐츠다. 나는 이를 명함의 핵무기라고 생각한다. 책을 쓰는 일은 어렵지만 많은 문을 열 수 있다. 누군가 내 책 전체를 읽지 않거나 일부만 읽더라도 강력한 포지셔닝 도구가 될 수 있다. 연설이나 인터뷰에 초대되는 등, 다른 방법으로는 얻을 수 없었을 기회를 얻을 수 있다. 내가 책을 좋아하는 또 다른 이유가 있다. 사람들은 책을 버리는 데 죄책감을 느껴 몇 년 동안 버리지 못한다. 우리는 어릴 때부터 책,

더 나아가 저자를 존중하도록 교육받았다.

어떤 종류의 도구를 판매하는 경우 사용 방법 가이드가 효과적일 수 있다. 예를 들어, 최근 마케팅 담당자에게 설문조사 소프트웨어를 판매하는 한 회사에서 "사용자 설문조사를 위한 마케팅 담당자용 지침서"를 제공하는 것을 보았다. 헬프데스크 소프트웨어를 판매하는 또 다른 소프트웨어 회사는 고객 지원의 모범 사례에 대한 포괄적인 가이드를 제공했다.

상이나 순위표도 또 다른 스타일의 주력 콘텐츠다. 미쉐린 가이드가 그 예다. 다른 예로는 '포브스가 선정한 영향력 있는 30세 이하 30인'이나 '빌보드 핫100', 'Inc. 5000' 등이 있다.

백서, 사례 연구, 해설이 포함된 연구 보고서는 B2B 시장에서 강력한 영향력을 발휘할 수 있다. 예를 들어, 세계 최대 규모의 웹사이트를 운영하는 콘텐츠 전송 네트워크 및 사이버 보안 회사인 '아카마이 테크놀로지Akamai Technologies'는 「인터넷 현황State of the Internet」 보고서를 정기적으로 발표한다. 이 보고서는 잠재고객과 고객에게 유용할 뿐만 아니라, 많은 업계 언론의 주목을 받기도 한다. 여러 국가의 인터넷 속도 순위를 매기는 기사를 본 적이 있다면, 아카마이 사의 보고서가 출처인 경우가 많다.

잘 짜인 데이터 보고서는 가격이나 기타 데이터가 불투명하거나 찾기 어렵거나 해석하기 어려운 업종에 적합할 수 있다. 예를 들어, 일부 부동산 중개인은 지난 90일 동안 해당 지역의 주택 판매 가격을 자세히 설명하는 보고서를 제공한다. 이는 예산 범위 내에 어떤 부동산이 있는지 알고 싶어 하는 예비 구매자에게 유용하다. 또한 매도를 고려 중이거나 자신의 부동산 가치가 어느 정도인지 알고 싶은 사람에게도 유용하다. 흔히 랩 리스트^{Rap List}라고 불리는 '라파포트 가격 목록^{The Rapaport Price List}'은 다이아몬드 업계에 필수 목록으로, 다이아몬드 가격책정의 기준을 제공하며 글로벌 시장에서 표준을 확립하는 데 도움을 준다.

하는 일에 따라 다양한 유형의 주력 콘텐츠가 다양한 사람에게 적합할 수 있다. 주기적으로 업데이트해야 하거나 관심 있는 사람들이 계속 찾아보고 주의를 기울일 수 있는 콘텐츠가 가장 이상적이다.

간혹 주력 콘텐츠와 지속적인 콘텐츠 마케팅 프로세스 사이의 경계가 모호한 경우가 있다. 예를 들어, 팟캐스트나 유튜브 채널은 콘텐츠 마케팅 활동의 중요한 부분이다. 이러한 콘텐츠는 표적시장에서 명성을 얻고, 잠재고객에게 많은 가치를 제공하며, 주력 콘텐츠가 하는 많은 일을 달성할 수 있다. (콘텐츠 마케팅에 대해서는 13장에서 더 자세히 알아보자.)

주력 경험

주력 경험은 잠재고객에게 맛보게 하고, 수요를 촉진하며, 과장된 방식으로 개성과 독특함을 공유할 수 있다. 예를 들어, '레드불^{Red Bull}'

은 극한의 즐거움과 영감을 주는 다양한 익스트림 스포츠를 운영하거나 후원한다. 주력 경험은 콘텐츠 마케팅 활동의 원동력이 될 수도 있다.

시그니처 기조연설은 대표 콘텐츠와 대표 경험을 결합한 것이다. 예를 들어, 아널드 슈워제네거Arnold Schwarzenegger, 데이비드 고긴스David Goggins, 브레네 브라운Brené Brown, 토니 로빈스Tony Robbins 는 수십 년간 비슷한 메시지와 기조연설을 해왔다. 히트곡처럼 연결되는 공식이 있으면, 이를 반복해서 전달하고 다양한 방식과 형식으로 배포할 수 있다. 메이시스 백화점의 '추수감사절 퍼레이드', '테크크런치 디스럽트*', '빅토리아 시크릿 패션쇼'는 모두 호감도를 높이고 수요를 창출하며 브랜드의 가치와 개성을 보여주는 데 사용되는 주력 경험의 예시다.

주력 경험에 대해 한 가지 주의할 점이 있다. 많은 비즈니스에서 주력 경험은 고급전략이어야 한다. 투자수익과 관련 없는 값비싼 '브랜드 구축' 활동으로 변질되어선 안 된다.

이전 장에서 다룬 것처럼 진정한 브랜드 구축은 판매에서 비롯된다. 레드불 같은 기업을 능가하기 전에 핵심적인 기본을 먼저 갖추어야 한다.

대부분 소규모 비즈니스가 초기에 자원을 더 잘 활용할 수 있는 방법은 시음, 체험 또는 샘플을 제공하는 것이다. 우리는 모두 쇼핑

---

* 북미 최대 IT 온라인 매체 '테크크런치'의 창업 행사.

몰에서 맛있는 무료 샘플을 제공한 덕분에 평소라면 구매하지 않았을 제품을 구매했던 경험이 있을 것이다. 이는 종종 체험하면서도 이익을 얻을 수 있는 훨씬 더 직접적인 경로이기도 하다.

일부 자동차 제조업체와 대리점에서는 현재 고객과 잠재고객이 해당 브랜드의 내 다양한 모델을 체험할 수 있는 '시승 데이'를 운영한다.

모든 마케팅 활동과 마찬가지로 테스트하고 측정하자. 그런 다음 이익은 두 배로 늘리고 방해 요소는 절반으로 줄이자.

주력 도구

미국의 건축가 리처드 버크민스터 풀러Richard Buckminster Fuller는 "사람들에게 새로운 사고방식을 가르치고 싶다면 굳이 애써서 가르치려 하지는 마라. 그 대신 새로운 사고방식을 이끌어낼 수 있는 도구를 제공하라"라고 했다. 주력 도구는 잠재고객의 사고를 유도하는 강력한 도구여야 한다.

잠재고객은 이러한 도구를 사용해 현재 자신의 위치를 평가하고 더 나은 상황으로 나아갈 수 있는 길을 찾을 수 있다. 예를 들어 유행 중인 '5가지 사랑의 언어 테스트Love Language Quiz'를 통해 자신의 주된 사랑의 언어가 무엇인지, 그리고 이것이 연애 생활에 어떤 의미가 있는지 알아볼 수 있다.

또한 누군가에게 점수를 매길 때마다 자연스럽게 점수를 개선하려는 본능을 자극하는 스코어 카드도 훌륭한 주력 도구이며, 종종 제품이나 서비스를 개선하는 데 도움을 받을 수 있다. 잠재고객 데이터를 수집하는 것은 버그가 아니라 기능이기 때문에, 나는 퀴즈와 스코어 카드를 주력 도구로 좋아한다.

'구글 애널리틱스Google Analytics'는 웹사이트 사용자가 무료로 쓸 수 있는 마케팅 도구다. 이 도구는 두 가지 측면에서 구글에게 유용하다. 첫째, 수십억 개의 웹사이트에 대한 방대한 양의 데이터와 인사이트를 얻을 수 있다. 둘째, 웹사이트 트래픽을 측정하는 사람은 방문자 수를 늘리고 싶어 할 가능성이 크므로, 유료 디지털 광고를 판매하기에 완벽한 표적이다. 문제를 발견하고 이를 해결할 수 있는 솔루션을 제공하는 선순환 구조를 갖고 있다.

수년 동안 허브스팟은 사이트를 분석한 다음 사이트 개선에 유용한 제안을 제공하는 무료 웹사이트 그레이더 도구를 제공해왔다. 인바운드 마케팅 성과를 개선하고자 하는 사람들은 허브스팟의 CRM 플랫폼과 소프트웨어 도구에 이상적인 표적시장이다. 허브스팟의 공동 창립자인 다르메쉬 샤는 웹사이트 그레이더가 초창기부터 가장 효과적인 고객 생성 도구 중 하나였다고 자주 강조했다.

다양한 그래픽 디자인 및 이미지 편집 앱에서 색상 팔레트 생성기와 같은 무료 독립형 도구를 제공한다. 많은 웹사이트 제작 플랫폼이 무료 로고 제작기를 제공한다. 다시 말하지만, 색상 팔레트나 로고 제작에 관심이 있는 사람들은 그래픽 디자인 및 웹사이트 빌더 소프트웨어에 대한 자연스러운 잠재고객이다.

이러한 대표 도구는 독립적으로 사용해도 정말 유용하지만, 잠재고객을 구매 주기의 다음 단계로 자연스럽게 이동시키기도 한다. 무료 도구의 사용자 대부분이 유료고객이 되지는 않겠지만, 많은 사람이 유료고객이 될 것이다.

『1페이지 마케팅 플랜』의 가장 큰 매력은 캔버스다. 캔버스는 이해하기 쉽고, 공유하기 쉽고, 업데이트하기 쉬운 마케팅 계획을 단 20분 만에 만들 수 있는 도구다. 같은 정보를 담았다고 해도 캔버스가 없었다면 이 책의 성공이나 영향력은 그다지 크지 않았을 것이다. 도구는 우리의 사고방식을 안내한다.

보이지 않는 잠재고객을 눈에 보이게 하기

일부 잠재고객은 잘 드러나 쉽게 목록을 얻을 수 있다. 예를 들어 누구나 마음만 먹으면 텍사스주의 모든 상해전문 변호사 목록을 얻을 수 있다. 그러나 다른 많은 유형의 잠재고객은 보이지 않으므로 자신을 식별할 수 있어야 한다. 주력 자산은 '트립 와이어'*처럼 보이지 않는 잠재고객을 드러내 눈에 보이는 잠재고객으로 전환하는 역할을 한다.

---

* 폭발물과 연결되어 건드리면 자동으로 폭발하는 가느다란 철선.

예를 들어, 인터넷에 있는 수십억 명의 사람 중에서 연속 혈당 모니터링 장치가 필요한 당뇨병 환자를 어떻게 찾을 수 있을까? 그들은 눈에 보이지 않는 잠재고객이다. 하지만 '연속 혈당 모니터링에 대한 당뇨병 환자 지침서'라는 제목의 대표 자료를 다운로드하는 사람은 찾을 수 있다. 연속 혈당 모니터링에 관심이 있는 당뇨병 환자일 가능성이 크다. '연속 혈당 모니터링에 대한 당뇨병 환자 지침서'를 다운로드한 사람이 연속 혈당 모니터링에 관심이 없는 당뇨병 환자라면 그 사람의 정신 상태를 의심해야 하지 않을까.

방금 본 예시가 보이지 않는 잠재고객을 발견하는 매우 효율적인 방법이다. 중요한 것은 구매 주기의 완벽한 타이밍에 잠재고객을 발견할 수 있는 조기 경고 메커니즘이라는 점이다.

일회성 또는 빈번하지 않은 구매의 경우 타이밍은 매우 중요한 요소다. 독특한 여행지 결혼식 아이디어에 대한 가이드를 요청하는 사람은 결혼식 계획 단계에 있을 가능성이 크다.

큰 아이디어의 힘

앞서 제시한 주력 자산의 예시는 대부분 특정 시장의 세그먼트를 유혹해 '나도 저걸 갖고 싶다'라고 생각하게 하는 '큰 아이디어' 중심이다. 예를 들어, 집의 가치를 알아보는 것, 좋아하는 사랑의 언어를 알아내는 것, 좋아하는 자동차 모델을 타고 트랙을 질주하는 것 등이 여기에 해당한다.

주력 자산(및 리드 마그넷)을 망치는 길이 있다. 기업가가 자신을 자랑하기 위해 사용하거나 쓸모없는 예고편으로 만드는 경우다. 주력 콘텐츠는 가치 있고 중립적인 느낌을 주며 호감을 형성해야 한다. 대중이 여러분이 멋지다고 결론을 내리는 게, 내 입으로 그렇다고 주장하는 것보다 훨씬 더 강력한 힘을 발휘한다.

또 다른 일반적인 실수는 잠재고객에게 많은 정보를 제공하도록 강요하거나, 주요 자산을 제공하기 전에 영업팀과 연락하도록 강요하는 것이다. CRM 시스템에서 잠재고객의 세부 정보를 확보하는 것도 중요하지만, 신뢰도가 낮은 초기에는 최소한의 실행 가능한 데이터만 집중하자. 주력 자산이 수익을 창출하기를 바라지만, 사고방식의 관점에서는 공공 서비스처럼 취급해야 한다.

누군가의 주력 콘텐츠나 도구에 관심이 생겨서 (내가 먼저) 찾아갔는데, 반대로 연락처 정보를 엄청나게 요구받은 경험이 있다. 대부분은 영업 담당자와 꼭 통화하고 싶다는 확신이 들지 않는 한 보통 옵트인을 포기한다. 구매할 준비가 되지 않았는데 영업사원의 전화가 쏟아지는 것을 원하는 사람은 아무도 없다.

흔히 우리는 우리가 하는 일에 대해 흥분할 때 이상적인 표적시장에 대해 A 지점에서 생각한 다음 B 지점에서 제품이나 서비스를 사용해 바로 그 시장으로 이동한다. 그러나 끝은 B가 아니라 Z 지점으로 생각하는 것이 더 정확하다. 잠재고객의 문제 인식과 구매 사이에는 많은 단계가 있으며, 특히 고려 기준이 높은 구매의 경우 지점은 늘어난다. 여러분의 임무는 궁극적으로 Z 지점에 도달할 때까지 인내심을 가지고 관심고객을 B 지점, C 지점으로 이동시키는 것이다.

강력한 주력 자산을 만들려면 업스트림*에서 생각하는 것이 필수적이다. 잠재고객이 문제를 인식한 후 문제를 해결하는 과정에서 무엇이 도움이 될까? 좋은 주력 자산은 잠재고객의 문제 인식 수준을 높이는 것이며, 중요한 것은 그 과정에서 실제로 고객에게 도움이 된다는 점이다.

예를 들어, 의료 업계에서 영업사원을 모집하는 경우 최종 목표는 지원자가 채용 계약에 서명하는 것이다. 해당 업계의 영업사원에게 현재 보상 데이터를 제공한다면, 영업사원에게 진정으로 도움이 될 것이다. 이 콘텐츠를 요청하는 사람은 자신이 가능성이 큰 잠재고객임을 스스로 드러내는 것이다.

동등한 가치의 교환이 이루어질 때까지 보류하는 것이 아니라, 주력 자산을 끌어당기는 힘으로 활용해보자. 여유를 가져라. 여러분이 하는 일에 관심이 있는 많은 사람이 시기, 예산 또는 신뢰 문제로 인해 즉시 구매할 준비가 되어 있지 않을 수 있다. 또한 전혀 구매하지 않더라도 여러분의 주력 자산을 소비하거나 사용하는 사람들도 많을 것이다. 이것만으로도 여전히 가치는 있다.

'풍요로움'은 라이프 코치, 재테크 전문가, 괴짜들이 자주 사용하

---

* 문제가 아예 발생하지 않도록 처음부터 막는 사고방식, 후속 조치는 다운스트림이다.

는 단어 중 하나이지만, 실제로는 가치 기반 마케팅의 핵심이다. 자신의 주력 자산에 관대하면 자신이 하는 일에 긍정적인 에너지가 생기고, 이는 다양한 형태로 자신에게 돌아온다. 앞서 언급했듯이, 우리는 H2H(인간 대 인간) 비즈니스를 하고 있으며, 여기서 인간은 연결고리다. 우리의 주력 자산이 결국 누구의 손에 들어가게 될지, 어떤 영향을 미칠지는 알 수 없다.

지그 지글러는 "다른 사람들이 원하는 것을 얻을 수 있도록 돕는다면, 인생에서 원하는 모든 것을 가질 수 있다"라고 말했다. 여러분의 주력 자산은 바로 이 목표를 달성하는 훌륭한 수단이다.

제8장 실행 과제

- '큰 아이디어'로 시작하자. 표적시장에 진정으로 도움이 되고 고객으로 하여금 '이게 내가 원하는 것이야'라고 생각할 수 있는 것은 무엇인가?
- 주력 경험, 도구 또는 콘텐츠가 큰 아이디어를 실현하고 더 나은 버전을 만들 좋은 방법이 맞는지 고려하자.
- 주력 자산을 사람들과 공유하고 그들의 피드백에 세심한 주의를 기울이자.

대부분 웹사이트는 방문자를 관심고객이나 고객으로 전환하지 못하는 단순한 온라인 브로슈어에 불과하다. 웹사이트를 잘 구성하면 강력한 수익 창출 자산이 될 수 있다.

- 웹사이트가 실적이 저조한 '물이 새는 바가지'가 되지 않도록 막는 방법.
- 웹사이트에 명확한 '업무'와 핵심성과지표(KPI)를 부여하는 것의 중요성.
- 웹사이트 방문자를 확보하기 위한 강력한 도구로 콘텐츠 업그레이드를 사용하는 방법.
- 랜딩 페이지를 사용해 유료광고의 전환율을 높이는 방법.
- 방문자가 행동을 취하도록 유도하는 홈페이지의 '히어로 섹션'을 위한 3단계 구조.
- 웹사이트 도메인 네임을 선택하는 방법.
- 전환을 극대화하기 위한 가장 중요한 디자인 및 사용자 경험 요소.

제9장

당신의

웹사이트

물이 새는 바가지

대부분 웹사이트는 온라인 브로슈어에 불과하다. 다양한 사람이 서로 하이파이브하거나 악수를 나누는 싸구려 스톡 이미지로 가득하다. 해당 카테고리의 리더라는 근거 없는 주장을 하기도 한다. 클릭 유도 문안이 있다면 보통 "자세한 내용을 알아보려면 문의하세요" 또는 "무료 견적을 받으려면 세부 정보를 입력하세요" 같은 사소한 내용이 전부다.

이상적인 잠재고객이 웹사이트를 방문하더라도 구매를 결정할 정확한 타이밍에 방문할 가능성은 적다. 실제로 구매로 이어지는 행동으로 이어질 확률은 지극히 낮다.

유료광고를 통해 유입된 고가의 잠재고객이 웹사이트를 방문했다가 잠깐 훑어보고 클릭한다면 상황은 더욱 심각해진다. 정말 관심 있는 콘텐츠가 있다면 잠시 머물러 있을 수도 있다. 하지만 그 경우에도 해당 웹사이트는 열려 있는 수십 개의 브라우저 탭 중 하나에 불과할 가능성이 크며, 대부분 다시는 돌아가지 않을 것이다.

웹사이트에서 이런 일이 발생한다면 바가지에 물이 새는 것이다. 이 상황을 해결하려면 웹사이트의 역할에 대해 명확히 파악해야 한다. 직원이라면 웹사이트의 성과를 판단하는 가장 중요한 지표는 무엇인가?

이커머스 스토어를 운영하는 경우 매출 또는 평균 주문 금액이 될 수 있다. 프랜차이즈를 운영하는 경우 인바운드 전화, 온라인 채팅 세션 또는 양식 작성일 수 있다. 의료 분야에서는 진료 예약일 수 있다.

대부분 비즈니스 유형에서는 방문자의 이메일 주소를 확보해 향후 후속 조치 및 육성을 위해 CRM 시스템에 저장하는 것이 좋다. (이메일 마케팅에 대한 자세한 내용은 12장에서 설명할 것이다.)

이메일 옵트인이 이커머스 스토어의 경우처럼 주요 지표가 아니더라도 보조적인 클릭 유도 문안으로서 여전히 가치가 있다.

잠재고객은 오늘 구매할 준비가 된 고객과 향후 구매할 준비가 된 고객의 두 가지 범주로 나뉜다. 일반적으로 약 3%의 극소수만이 오늘 구매할 준비가 되어 있다. 웹사이트에 '문의하기' 페이지나 기타 미약한 클릭 유도 문안만 있다면 나머지 97%의 잠재고객을 잃게 되고, 그 과정에서 엄청난 수익을 잃게 된다. 심지어 3%에 속하는 잠재 구매자들마저 잃게 될 가능성이 크다. 잠재고객의 세부 정보를 파악하고 육성해야 한다.

새는 곳 막기

고객이 이메일 주소를 넘겨주는 것은 여러분에게는 소중한 일이지만, 그 사람에게는 큰 용기를 내는 리스크를 떠안는 일일 수도 있다. 사람들은 자신의 개인 정보가 어떻게 사용될지 늘 걱정한다. 당연한 일이다. 다들 마케터의 스팸 메일에 시달린 적이 있지 않은가. 따라서 이메일 주소나 기타 세부 정보를 받을 때는, 고객이 큰 혜택을 받는다고 느낄 만한 가치 교환이 이루어져야 한다. 고객의 문제를 해결하는 과정에서 도움이 될 만한 정보를 제공하고 그 대가로 고객의 연락처 정보를 받는 것이다.

많은 기업이 이 가치 교환을 매력적으로 만들기 위해 무엇을 제공할지 고민한다. 주력 자산이 좋은 후보가 될 수 있으며, 일반적으로는 홈페이지에 소개하는 것이 좋다. (홈페이지 레이아웃에 대해서는 추후에 자세히 알아보자.)

'콘텐츠 업그레이드'는 웹사이트의 제품, 서비스 또는 문서 페이지를 보완하는 다운로드 가능한 가치 있는 콘텐츠다. 나는 개인적으로 콘텐츠 업그레이드가 이메일 옵트인을 유도하는 강력한 도구임을 알게 되었다. 콘텐츠 업그레이드의 예는 다음과 같다.

- 체크리스트: 잠재고객이 방문하는 웹 페이지에서 다루는 핵심 사항을 요약하고 실행 가능한 버전으로 제공한다.
- 워크시트 또는 템플릿: 설명하는 지식이나 개념을 고객이 익혀 원하는 결과를 쉽게 얻을 수 있게 도와주는 도구.
- 추가 팁 또는 전략: 웹 페이지 콘텐츠를 기반으로 추가 인사이트나 조언을 제공하는 보충 정보.
- 독점 인터뷰 또는 사례 연구: 웹 페이지 콘텐츠와 관련된 실제 사례 또는 심층 분석.
- 비디오 또는 오디오 콘텐츠: 다양한 학습 선호도를 충족하고, 보다 몰입감 있는 경험을 제공하는 웹 페이지 콘텐츠의 대체 형식.
- 할인 또는 쿠폰 코드: 이커머스 스토어의 경우 일회성 할인 또는 쿠폰 코드는 이메일 옵트인을 유도하는 효과적인 방법이 될 수 있다.

콘텐츠 업그레이드는 사용자 경험을 향상하고 잠재고객과 신뢰를 구축하며 웹 페이지 방문자에게 추가적 가치를 제공한다.

콘텐츠 업그레이드는 이미 웹 페이지에 참여하는 독자의 필요나 관심사를 직접적으로 다루기 때문에, 대체로 일반적인 리드 마그넷보다 더 효과적이다.

웹 페이지 방문자의 이메일 주소가 확보되고 CRM 시스템에서 콘텐츠 업그레이드가 자동으로 전달되므로 즉각적인 만족감을 줄 수 있다.

웹사이트의 관련 페이지에서 콘텐츠 업그레이드를 제공하고 명확한 클릭 유도 문안을 사용하면 이메일 목록을 늘리는 데 도움이 된다.

콘텐츠 업그레이드는 웹사이트 트래픽 누수를 막는 동시에 잠재고객에게 많은 가치를 제공할 수 있는 효과적인 방법이다.

랜딩 페이지

랜딩 페이지는 방문자, 특히 광고의 결과로 방문하는 방문자의 연락처 정보를 수집하기 위해 특별히 설계된 웹사이트 페이지다.

유료 디지털 광고를 실행할 때 잠재고객의 클릭은 전용 랜딩 페이지로 이동한다. 다양한 광고 세트가 있는 경우 광고문구나 디자인과 일치하는 랜딩 페이지도 그만큼 많을 수 있다. 유료광고에서 관심고객을 확보하면 시간이 지나면서 이들을 육성하고 직접 접촉할 수도 있다. 관심고객을 확보하는 메커니즘이 없으면 잠재고객이 구매할 준비가 되었을 때 나를 기억해주기를 기대해야 하는데, 그런 일은 거의 일어나지 않는다. (기본·유료 콘텐츠 마케팅에 대해서는 13장에서 더 자세히 알아보자.)

효과적인 랜딩 페이지는 사용자가 연락처 정보를 공유하도록 유도하는 명확하고 설득력 있는 가치 제안을 제공하는 데 중점을 둔다. 강력한 헤드라인과 매력적인 카피를 사용하며 로딩 속도가 빠르다. 랜딩 페이지의 중요한 특징은 탐색 모음이나 팝업 같은 불필요한 방해 요소를 모두 제거한 심플한 디자인을 사용한다는 것이다. 랜딩 페이지는 단순해야 한다. 잠재고객이 할 수 있는 일은 폼을 작성하거나 나가는 것뿐이어야 한다. 옵션이나 방해 요소가 너무 많으면 랜딩 페이지의 전환율이 급락할 수 있다.

옵트인 양식은 작성하기 쉬워야 하며, 다음 단계로 이동하는 데 필수적인 정보만 요청해야 한다. 랜딩 페이지에서 많은 정보를 요청하고 싶을 수도 있지만, 추가정보를 요청할 때마다 전체 완료율이 떨어진다.

다른 데이터를 요청하려면 우선 이메일 주소만 수집하고 전환율에 미치는 영향을 테스트하는 것이 좋다. 전환율을 손상하지 않고 추가 데이터를 수집하는 또 다른 방법은 다단계 양식을 사용하는 것이다. 이메일 주소를 먼저 수집한 다음 후속 단계에서 추가 데이터를 요청한다. 이렇게 하면 방문자가 추가 데이터를 요청할 때 랜딩 페이지를 이탈하더라도 이메일 주소를 확보할 수 있다. 관심고객 육성 과정의 일부로 추가 데이터를 요청할 수도 있다.

랜딩 페이지의 효과를 극대화하려면 헤드라인, 카피, 디자인, 양식 필드 등 랜딩 페이지 요소를 지속적으로 테스트하고 개선하는 것이 중요하다. 이를 위해 전용 랜딩 페이지 도구를 사용하는 것이 좋다. 이러한 도구는 분할 테스트가 가능하므로 어떤 변형이 가장 전환율이 높은지 파악하는 데 도움이 된다. 또한 사용자 행동, 이탈률 및 기타 지표를 추적하고 분석하는 데 유용하다.

홈페이지

웹사이트에서 '스크롤 위로 보기'는 사용자가 스크롤을 내릴 필요 없이 화면에 표시되는 웹 페이지의 일부를 말한다.

홈페이지 상단에 접힌 부분을 일반적으로 '히어로 섹션'이라고 한다. 흔히 전체 웹사이트에서 가장 트래픽이 많이 발생하는 부분으로 특정 제품, 광고 또는 프로모션에 대한 특정 랜딩 페이지가 있지만, 히어로 섹션은 일종의 포괄적인 랜딩 페이지 역할을 한다.

몇 분 동안 웹사이트를 스크롤하고 클릭한 후 처음 시작할 때보다 더 혼란스러워진 적이 여러 번 있었다. 의미 없는 전문용어와 미사여구로 가득 찬 경우가 많았기 때문이다.

최근 홈페이지의 제목이 '장기적 목표를 위한 솔루션'인 웹사이트를 발견했다. 아래 설명에는 "열정, 성실성, 창의성이라는 핵심 가치를 활용해 솔루션 중심의 접근 방식으로 모든 프로젝트에 적극적으로 대처하는 데 자부심을 느낍니다. 우리는 파트너십과 협업을 통해 고객, 직원, 직업에 긍정적이고 급진적인 변화를 불러일으키기 위해 존재합니다"라고 쓰여 있다.

도대체 이 회사가 무엇을 하는 회사인지, 누구를 위한 회사인지 아직도 잘 모르겠다. 수년 동안 그들의 메시지로 인해 얼마나 많은 잠재고객과 수익을 잃었는지 궁금하기도 하다.

설명은 분명히 전문용어 전문가 위원회에서 작성한 것이 틀림없다. 이 혐오스러운 단어를 만들어낼 때 우연히 날벌레가 된 내가 그 회의실 벽에 붙어 있다고 치자. 한 사람이 끼어들어 "모든 프로젝트에 적극적으로 대처해야 한다"고 강조한다. 다른 여러 사람이 동의하며 중얼거린다. 다른 한 명은 "우리가 추구하는 급진적인 변화가 긍정적이라는 점을 분명히 하자"고 덧붙인다. 몇 시간 후, 화이트보드에 낙서한 낙서와 빈 커피잔이 회의실 테이블 곳곳에 흩어져 있는 가운데, 그들은 잘해냈다고 서로를 격려했을 것이다.

웹사이트의 이 중요한 섹션에서는 명확성이 가장 중요하다. 웹사이트의 히어로 섹션에 좋은 구조는 다음과 같다.

1. **내가 가진 것**: 홈페이지의 헤드라인이다.

2. **더 나은 삶을 만드는 방법**: 잠재고객이 경험하게 될 변화와 그로 인해 그들의 삶이 어떻게 개선되는지 명확하고 간결하게 설명하자. 여기에 소설을 쓰지 말 것이다. 한 문장, 최대 두 문장으로 작성하자.

3. **다음 단계**: 잠재고객이 다음에 취해야 할 구체적 행동.

다음을 참고하고 5장의 마그네틱 메시지 프레임워크를 사용해 히어로 섹션의 메시지가 표적고객의 관심을 끌 수 있도록 해보자.

카페인이 함유된 단백질 바

유기농 그린 커피가 함유된 맛있고 영양가 높은 천연 간식으로, 후유증 없이 운동에 집중할 수 있도록 도와줍니다.

지금 구매하거나 여기에서 무료 샘플 받기.

헤드라인에는 카페인이 함유된 단백질 바라고 정확히 어떤 제품이 제공되는지 명시되어 있다. 추측할 필요가 없다.

이 제품은 단백질을 공급하고, 표적고객이 진정으로 원하는 운동을 할 수 있도록 도와줌으로써 고객의 삶을 개선한다. 또한 유기농, 천연재료, 맛이라는 점을 강조함으로써 건강성과 맛에 대한 잠재적 반대를 정면으로 해결한다. 마지막으로 카페인으로 인한 충돌이 없다는 점을 알려줌으로써 나쁜 점을 빼고 좋은 점만 제공한다.

마지막으로 제품을 즉시 구매할 수 있는 곳으로 안내하는 기본 클릭 유도 문안이 있다. 좀 더 위험을 회피하는 사람들을 위해 무료 샘플을 주문하도록 초대하는 2차 유도 문안도 있다. 어느 쪽이든, 고객의 세부 정보는 향후 고객 육성을 위해 CRM 시스템에 확보되어 향후 육성 및 후속 조처를 한다.

기본 유도 문안 버튼은 다른 색상, 가급적 밝은 색상을 사용하는 것이 좋다.

히어로 섹션에서 메시지를 뒷받침하고 강화하는 이미지를 전략적으로 활용해보자. 잠재고객이 꿈꾸는 결과를 달성하는 사람들의 이미지가 이상적이다. 또한 우리의 시선은 자연스럽게 다른 사람이 바라보는 곳으로 향한다. 이를 활용해 이미지 속 사람들이 유도 문안 버튼을 바라보게 함으로써 더 많은 관심을 끌 수 있다.

히어로 섹션에서 동영상, 애니메이션 또는 배경음악을 자동 재생을 하지 말아야 한다. 이러한 요소는 주의를 산만하게 하고 구식 웹디자인을 연상한다.

사회적 증거는 홈페이지에 포함할 수 있는 또 다른 강력한 요소다. 수상 경력, 언론 보도, 함께 일한 유명 고객, 훌륭한 리뷰, 추천 글 등이 있다. 이러한 정보는 방문자에게 합법적이고 신뢰할 수 있다는 확신을 준다.

회사 정보 페이지

정보 페이지는 일반적으로 홈페이지 다음으로 웹사이트에서 두 번째로 많이 조회되는 페이지다.

업종에 따라 여러 이유로 사람들이 정보 페이지를 방문할 수 있다. 가장 일반적인 몇 가지 이유를 소개하자면 이렇다.

- 이 사업의 배후가 누구인지 알아내기 위해. 합법적인 회사인가?
- 팀을 확인하기 위해. 팀(및 비즈니스)의 규모는 어느 정도인가? 어떤 역할을 맡았나? 그들이 무엇을 하는지 알고 있나? 함께 일하면 재미있을까?
- 성격이나 사고방식에 기반한 비즈니스의 경우. 이 사람이 나와 같은 사람들을 도와준 적이 있나요? 이 사람이 내가 어떤 어려움을 겪는

지 알고 있는가, 아니면 내가 겪었던 일을 겪어본 적이 있는가?

• **제품 기반 비즈니스의 경우.** 이 제품은 어디서 만들어졌는가? 친환경적인가? 어떻게 아이디어를 떠올렸나?

따라서 회사 정보 페이지는 이야기를 전달할 수 있는 좋은 공간이지만, 자기 이야기만 하는 일반적인 실수를 범해서는 안 된다. 다세대 多世代 가족 기업을 대상으로 판매하거나 사람들의 대학 입학을 돕는 경우가 아니라면 할아버지가 1974년에 사업을 시작했는지, 어느 대학에 다녔는지는 아무도 신경 쓰지 않는다. 숨겨진 이야기로 표적시장과 연관성을 전달해 흥미를 제공하자. 표적시장이 원하는 결과와 직접적으로 연관된 방식으로 스토리를 전달해보자.

이상적인 잠재고객에게 가장 매력적인 정보로 소개 페이지를 시작하는 것이 좋다. 그들이 알아야 할 큰 문제나 중요한 사항이 있을까? 관심을 가질 법한 인상적인 주장이 있나?

정보 페이지를 작성할 때는 여러분이 제공하는 변화에 초점을 맞추는 것이 중요하다. 단순히 자격과 경력을 나열하는 대신 고객의 문제를 어떻게 해결할 수 있는지 고려하자. 예를 들어 웹 개발자의 경우 기술력과 경험만 나열하는 대신, 비즈니스가 온라인에서 더 많은 고객을 유치하고 전환하도록 돕는 방법에 초점을 맞추는 것이다.

차라리 정보 페이지에 시각 자료를 사용하는 것을 적극 추천한다. 본인, 팀, 사무실 또는 공장의 사진을 포함하자. 상대방에게 비즈니스를 둘러보게 하고 팀을 만나게 한다고 상상해보자. 팀이 작업하는 모습을 담은 액션 샷은 이를 재현하는 좋은 방법이다.

합법성, 권위 또는 역량을 나타내는 사진도 포함해야 한다. 하지만 다시 한번 강조하지만, 여러분이 얼마나 멋진 사람인지 보여주기보다는 잠재고객 및 잠재고객의 문제와 연관시켜야 한다.

마지막으로, 정보 페이지에 클릭 유도 문안이 있는지 확인하자. 이메일 옵트인을 수집하거나 방문자가 취해야 할 다음 조치로 안내하기에 좋은 곳이다.

기타 일반적인 페이지 및 기능

웹사이트에 포함할 수 있는 다른 일반적인 페이지도 알아보자.

• **제품 및 서비스 페이지**: 이 페이지에서는 여러분이 하는 일을 설명하고, 시연하고, 판매한다. 다음 단계는 신중하게 고려해야 한다. 고객이 다음에 해야 할 실제적이고 눈에 보이는 행동만 판매하자. 이커머스 스토어의 경우 제품을 장바구니에 추가하는 것일 수 있다. 컨설팅 비즈니스의 경우 전화상담을 예약하는 것일 수 있다. 가격도 포함할 수 있다. 가격이 사용자 지정 또는 주문 제작인 경우, 가격 범위를 표시하는 것도 좋다.

• **연락처 페이지**: 사람들이 연락할 수 있는 다양한 방법을 제공하

자. 인바운드 전화를 받는 경우 전화번호를 포함해야 한다. 사람들이 실제 위치를 방문하는 경우 지도, 랜드마크, 주차 안내 같은 유용한 정보를 포함해보자. 또한 양식의 콘텐츠나 선택한 옵션에 따라 비즈니스 안의 적절한 곳으로 문의를 라우팅하는 양식을 포함해야 한다. 예를 들어 영업 문의는 영업 CRM 시스템으로 연결하고, 지원 관련 요청은 헬프데스크 시스템에서 티켓을 만들 수 있다.

- **판매 페이지**: 방문자를 고객으로 전환하는 데 중점을 두어야 한다. 일반적으로 마케팅 프로세스 전반에 걸쳐 랜딩 페이지에서 이전에 확보한 관심고객을 판매 페이지로 보낸다. 좋은 판매 페이지에는 최소한 헤드라인, 문제, 해결책, 사회적 증거, 클릭 유도 문안이 포함되어야 한다.

- **자주 묻는 질문(FAQ)**: 자주 묻는 고객 문의에 답변하자. 이렇게 하면 여러분과 방문자 모두의 시간을 절약할 수 있다. "당신은 왜 그렇게 대단한가요?", "어떻게 하면 더 많은 상품을 구매할 수 있나요?" 등 자기중심적인 질문이 아닌 진정성 있고 도움이 되는 질문이어야 한다.

- **호감을 드러내는 페이지**: 리뷰, 추천 글, 압도적인 소셜 미디어 추천이 실려 있는 페이지. (자세한 내용은 14장에서 확인하자.)

- **뉴스, 미디어 또는 기사**: 콘텐츠 허브. 여기에서 업데이트를 제공하고, 관련 기사와 동영상을 게시하고, 비즈니스 또는 업계와 관련된 인사이트를 공유할 수 있다. 이 작업을 잘 수행하면 많은 자연 검색

엔진 트래픽을 생성할 수 있다.

• **규정 준수**: 이용약관 및 개인정보 처리 방침과 같은 법적 준수 페이지.

• **실시간 채팅**: 안정적으로 운영할 수 있는 팀원이 있다면 라이브 채팅은 매우 강력한 전환 도구가 될 수 있다. 많은 사람이 전화나 이메일을 주저할 수 있지만, 라이브 채팅을 사용하면 훨씬 더 개방적인 태도를 보일 것이다.

도메인

대부분 기업이 사용하지도 않을 도메인을 수없이 많이 등록해둔다. 나도 300개가 넘는 도메인을 소유하고 있다. 최근 한 팀원이 회계 시스템에서 적절한 비용 항목에 할당하기 위해 도메인 등록기관 계정의 로그인 세부 정보를 요청했다. 누군가 속옷 서랍에서 사업 아이디어와 엉뚱한 영감이 담긴 서랍을 뒤지는 것 같았다. 대부분 '앨런이 사는 멍청한 물건'이라는 비용 계정으로 분류되었을 것이다.

(이 도메인 이름 중 일부는 가끔 팔기도 하기 때문에 정당한 투자라고 봐야 한다. 하지만 대부분은 미래의 사업 아이디어를 위한 주차 공간으로, 대부분 실현 가능성이 거의 없다.)

가장 핫한 도메인은 아마도 닷컴(.com)일 것이다. 최근 도메인이 급증하고 있지만, 고객이 미국에 있거나 전 세계 고객을 대상으로 서비스를 제공하는 경우 '.com'을 추천한다. 다양한 프로젝트를 위해 '.com' 도메인을 구입하는 데 많은 돈을 썼는데, 좋은 도메인은 이미 많은 사람이 사용하기 때문에 비용이 더 많이 들 수 있다. 어떤 것은 수백만 달러에 거래되기도 한다. 다음 장에서는 사용 가능하거나 합리적인 가격의 '.com' 도메인을 찾는 데 도움이 될 수 있는 네이밍에 대해 설명해야 한다.

또 다른 옵션은 회사 이름에 단어를 추가하거나 앞에 붙여서 도메인 이름으로 사용하는 것이다. 예를 들어, 회사 이름이 '던더미플린 Dunder Mifflin'인데 누군가 이미 'DunderMifflin.com'을 사용하는 경우, 'GoDunderMifflin.com'을 등록할 수 있다. 이상적이지는 않지만 원하는 도메인을 구입할 수 있는 예산이 확보될 때까지 임시방편으로 사용할 수 있다.

도메인 이름에 대시나 기타 특수 문자는 사용하지 않는 것이 좋다. 특수 문자는 혼란스럽고 스팸으로 보일 수 있으며 발음하기에 모호하다. 발음의 명확성이 얼마나 중요한지는 다음 장에서 자세히 알아보자.

'.com' 도메인이 반드시 지켜야 할 규칙은 아니다. 물론 대체 도메인 확장자를 사용해 성공적인 비즈니스를 구축한 사례도 있다. 그래도 '.com'을 기본값으로 고려하는 편이 좋다. 또한 방어수단으로 대체 확장자를 등록하는 것도 추천한다. 지금은 대체 확장자가 너무 많아서 번거롭고 비용이 많이 들지만, 나는 보통 '.net', '.org', 최근에는 '.co' 같은 고전적인 확장자부터 찾아본다.

미국 이외의 현지 시장에 서비스를 제공하는 경우 캐나다는 '.ca', 영국 '.uk', 호주 '.au' 등 현지 시장에 익숙한 도메인 확장자를 사용해야 한다.

린 마케팅 허브(LeanMarketing.com/hub)에 접속해 멋진 홈페이지 샘플, 소개 페이지, 웹사이트 모범 사례를 구현하고 유지하는 데 도움이 되는 권장 도구를 확인해보자.

디자인 및 사용자 경험

보기 흉하고 로딩이 느리고 탐색하기 어려운 웹사이트만큼 전환율에 나쁜 것은 없다. 전문 웹 개발자가 아니라면 직접 사이트를 구축하지 않는 것이 좋다. 많은 기술 지식 없이도 웹사이트를 만들 수 있는 노코드 서비스 및 도구가 있지만, 완벽하게 작동하는 경우는 거의 없으며 웹사이트를 직접 만든 것처럼 보이는 경우가 많다.

전문 개발자를 고용할 때도 다음과 같은 디자인 및 사용자 경험 요소가 포함되는지 확인해보라.

사용자 경험(UX): 쉽고 명확하게 탐색할 수 있어야 한다. 여기에는 잘 구조화된 레이아웃, 명확한 메뉴, 일관된 디자인 요소가 포함된다.

다양한 연령대와 기술적 능력을 가진 사람들이 웹사이트를 탐색하는 방식을 관찰해 잠재적인 사용자 경험 문제를 파악하자. 웹사이트 히트 매핑 도구도 이러한 문제를 발견하는 데 매우 유용할 수 있다.

모바일 반응성: 대부분 사람이 스마트폰과 태블릿을 통해 인터넷에 접속하므로 웹사이트가 모바일 기기에 최적화되었는지 확인하자. 반응형 디자인은 작은 스마트폰에서 대형 모니터가 있는 데스크톱 컴퓨터까지 다양한 기기의 화면 크기에 맞게 웹사이트의 레이아웃을 자동으로 조정한다.

로드 속도: 느리게 로딩되는 사이트는 사용자 불만, 이탈률 증가, 전환율 감소로 이어지기 마련이다. 이미지 압축, 코드 최소화, 캐싱* 기술을 사용해 웹사이트가 빠르게 로드되도록 최적화하자. 웹사이트 업데이트, 콘텐츠 추가 또는 웹 호스트 문제로 인해 속도가 느려질 수 있으므로 정기적으로 모니터링하는 것도 잊지 말아야 한다.

검색엔진 최적화(SEO): 웹사이트가 검색엔진에서 높은 순위를 차지할 수 있도록 모범 사례를 참고해 구현하자. 여기에는 관련 키워드 사용, 내부 링크, 설명 및 URL 구조가 포함된다.

보안: SSL 인증서, 콘텐츠 관리 시스템 소프트웨어를 최신 상태로 유지하고, 우수한 웹 호스트를 사용하자.

분석 및 모니터링: 웹 분석 도구를 사용해 사용자 행동을 추적하고 사이트 성능을 모니터링하라. 이 데이터는 전환율을 개선하는 데 도

---

* 데이터를 더 빨리 읽어 올 수 있게 캐시 기억장치에 저장하는 작업.

움이 되는 귀중한 인사이트를 제공할 수 있다.

전문 사진: 식상하고 진부한 스톡 사진은 피하자. 제품, 팀, (회사가 있다면) 실제 위치를 촬영한 전문 사진을 찍어 올리자. 이러한 사진은 다른 마케팅 자료에도 사용할 수 있다.

제9장 실행 과제

- 웹사이트에 명확한 성과 목표를 설정하고 정기적으로 모니터링하자.
- 웹사이트의 히어로 섹션을 검토하고, 명확하고 설득력 있으며 강력한 클릭 유도 문안이 되도록 수정하자.

지적 재산(IP)은 비즈니스 가치를 구축하는 데 핵심적 자산이다. 경쟁사로부터 보호하고 마케팅 활동을 추진하는 데 도움이 된다.

제10장

당신의

지식재산권

지식과 기술을 자산으로 전환해라

나는 인수합병 과정에서 거래 테이블의 양쪽 모두를 경험한 적이 있다. 인수 대상 회사에 지적 재산(IP)이 거의 없을 때는 주로 수익 배수에 초점을 맞추어 가치를 논의했다. 차별화가 거의 없는 제품이나 서비스가 상품으로서 가치를 인정받지 못하는 것처럼 지적 재산이 적거나 아예 없는 비즈니스도 제대로 인정받기 힘들다.

반면 기업이 강력한 지적 재산을 보유하는 경우, 협상은 인수자가 해당 자산으로 무엇을 할 수 있는지, 그리고 잠재적으로 인수 대상 회사에 어떤 가치가 있는지를 중점으로 진행된다. 나는 강력한 지적 재산을 보유해 수익 배수 가치보다 훨씬 높은 가격으로 기업과 스타트업을 매각한 경험이 있다.

인수자에게 우리가 가진 지적 재산을 비즈니스에 적용하면 마진

상승, 경쟁 우위 또는 기타 특별한 이점을 얻을 수 있다는 점을 설명할 수 있었다. 이런 종류의 비현실적인 가치 평가법은 업계가 표준으로 삼는 배수 가치보다 훨씬 더 유리하게 평가받을 수 있다. 또한 구매자에게도 이는 훨씬 좋은 거래이며, 이해관계자에게 구매 가격을 정당화할 수도 있다.

여러분이 비즈니스를 매각할 계획이 있든 없든, 기업가는 비즈니스 가치를 높이는 것을 우선적인 임무로 삼아야 한다. 지적 재산에는 여러 종류가 있지만 시장에서 고객을 유치, 전환, 유지하는 데 도움이 되는 지적 재산이 가장 가치 있는 자산이라는 데는 이견이 없을 것이다. 이러한 유형의 자산 중 몇 가지를 살펴보도록 하자.

네이밍(이름짓기)

비즈니스, 제품 또는 서비스의 이름은 오래도록 사용해야 하는 것으로 한 번 정하면 변경이 어렵고 비용도 그만큼 많이 든다. 따라서 이름을 지을 때는 신중하게 검토해야 한다.

제품이나 서비스 네이밍에 실용적으로 고려해볼 법한 몇 가지를 같이 알아보자.

- 제품 이름은 제품이 무엇인지를 드러내야 한다. 똑똑하게 설명하려 하지 말고 명확하게 설명하자. 설명이 길어지면 잘못된 이름이다.

- 도메인 이름을 사용할 수 있는가?

- 그 이름으로 소셜 미디어 계정을 만들 수 있는가?

- 상표 등록이 가능한가?

- 다른 사람의 상표를 침해하지 않는가?

- 발음이 쉽고 분명한가?

자, 네이밍에는 두 가지 단계가 있다. 첫 번째는 단어를 선택하는 것, 두 번째는 선택한 단어 중 하나 이상을 합성해 이름을 짓는 것이다.

1. 단어 선택

하나 이상의 단어를 선택하는 것부터 시작이다. 선택할 수 있는 단어의 유형은 다음과 같다.

- **설명 중심**

- 암시적

- 임의적

- 만들어낸 단어

- 외국어

우선 **설명 중심**의 단어는 비즈니스, 제품 또는 서비스를 명확하게 설명한다. 이름 외의 다른 설명은 필요 없으므로 나는 이 네이밍 방식을 선호하는 편이다. 특히 스타트업의 경우, 계속해서 비즈니스 설명을 할 필요가 없어 상당히 유용하다.

이런 네이밍의 예로는 '카툰 네트워크Cartoon Network', '홀푸드 마켓Whole Foods Market', 켈로그의 '올 브랜All-Bran', '호텔스닷컴Hotels.com' 그리고 '웨더 채널The Weather Channel' 등이 있다.

이렇게 **설명 중심** 네이밍에 단점이 있다면, 일반적인 용어나 문구를 사용하기 때문에 상표 등록이 어렵다는 점이다.

암시적 단어로 이름을 짓는 경우, 내가 하는 일의 이점이나 결과 또는 속성을 쉽게 내포한다는 점이다. 설명 중심과 비슷하지만 덜 직접적이다. 예시로는 '제너럴 일렉트릭General Electric', '샤프 이미지Sharper Image', '마운틴 듀Mountain Dew', '홈 디포The Home Depot' 등이 있다.

암시적 단어는 네이밍에서 좋은 중간 지점이 될 수 있다. 설명 중심보다는 기억에 남고, 임의적이거나 만든 단어보다는 더욱 명확하다.

임의적 단어는 내가 하는 일과 의미가 딱히 연관이 없거나 아주 미약하게만 연관되는 경우다.

예를 들면 '버진Virgin', '애플Apple', '도브Dove', '아마존Amazon', '서브웨이Subway', '카터필러Caterpillar', '재규어Jaguar', 그리고 '셸Shell' 등이 이런 네이밍에 포함된다.

임의적 단어는 독특하지만 검색엔진의 시대인 요즘에는 일반적으로 권장하지 않는 편이다. 그저 내가 좋아하는 멋진 단어라 선택했다는 설명을 평생에 걸쳐서 해야 하고, 실제로 우리 회사가 무슨 일을 하는 회사인지 설명하는 데 시간과 돈, 에너지를 소비해야 하기 때문이다.

만들어낸 단어는 순전히 지어내거나 어떤 의미, 연상을 하게 만드는 네이밍이다.

'코닥Kodak', '제록스Xerox', '엑슨 모빌ExxonMobil', '엣시Etsy', '오레오Oreo', '소니Sony' 등이 이렇게 만들어낸 회사명이다.

만든 단어는 그 고유성 때문에 상표 등록이 가장 쉽다. 하지만 임의의 단어와 마찬가지로 판매하는 제품이나 서비스와의 연관성을 설명하는 데 많은 마케팅 자원을 투입해야 한다. 이렇게 만들어낸 단어의 변형으로는 창업자 등, 특정인의 이름을 전체 또는 부분적으로 담아 만든 단어로, '휴렛팩커드Hewlett-Packard', '테슬라Tesla', '디즈니Disney', '페라리Ferrari'가 이런 유형이다.

외국어는 만들어진 단어와 비슷하면서도, 표적시장에 인지도를 쌓기가 복불복이라는 단점이 있다. 이런 유형으로는 '스바루Subaru', '앱솔루트Absolut', '우버Uber', '삼성Samsung', '레고LEGO', '폭스바겐Volkswagen' 등이 있다.

외국어는 이국적인 느낌을 주거나, 해당 회사의 국적을 드러내고 연관성을 형성하는 데 도움을 주기도 한다. 예를 들어 베이커리는 프랑스어를, 패션 브랜드는 이탈리아어를 사용하는 것이다.

외국어 네이밍은 실존하는 단어일 수도 있고, 만들어낸 단어일 수도 있다. 가령 미국의 아이스크림 회사 '하겐다즈HäagenDazs'는 덴마크와 아무런 관련이 없음에도 불구하고, 덴마크어처럼 들리는 이름이다.

2. 구성

단어를 선택했다면 여러 가지 방법을 써서 최종 이름을 짓는다. 이 때 고려해야 할 점이 있다.

- 낱말
- 두 개 이상의 낱말
- 합성어
- 맞춤법 오류
- 약어

낱말로 된 회사로는 '비자Visa', '오라클Oracle', '인텔Intel', '나이키Nike' 등이 있다.

두 개 이상의 낱말로 된 회사 네이밍으로는 '골드만 삭스Goldman Sachs', '아메리칸 에어라인American Airlines', '에스티 로더Estée Lauder', '버크셔 해서웨이Berkshire Hathaway' 등이 있다.

두 개 이상의 낱말을 합쳐 만든 이름의 경우, 운율을 사용하면 더욱 효과적이다. 마케터와 시인이 강조하듯이, 반복이 기억력과 운율에 탁월하기 때문이다. 이런 이름으로는 '코카콜라Coca-Cola', '베스트바이Best Buy', '페이팔PayPal', '척 E. 치즈Chuck E. Chees' 등이 있다.

숫자는 설명적, 암시적, 또는 임의적 방식으로 단어와 결합할 수 있다. '3M', '세븐일레븐 7-Eleven', '포르쉐 911 Porsche 911', 'WD-40'처럼 말이다.

합성어는 두 개 이상의 낱말을 결합해 만들어낸 이름이다. 가장 일반적으로 설명적이거나 암시적인 단어들을 합친다.

가장 널리 알려진 네이밍으로는 '페덱스 FedEx'(페더럴 익스프레스 Federal Express), '마이크로소프트 Microsoft'(마이크로컴퓨터 소프트웨어 microcomputer software), '마스터카드 Mastercard'(마스터와 카드를 합성했다)', '넷플릭스 Netflix'(인터넷의 'net'과 영화를 지칭하는 은어 'flicks'를 합성했다) 등이 있다.

일부러 철자를 틀리게 만든 이름도 설명적이거나 암시적이면서도 독창적인 이름을 만드는 법이다. '리프트 Lyft', '구글 Google', '크리스피크림 Krispy Kreme' 등이 있다.

약어는 일련의 단어 중 첫 글자를 따서 만든 이름 등이 포함된다. 때로는 단어를 전부 나열하는 것보다 효과적일 때도 있다.

'NASA(미국 항공 우주국)', 'NASCAR(전미 스톡 자동차 경주 협회)', 'HBO(홈 박스 오피스)', 'IBM(인터네셔널 비즈니스 머신)', 'USP(유나이티드 파셀 서비스)' 등이 이런 이름이다.

선택한 이름으로 상표권이 설정되었는지, 다른 이의 상표권을 침해할 가능성이 있는지를 확인하려면 상표권 변호사에게 자문하는 것도 좋다.

네이밍에서 마지막으로 고려해야 할 것이 있다. 내가 선택한 이름이 발음하기 좋은지, 명확한지 여부다. 이름에 숫자나 대시 기호가 들어가거나, 맞춤법을 틀리게 쓰는 이름일 경우, 흡사 유치원 선생님이 되어 끊임없이 발음을 가르쳐야 하는 일이 발생할 수도 있다. 예를 들어, 차량 공유 애플리케이션 회사인 '리프트^{Lyft}'의 경우, 'Lift'* 가 아니라 'Lyft'라는 점을 반복해서 알려주어야 한다. 동시에 짧고 눈에 잘 띄는 네 글자 도메인을 확보할 수 있다는 점에서 장단점이 분명하므로, 절충안을 택한 경우다.

대시나 숫자는 많은 혼란을 야기할 수도 있다. 예를 들어 '세븐일레븐$^{7-Eleven}$'의 웹사이트를 방문하려면 숫자 7 뒤에 '-'를 넣고, 그다음에 'eleven.com'을 붙여야 접속할 수 있다. 영 어색하다. 이 회사가 인터넷이 보편화된 시대에 설립되었더라면, 아마 다른 이름을 선택했을지도 모른다.

팟캐스트를 듣다 보면, 종종 비즈니스 이름이나 도메인의 발음이 모호해서 철자를 불러주어야만 접속이 가능한 스폰서 광고를 듣게 된다. 실제 제품이나 서비스를 홍보하기에도 모자란 시간을 잡아먹으며, 방송과 암기력을 요한다. 또한 클릭 유도 마케팅에도 추가적인 마찰이 발생해, 응답률이 떨어질 가능성이 크다.

---

* 차에 올라탄다는 뜻.(옮긴이)

표준작업지침서(Standard Operating Procedures)

마케팅 인프라를 구축할 때, 일관적인 결과를 얻을 수 있게 이를 뒷받침하는 시스템과 프로세스에 더 많은 주의를 기울여야 한다. 표준작업지침서는 여러분과 팀이 일상 업무를 일관되고 효율적으로, 그리고 필요한 경우 안전하게 수행할 수 있게 도와주는 단계별 지침 또는 가이드라인이다.

표준작업지침서는 기본적으로 비즈니스 내에서 작업과 프로세스를 완료하기 위한 세부 지침이다. 표준작업지침서는 팀이 작업을 수행할 때마다 동일한 프로세스를 따르도록 한다. 이는 품질을 유지하고, 오류를 줄이며 전반적인 생산성을 향상하는 데 도움을 준다. 또한 비즈니스나 제품 생산방식을 효율적으로 전달하거나 고유한 방식을 문서로 만들어 안전하게 보존할 수도 있다.

표준작업지침서는 단순한 텍스트 기반의 문서일 수도 있고, 스크린샷이나 동영상이 포함된 문서가 될 수도 있다. 각 단계를 말로 설명하는 것보다 이미 수행 중인 작업을 녹화하는 게 훨씬 쉽고 빠르기 때문에, 나와 우리 팀은 동영상이나 화면 녹화 등을 사용해 지침서를 만드는 편이다. 이 방법을 사용하면 특정 작업 수행에 관련된 단계를 시각적으로 보여줄 수 있다. 화면 녹화에 음성 해설을 추가해 보조 설명이나 안내를 제공할 수도 있다.

그리고 팀이 쉽게 찾을 수 있는 모두가 접근 가능한 장소에 지침서를 보관하는 것도 중요하다.

마지막으로 필요에 따라 표준작업지침서를 주기적으로 추가하고, 업데이트하는 프로세스도 마련해야 한다. 모두 자기 업무를 문서로 남겨야 한다. 다른 사람을 위해 지침서를 작성하는 경우, 이론과 실제가 너무 달라 지침이 관련성이 없거나 비현실적인 경우도 종종 있다는 걸 잊지 말자.

표준작업지침서는 귀중한 지적 재산이다. 총체적으로 비즈니스 시스템의 핵심 구성요소를 포함하고 구성하기 때문인데, 이런 시스템이 있으면, 평범한 사람도 특별한 비즈니스를 운영할 수 있다.

나는 오랫동안 비즈니스 시스템에 관한 상세하고 실용적인 책을 쓰고 싶었다. 다행히도 내 벗인 데이비드 제닌스^{David Jenyns}가 훌륭한 저서 『시스템학^{SYSTEMology}』으로 내 꿈을 이뤄주었다.

표준작업지침서와 비즈니스 시스템을 만들어 유지하는 것은 일종의 큰 투자다. 이렇게 투자한 시간은 나중에 몇 배로 돌아와 비즈니스의 가치를 더욱 높여준다. 표준작업지침서와 시스템 구축은 기업가의 3가지 자유인 사업 확장과 사업 탈출, 그리고 업계 퇴장을 더욱 용이하게 해준다.

- **사업 확장**: 무리하지 않으면서도 높은 레버리지로 비즈니스와 마케팅 운영을 확장할 수 있다.
- **사업 탈출**: 비즈니스에서 한 발짝 물러났다가, 내가 사업을 떠났

을 시점보다 분위기가 좋아졌거나, 더 잘 운영할 수 있을 때 돌아올 수 있다.

• **업계 퇴장**: 많은 이가 자기 일이 너무 좋아 비즈니스를 팔고 싶지 않다고 말한다. 나도 충분히 이해한다. 확실하게 체계화한 비즈니스는 잠재적 인수자에게도 가치가 있지만, 그만큼 선택의 폭이 넓어진다는 점에서 여러분에게도 분명 가치가 있다.

상표와 특허

상표와 특허 그리고 어느 정도의 영업 비밀은 효과적인 업계 진입과 경쟁 장벽을 구축한다. 비즈니스가 커질수록 그 중요성도 같이 커진다.

사업이 성공할수록, 온갖 종류의 기회주의자들이 등장하는 법이다. 나는 정말 다양한 방법으로 내 지적 재산을 도둑맞은 경험이 있다. 이렇게 도둑맞은 자료를 삭제하기 위해 팀원 중 한 사람을 파트타임으로 고용하기도 했다. 내 지적 재산을 상표로 등록한 덕에 삭제도 훨씬 쉬웠다. 모든 도둑을 막을 순 없지만, 속도를 늦추고 충격을 완화할 수 있다.

이러한 법적 보호 장치는 라이선스 기회를 창출하거나 비즈니스 매각 시 핵심 자산이 될 수 있다. 혹시 노란색 동그라미가 활짝 웃는 이미지를 본 적 있는가?

검은 타원형 눈과 주름진 미소를 가진 '노란색 스마일' 이미지는 1963년 프리랜서 아티스트인 하비 볼^{Harvey Ball}이 만들었다. 만드는 데 고작 10분이 걸렸다고 하는데, 그림의 간단함을 생각해보면 그 정도로도 충분해 보인다. 문제는 이 그림이 글로벌 히트작이 되었다는 점이다. 안타깝지만 하비 볼은 상표권을 등록하지 않았다. 이후 프랭클린 루프라니^{Franklin Loufrani}가 상표를 등록했고, 이후 '스마일리 컴퍼니^{Smiley Company}'를 설립했다. 이 간단한 상표가 현재 5억 달러 이상의 라이선스 비용을 벌어들였다.

비즈니스가 아직 초기 단계라면, 우선 상표와 특허를 신청하는 것이 사업의 균형을 잡는 기초 작업이다. 법적 보호 장치는 비용과 시간을 많이 잡아먹으므로, 일단 자리를 잡을 때까지는 최소한으로 유지하는 것이 좋다. 그동안 많은 스타트업 기업가가 '성공 신화'에 몰두하는 모습을 목격했다. 자신이 성공한 사람처럼 보이고 싶어, 외적인 것을 파고드는 것 말이다. 상표나 특허 그리고 곁가지 활동에 과도한 시간과 비용을 쓰다 보면 제품 시장 적합성 같은 기본 요소를 소홀히 하게 된다. 이는 초기 비즈니스에 치명적이다. 항상 기본이 가장 중요하다는 걸 잊지 말자.

스타일 가이드

지난 7장에서, 나는 브랜드의 표면적 요소에 집착하지 말라고 조언했다. 그러나 외부에 드러나는 방식에 꾸준함과 일관성을 유지하는 것은 정말 중요하다. 초호화 장신구를 판매하는데 웹사이트가 어수선하고, 마치 집에서 취미로 만들어 판매하는 듯한 조잡하고 저렴한 상품처럼 느껴진다면 표적시장에서 인지 부조화가 일어난다. 시인인 랄프 왈도 에머슨Ralph Waldo Emerson은 "당신 말이 하도 시끄러워, 내 무슨 말인지 하나도 이해를 못 하겠다"는 유명한 말을 남겼다. 시각적 요소와 목소리는 비즈니스의 개성이다. 이를 정확하게 반영해야 한다.

예측할 수 없는 행동을 하는 사람은 신뢰성이 떨어지고 심지어 위험해 보이기까지 한다. 그래서 일관성이 중요하다는 것이다. 마케팅에 일관성이 없다면 잠재고객도 같은 느낌을 받는다. 스타일 가이드는 일관성 있는 모습을 보여주는 데 도움이 된다.

디자인 스타일 가이드는 브랜드의 시각적 요소를 담아내는 청사진이다. 일반적으로 색상 팔레트, 글꼴, 이미지, 아이콘, 로고 사용 가이드라인 등이 포함된다. 웹사이트, 인쇄물, 슬라이드, 문서 등 비즈니스를 시각적으로 표현하는 데 사용되는 모든 것을 제작할 때 활용된다.

그런데 스타일 가이드만큼 알려지지 않은 중요한 지침서가 하나 더 있다. 바로 카피라이팅 가이드다. 이는 비즈니스의 글쓰기 요소에 관한 일련의 규칙이 담긴 지침서다. 마케팅팀이 커질수록 그 중요성도 함께 커진다. 콘텐츠 작성자가 여러 명인데 각자 다른 어조나 목소리로 글을 쓴다면, 시각적 요소를 일관성 없이 사용하는 것만큼이나 브랜드에 혼란을 줄 수 있다.

잠재고객이나 실제고객과의 커뮤니케이션에 격식을 차릴 것인가, 아니면 느긋하고 친숙한 자세로 임할 것인가? 은어를 사용하는 건 어떨까? 커뮤니케이션에 농담을 섞을 것인가, 아니면 격식 차린 말투를 사용할 것인가? 의견은 제시할 것인가, 아니면 중립적인 태도를 취할 것인가? 이메일 작성과 형식은 어떻게 할까? 인터넷에서 쓰는 밈 사용은 어떨까? 만약 밈을 쓴다면 어디까지 쓸 수 있을까? 카피라이팅 스타일 가이드는 이런 모든 것을 아우르는 다양한 내용을 다룬다. 옷차림이나 말투만으로 즉시 그 사람이 누구인지 알아볼 수 있는 것처럼, 고유한 시각적 스타일과 글쓰기 문체로도 고유한 브랜드를 즉시 드러낼 수 있다.

'린 마케팅 허브(LeanMarketing.com/hub)'에 접속해 샘플 디자인이나 카피라이팅 스타일 가이드를 확인해보자.

부산물로 수익 창출하기

비즈니스에 능숙해지면서 알게 되는 것 중 하나가 바로 비즈니스에서 발생하는 유용한 부산물의 존재다. 비즈니스에서 발생하는 이러한 부산물은 그 자체로 귀중한 자산이 될 수 있다. 다른 누군가는 지금 이 순간에도, 여러분의 성공적인 사업을 따라 하고 싶어 할 가능성이 크다. 노하우, 도구, 지적 재산 같은 형태의 부산물은 여러분이 하는 일만큼, 혹은 그보다 더 가치 있는 것이 될 수 있다.

아마존은 핵심 비즈니스의 부산물을 수익화해 원가중심점을 이익중심점*으로 전환했다.

'아마존'의 핵심사업은 초창기 전자상거래에 집중되어 있었다. 그러다가 사업이 빠르게 성장하면서 전 세계에 걸쳐 연산력과 스토리지, 데이터베이스로 구성된 강력한 인프라를 구축할 수 있었다. 곧 다른 많은 비즈니스에도 이러한 인프라가 필요하다는 걸 깨달은 아마존은, 이후 이러한 서비스를 제공하는 클라우드 컴퓨팅 플랫폼, '아마존 웹 서비스Amazon Web Services, AWS'를 만든다. 그리고 AWS는 아마존에서 가장 수익성이 높은 사업 부서 중 하나로 성장했다.

마찬가지로 아마존은 전자상거래 운영을 위해 제품을 보관하고 포장, 배송하기 위해 광범위한 주문 처리 네트워크를 구축해야 했다. 이 네트워크 가치를 알아본 아마존은 '아마존 풀필먼트Fulfillment by Amazon, FBA)**'를 설립했다. 이 서비스로 판매자는 아마존 창고에 제품을 위임해 보관하고, 아마존은 배송 및 고객 서비스를 대신 처리한다. 이 서비스로 아마존은 창고 및 물류 전문지식을 활용해 수익을

---

* 수익을 낳는 중심적 부문.
** 일종의 물류 클라우드 시스템, 물류센터와는 조금 다르게 셀러가 아마존에 입점해 배송을 아마존에 위임하는 서비스.

창출하는 동시에 타사 판매자에게 혜택을 제공하고 판매할 수 있는 제품 범위를 확장할 수 있다.

내 사업에서도 이런 경험을 했다. 세계적 수준의 코칭, 컨설팅 및 교육조직을 만드는 과정에서 많은 지적 재산과 노하우를 창출했다. 이러한 지적 재산을 활용해 코칭, 컨설팅, 마케팅 업무를 시작하거나 확장하려는 이들과 기업의 문의가 끊임없이 들어오고 있다.

이런 이유로 인증 및 트레이너 양성 프로그램을 만들었다. 그리고 선순환 구조가 만들어졌다. 점점 더 많은 코치, 컨설턴트, 마케터가 린 마케팅 방법론을 배우고 실행해 성공을 거둘 수 있게 돕고 있다. 이를 통해 우리는 다른 방법으로는 결코 도달할 수 없었을 사람과 기업에 도달했다. 이는 다시 최종 사용자 중심의 프로그램을 향한 호감과 추천, 수요를 창출한다.

부산물을 판매하거나 라이선스를 부여하고 싶지 않을 수도 있다. 하지만 부산물을 잠재적 자산으로 생각하는 것은 중요한 사고방식의 전환이다.

린 사고법과 지속적인 개선을 추구하는 마음가짐은 낭비와 비용을 가치와 수익으로 전환하는 데 도움이 된다. 또한 지적 재산 자산의 구축 비용을, 단순 비용이 아닌 자본 투자로 인식하기 시작할 것이다.

제10장 실행 과제

- 주요 제품, 서비스, 프로세스, 심지어 비즈니스의 이름도 검토해보자. 이름으로 고객에게 서비스를 제공하는지 살펴보고, 그렇지 않다면 수정하자.
- 특허와 상표로 가장 소중한 지적 재산을 보호하자.
- 스타일 가이드와 표준작업지침서(SOP)를 개발해 일관성 있고 고품질의 마케팅으로 항상 브랜드에 부합하도록 만들어보자.

LEAN

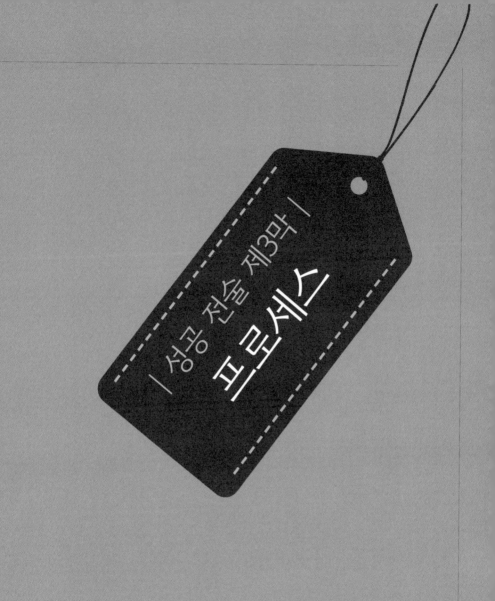

| 성공 전술 제3막 |

영업 판술 제3막

프로세스

MARKETING

느슨한 목표, 엄격한 시스템

"금방 들어갈게." 노트북을 펼쳐 놓은 채, 부드럽고 편안한 거실 소파에 엉덩이를 붙이고 앉아 있던 내가 아내에게 말했다. 시계를 확인한다. 밤 10시가 몇 분 지난 시간, 내일 아침 6시에 하루를 시작하려면 이제는 그만 잠자리에 들어야 한다는 걸 알고 있다.

"빨리 이메일 두 개만 써서 보내고 바로 자야지"라고 생각했다. 그리고 무슨 일이 일어났는지는 다들 눈치챘을 것이다. 그야말로 어둠의 인터넷 바다에 빠진 것이다. 정신 차리고 시간을 확인하니 금방 자정이었고, 나는 유튜브라는 토끼 굴에 깊이 빠져 허우적거렸다. 피곤해서 그만 자고 싶었는데도, 엉덩이를 떼고 일어나 노트북을 치우고, 현명한 아내가 잠든 침실을 향해 계단을 오르는 것보다, 자동 재생되는 재미있는 동영상을 보는 게 에너지 소비가 더 적었다.

대체 왜 이런 일이 벌어지는 걸까? 왜냐하면 나약한 나의 의지력 때문이다.

여러분과 마찬가지로, 지난 수년 동안, 나 역시 목표를 종이에 적고, 눈에 보이게 붙이고, 사람들과 공유하며 어떻게든 내 말에 책임을 지려고 하는 등, 거의 모든 목표 설정 전략을 시도해보았다. 이 중 어느 것도, 작심삼일을 넘어서는 데 효과가 없었다.

문제는 이 모든 게 대부분 의지력에 의존한다는 것이다.

강력한 의지로 목표를 설정하더라도, 그 효과는 대개 단기간에 그친다.

대신 이렇게 해보자. 바로 느슨한 목표와 엄격한 시스템이다.

『아주 작은 습관의 힘』(비즈니스북스, 2019)의 저자, 제임스 클리어 James Clear는 책에서 이렇게 말한다. "환경을 엄격하게 규율할수록, 덜 지키고 싶어진다. 절대 엄격하게 옥죄지 않는다."

느슨한 목표에는 최종 목적지가 없다. 따라서 목적지에 집착하지 않고 가고자 하는 방향을 설정할 수 있다. 단지 계속해서 목표를 유지하고, 무한히 발전하는 것뿐이다. 빡빡한 시스템은 환경을 설정하기 때문에 개선도 쉽다.

이런 사고방식은 '지속적인 향상'을 의미하는 일본어 '카이젠Kaizen, 改善'이라는 단어로 구체화할 수 있다. 이는 린 생산방식과 린 사고방식의 핵심 개념이다. '카이젠'은 장기적으로 상당한 이점을 창출하는 프로세스와 시스템에 작고 지속적인 변화를 일으키는 것이다. 낭비를 없애고, 효율성을 개선하며 더 많은 가치를 창출하는 것을 목표로 한다.

우리가 지금 하는 일을 하는 가장 큰 이유는 단지 이미 하는 일이기 때문이다. 관성은 거의 모든 행동의 결과를 설명한다. 시스템은 이러한 관성을 활용하는 비결이다. 관성을 잡고, 목에 목줄을 채우고, 말 잘 듣는 푸들처럼 옆에서 걷게 만든다.

나는 느슨한 목표와 엄격한 시스템을 통해 개인적으로도, 직업적으로도, 재정적으로도 가장 큰 성과를 거둘 수 있었다.

거창하고 흥미진진한 목표는 당장의 동기부여는 될지 몰라도, 관성적인 일상으로 돌아가면 금방 잊힌다. 목표는 단번에 무언가를 이루고 싶을 때 사용한다. 시스템은 반복적으로 이기고 싶을 때 쓴다. 시스템은 시간이 지날수록 엄청난 이득을 안겨준다.

복리이자

알버트 아인슈타인Albert Einstein은 "복리는 세상의 여덟 번째 불가사의 … 그걸 이해하는 사람은 돈을 벌고 … 이해 못 한 사람은 돈을 쓴다"라고 했다. 작가 나발 라비칸트Naval Ravikant는 "부, 관계, 지식 등 인생의 모든 수익은 복리에서 비롯된다"라고 썼다.

빠른 승기, 쉬운 해결, 하룻밤 사이의 인생 역전… 이런 것에 집착하는 세상에 복리라는 개념은 그다지 매력적으로 들리진 않는다. 적

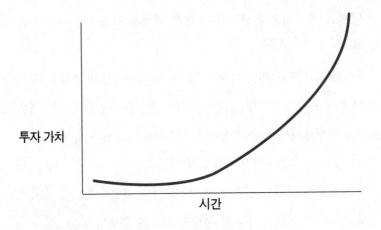

투자 가치

시간

어도 한동안은 그렇다.

복리이자가 골치 아픈 이유는, 오랜 시간 동안 아무 일도 일어나지 않는 것처럼 보이기 때문이다. 그러다가 갑자기 아무런 이유도 없이 급격한 상승세를 탄다.

매주 50달러를 은행 계좌에 넣으면 50년 후에는 총 13만 달러를 예치한다. 하지만 그동안 예금의 8% 이자가 월 복리로 붙으면 총잔액은 171만 8,541달러가 된다. 이자만 해도 예치한 금액의 10배가 넘는다. 어떻게 이런 일이? 바로 복리의 마법 때문이다.

역사적으로 스탠더드앤드푸어스(S&P) 500의 인플레이션 조정 연평균 수익률은 약 8%로, 이 수익률이 달성할 수 없는 터무니없는 수치는 아니다. 누구나 간단한 지수연동형 펀드(인덱스 펀드)로 이 수익률에 접근할 수 있다.

이것이 사실상 백만장자가 되는 확실한 방법임에도 불구하고, 대부분 사람은 지루하고 느리다는 이유로 무시한다. 최신 암호화폐나 위험한 엔젤 투자가 훨씬 더 흥미진진하다며 말이다.

물론 나 역시 빠르고, 흥미진진하고 위험한 일을 좋아한다! 그러나 스카이다이빙이 장기적인 행복의 정답이 아닌 것처럼, 빠른 승리와 손쉬운 해결책도 장기적인 비즈니스 성공의 해답이 될 수는 없다.

복리이자는 재테크뿐만 아니라 삶의 모든 영역에 적용된다. 복리는 인간관계, 건강, 지식, 신뢰 그리고 이 책의 목표인 마케팅에도 적용된다.

4막에서는 빠르고 쉽게 구현할 수 있는 몇 가지 강력한 전략을 소개하고자 한다. 하지만 마케팅은 단 한 번으로 끝나는 게 아니다.

린 마케팅의 일곱 번째 원칙
마케팅은 이벤트가 아니라 과정이다

장기적으로 큰 마케팅 이득은 매일, 매주, 매월 진행하는 프로세스의 복리이자를 얻을 수 있다는 점이다. 초기에는 복리이자가 재정에 큰 도움이 되지 않는 것처럼 느껴지고, 초기 마케팅 활동의 많은 부분이 실망스럽게 느껴질 수도 있다. 이 모든 게 실제로 효과가 있는지 의문이 들기도 하고, 올바른 방향으로 가는지 궁금할 수도 있다.

그러나 낙담은 이르다. 당연히 정상적인 현상이다. 9명의 여성이 동시에 임신했다고 한 달 만에 아기가 태어나지 않는 것처럼, 물리적인 시간이 걸리는 일도 있다.

린 마케팅은 마케팅 활동을 줄이되, 보다 집중적이고 일관되며 의도적인 방식으로 마케팅을 수행하는 게 목표이다. 무작위로 마케팅을 펼치며 일관성 없는 결과를 얻는 대신, 엄격한 시스템을 가동하고 지속적으로 개선해야 한다. 그렇게 하면 수익률은 복리이자 그래프의 끄트머리처럼 오른쪽으로 상승곡선을 그릴 것이다.

하룻밤 사이에 큰 성공을 거둔 많은 기업이 '카이젠'을 통해 성공의 길로 들어섰다. 이젠 여러분 차례다.

대화가 전환으로 이어진다

마지막으로 구매한 가치 있는 물건을 떠올려보자. 충동구매나 사소한 물건 말고, 정말 신중하게 고려해 구매한 물건 말이다.

혹시 그날 아침 잠에서 깨서 곧바로 구매를 결정했나? 아마 아닐 것이다. 사기 전에 조사를 좀 했을 것이다. 제품의 작동방식이나 특정 모델의 장단점을 이해하기 위해 리뷰를 보거나, 경쟁사의 제품을 파악하거나, 동영상 리뷰를 시청했을 수도 있다. 잠재고객도 이와 비슷하다. 그들은 여러분의 제품이나 서비스 유형을 조사했으며, 종종 여러분도 그 조사의 대상이 되기도 한다.

잠재고객은 리뷰를 읽고 웹사이트와 소셜 계정을 확인하고, 회사 내부나 외부 누군가와 대화를 나눈다. 머릿속으로 끊임없이 고민하며 여러분과 여러분의 제품에 관한 대화를 나눌 것이다. **대화는 전환으로 이어지기 때문에**, 마케팅 프로세스에서 가장 중요한 건 바로 이런 대화에 끼어드는 것이다.

대화는 어떤 경우에도 발생하므로, 여러분이 끼어들기만 하면, 성공할 확률이 가장 높다. (직접 또는 간접적으로) 그들의 질문에 답하고, 의심을 해소하고, 고객의 행동을 끌어낼 수 있다.

이 책에서 다룰 내용 대부분은 이상적인 표적고객의 행동을 유도하고, 대화를 나누는 데 초점을 맞추고자 한다.

마케팅 경기에서 승리하려면 마케팅을 이벤트가 아닌 과정으로 취급해야 한다. 팀은 이러한 마케팅 프로세스를 실행하는 데 필수적인 역할을 한다.

제11장

비즈니스는
팀 스포츠

슈퍼맨 증후군

많은 기업가가 슈퍼맨 증후군을 앓는다. 문제가 발생하면? 나에게 답이 있다. 질문이 있다면? 나에게 답도 있다. 다른 누구도 해결할 수 없는 문제가 있을까? 내가 나서서 해결해야 한다.

슈퍼맨은 멋지다. 강한 사람처럼 느껴진다. 똑똑한 기분이다. 나는 꼭 필요한 존재라고 느껴진다. 근데 여기 한 가지 문제가 있다. 바로 빌어먹을 크립토나이트 ^{Kryptonite*}다.

기업가의 크립토나이트는 이런 모습이다.

• **진심으로 믿을 사람이 없다**: 다들 상사라는 이유로 "예"라고 대답은 한다. 그래서 당신의 아이디어가 아무리 별로여도 '별로'라고 말해

---

* 가상의 물질로, 슈퍼맨의 가장 대표적인 약점이다.

줄 사람이 없다.

- **끊임없는 질문과 방해를 일삼는다**: 팀원들은 계속해서 당신에게 질문하고, 의견을 묻고, 결정을 기다린다.
- **나무만 보고 숲을 보지 못한다**: 종종 우선순위를 정하지 못하거나 '모든 게 중요하다'라는 최악의 상황을 만들어내기도 한다.
- **값비싼 시행착오(그것도 대부분은 오류)**: 벽에 아무거나 계속해서 던지면서 하나만 붙기를 바란다.
- **기회비용**: 상당한 진전을 이룰 수 있었는데도 성공할 가능성이 없는 일에 시간과 돈을 낭비한다.
- **연결을 끊을 수 없는 상태**: 휴가를 떠났고, 가족과 함께 시간을 보내고 싶은 마음은 굴뚝 같은데, 여행 내내 휴대폰이나 노트북에 매달려 일만 하는 상태다. 가족이나 상대는 이해하지만, 실망을 감출 수 없다.

혹시 이 중 하나라도 자신의 상황이라면, 아직도 1인용 비즈니스라는 게임을 하는 것과 같다. 단언컨대, 이는 팀원 수와는 전혀 상관없다. 일부 기업가는 대규모 팀을 꾸려놓고도, 그들을 조수 이상으로 여기지 않는다. 기업가는 끊임없이 일해야 하지만, 일을 계속 진행하기 위해서는 많은 결정 과정과 정보를 토대로 팀을 가르쳐야 한다. 슈퍼맨이 당장은 기분이 좋을지 몰라도 장기적으로 보면 쉽게 지치고, 팀 내에서 똑똑한 조직원이 주도권을 잡지 못하게 되며, 비즈니스 성장에 제동이 걸리는 경우도 생긴다.

장점 강화하기

나는 바닷가 근처에 사는 게 좋다. 수면 위로 지는 석양과 지나가는 배를 바라보는 것만으로도 삶이 평온해지는 기분이다. 이 글을 쓰는 지금, 서재 창밖을 내다보면 여러 수상 활동을 즐기는 사람들이 보인다. 작은 낚싯배를 타는 사람, 제트스키를 타고 지나가는 사람, 패들 보트를 타고 유유히 떠다니는 사람 등이다.

물을 가까이하고 워낙 좋아하는 탓에, 수영을 못 한다는 사실이 늘 불안했다. 수영장 한쪽 끝에서 반대쪽 끝까지 발을 차고, 물보라를 일으키며 나아갈 순 있지만 에너지 소비는 훨씬 크다. "주스는 과일을 짜낼 가치가 없는 것"이라는 우스갯소리처럼, 파도나 이안류^{離岸流}* 등 미지의 요소가 넘치는 자연에서 수영을 하면 덜컥 겁이 난다.

그러던 어느 날, 팀 페리스^{Tim Ferriss}가 '토털 이멀전^{Total Immersion}'**이란 방법으로 늦은 나이에 수영을 배웠다는 글에서 영감을 얻은 나는 마침내 용기를 내기로 마음먹었다.

온라인 검색과 몇 번의 전화 통화 끝에, 나는 토털 이멀전 수영 강사를 고용했다. 몇 주 후 토요일, 정신을 차려보니 내가 소독약 냄새

---

* 매우 빠른 속도로 한두 시간 정도의 짧은 기간에 해안에서 바다 쪽으로 흐르는 좁은 표면 해류.
** 몸과 마음을 이해하며 한 단계씩 착실하게 훈련하는 방법.

가 진동하는 공공 실내 수영장에서 몸에 꼭 맞는 삼각 수영복을 입고, 털북숭이 남자와 함께 수영했다.

선생님은 오늘 훈련을 위해 레인을 통째로 예약했다. 우리 옆 레인에서는 수영모를 쓴 노인 몇 분이 우아하게 물살을 갈랐다. 반대쪽 옆 레인에는 호루라기를 불 때마다 수달처럼 헤엄치는 어린아이들을 가르치는 수영 강사도 있었다. 분명 저 아이들의 부모들은 나처럼 40대에 망신을 당하지 말라는 큰 뜻으로, 일찍부터 아이들에게 수영을 가르치는 지혜를 발휘한 것 같았다.

털북숭이 선생님은 하루가 끝날 무렵이면, 나도 다른 사람들처럼 혹은 그보다 더 능숙한 수영 실력을 갖추게 될 것이라고 호언장담하며 수업을 시작했다. 자세한 이야기는 생략하겠지만, 6시간 후, 그는 매우 흥분한 상태였고 나는 적어도 1갤런 이상의 수영장 물을 마셨다. 내가 마신 물의 2할은 분명 사람 소변이라고 확신한다.

마음은 흔들렸지만 동요하지 않고, 얼마 후 나는 요트 타는 법을 배우기로 했다. 몇 년 전, 지역 요트 클럽에 가입한 적이 있다. 인근 해변의 좋은 위치에 라운지, 주방, 장비 보관소 등 클럽의 다양한 편의 시설도 이용할 수 있었다. 그곳에서 책을 읽고 글을 쓰며 휴식하는 게 좋았다. 여름철 해변을 가득 메우는 시끄러운 인파에서도 벗어날 수 있었다. 어쨌거나 나도 클럽의 회원이었으므로, '항해 배우는 날'을 홍보하거나 내가 모르는 항해 전문용어가 가득한 주간 이메일 뉴스레터를 받았다.

여러 차례 홍보 레터를 받고 난 후, 어느 날 문득 한 번 배워볼 마음이 들었다. 자세한 이야기는 이번에도 생략하겠지만, 그날 내가 탄 요트가 전복되었고, 머리를 다치는 바람에 클럽 회원 자격이 취소될 뻔했다.

그 경험을 통해 나는 육지에 사는 포유류가 확실하다는 생각이 들었다. 물과 함께하는 삶은 정말 좋아하지만, 물속에 들어가 사는 건 내 운명이 아니었다.

수영이나 요트 배우기에 엄청난 노력을 기울인다면 결과가 달라졌을까? 물론 그럴지도 모른다. 하지만 그러려면 **정말 많은** 시간과 노력을 들여야 하고, 잠재적 보상은 그만한 가치가 없어 보인다.

그렇다면 내가 10대 시절, 컴퓨터 프로그래밍 수업을 들었을 때와 비교하면 어떨까? 그때는 물고기가 된 것처럼 모든 게 쉬웠다. 다른 친구들보다 훨씬 빠르게 개념을 이해하고 예제를 따라 하며 작업을 완료했었다.

열심히 노력하면 약점을 덜 약하게 만들 수 있다. 하지만 아무도 당신이 무엇을 잘못했는지는 신경 쓰지 않는다. 이미 강점이 있거나, 적성에 맞는 분야에 노력을 집중하면 시간, 비용, 에너지 수익률이 훨씬 더 높아진다. 게다가 재미있다. 자신의 약점을 덜 약하게 만드는 데는, 강점을 강점으로 만드는 데 드는 노력과 똑같은 노력이 필요하다.

약점 보완하기

비즈니스 게임에서는 혼자서 또는 몇 명의 조력자와 함께 어느 정도의 성공을 거둘 수 있다. 정말 열심히 일한다면 꽤 큰 성공을 거둘 수도 있다. 다만 번아웃으로 쓰러지거나, 곧 성장의 한계에 부딪힐 가능성이 크다.

팀이 중요한 이유가 바로 여기 있다. 나의 약점을 보완하고 강점을 극대화하며, 훨씬 더 지속 가능한 멀티 플레이어 모드로 게임을 플레이해야 한다.

지노 위크먼Gino Wickman은 『트랙션』(시목, 2020)에서 비전가와 책임자의 역할을 논한다. 비전가는 말 그대로 꿈을 꾸는 사람이다. 이들은 항상 아이디어를 떠올리며, 타고난 창의적 문제해결사다.

반면 책임자는 매일 발생하는 문제를 계획하고, 세부적으로 파악하고, 관리하는 데 능숙하다. 책임자는 팀을 하나로 묶고 일을 완수할 수 있도록 접착제 역할을 도맡는다.

둘 다 조직의 성공에 매우 중요한 역할을 한다. 비전가는 비즈니스에 창의적인 인사이트를 제공하고 새로운 제품과 업무처리 방식을 개발하며, 책임자는 이를 실행하는 데 필요한 논리적이고 구조화된 접근법을 제시한다. 비전가와 책임자 두 가지 역량을 모두 갖춘 사람은 사실 극히 드물다.

대부분 기업가와 창업가는 비전가적 성향을 갖고 있다. 아직 완성되지 않은 아이디어와 프로젝트가 많다면 이 범주에 속할 가능성이 크다. 비전가에게 세부 사항을 집중하라고 독려하는 건, 마치 둥근 구멍에 네모난 못을 끼워 맞추려고 하는 것과 다르지 않다. 약점이 있는 사람을 데려다가, 그 약점을 조금 덜 약하게 만들려고 하는 것과 같다. 이런 이들에게 꼭 필요한 건 바로 책임자다.

물론 비전가와 책임자가 항상 특정 직책과 일치하는 건 아니라는 점을 유의해야 한다. CEO나 창업자가 항상 비전가는 아니며, 업무집행 최고책임자^{COO}나 최고마케팅경영자^{CMO}가 늘 책임자도 아니다.

조직이 비전가나 책임자 중 어느 한쪽에 지나치게 치우쳐 있으면 문제가 발생한다. 두 유형 모두 균형이 필요하다.

만약 비전가라면 창의적인 마케팅 아이디어가 끊임없이 떠오르지만 이를 실행에 옮기는 경우는 드물 것이다. 이런 사람에게는 팀에 마케팅 인프라 운영을 책임지는 통합 책임자가 필요하다.

제너럴리스트 마케팅 대행사의 함정

최근 올인원 마케팅 대행사에 일을 맡겼다가 (결국 계약 해지 통보를 날리고) 수십만 달러의 비용을 쓰는 과정에서 엄청난 시간만 낭비한 한 사장님과 통화하는 일이 있었다.

대행사는 이른바 브랜드 활성화 작업으로 몇 달을 허비했다고 했다. 그 결과 멋진 새 로고와 근사한 온라인 브로셔 역할을 하는 웹사이트, 위트있지만 어딘가 뜻은 명확하지 않은 슬로건이 탄생했다. 대행사는 고객의 돈을 트럭 한 대 분량으로 가져가 놓고는, 수준 낮은 구경꾼만 잔뜩 끌어들이는 디지털 광고로 마지막 한 방을 날렸다고 했다. 자, 다들 그 사장님이 쓴 돈을 위해 묵념하는 시간을 가져주시길. 그렇게 찬스는 날아갔다.

이런 이야기를 정말 많이 듣는다. 일반적으로 이런 일이 발생하는 과정이 비슷하다. 기업가는 회사 운영만으로도 바쁘다. IT, 급여, 법률 같은 일부 비^非핵심 비즈니스 파트는 성공적으로 아웃소싱을 맡겼다. 마케팅도 마찬가지여서, 제품이나 서비스를 제공하는 데만 집중하면 좋겠다고 생각한다. 그래서 마케팅 대행사를 고용하고 대행을 맡긴다. 논리적 절차라고 느껴지지 않는가? 그러나 이 이야기의 결말이 해피엔딩인 경우는 거의 없다.

저명한 경영학자, 피터 드러커^{Peter Drucker}는 이렇게 말했다. **비즈니스에는 마케팅과 혁신만 있을 뿐**이라고. 전적으로 동의하는 바다. 이 두 가지가 바로 비즈니스의 핵심 기능이다. 많은 기업가가 혁신에는 뛰어나지만, 마케팅에서 발목을 잡히곤 한다.

비핵심 비즈니스 파트를 하도급으로 넘기는 건 현명한 처사다. 비용을 절감하고 비즈니스가 남기는 주요 수익 부문에 집중할 수 있기 때문이다. 하지만 마케팅 같은 핵심 활동을 하청으로 넘기면 대개 재앙이 찾아온다. 마케팅을 아웃소싱하는 건, 마치 배우자를 너무 사랑한 나머지, 나 대신 배우자에게 잘해줄 사람을 대신 고용하는 것과 다르지 않다.

아, 혹시 마케팅 대행사를 소유하거나 운영한다면, 내게 분노의 항의 편지를 보내는 걸 잠깐 참아주길 바란다.

제너럴리스트 마케팅 대행사의 시대는 끝났다. 대행사가 마케팅의 모든 측면에 전문가가 되길 기대하는 건 현실적으로 불가능한 일이다. 다양한 소셜 미디어와 콘텐츠 플랫폼이 넘쳐나고 있으며 다이렉트 메일이나 카피라이팅, 웹 개발, 이메일 마케팅 등 플랫폼에 따라 디지털 광고는 크게 달라지기 때문이다.

당신의 제너럴리스트 마케팅 대행사는 당신에게 실망을 안겨주고 싶어 하지 않지만, 안타깝게도 미션 성공이 불가능한 임무를 맡은 셈이다(혹은 알면서도 맡았거나). 혹은 톰 크루즈를 섭외하지 못했거나.

대행사를 고용하고 싶다면 이 3가지를 떠올려볼 것이다.

- 여러분은 대행사의 수백, 수천 명의 고객 중 한 사람일 뿐이다. 대행사의 관심 은 당연히 분산될 수밖에 없다.
- 많은 경우, 대행사는 수수료를 받거나 광고비 지출의 일부를 가져간다. 따라 서 여러분이 돈을 많이 쓰면 쓸수록 더 많은 수익을 얻는다. 이에 따라 인센티 브의 불균형이 발생한다.
- 대행사를 고용한다는 건, 그들의 마케팅 지적 재산과 역량 구축을 도와주는 꼴이다. 결코 여러분의 것이 될 수 없다. 대행사를 옮기거나 사내에서 업무를 진행하는 순간, 거의 처음부터 모든 걸 새로 시작해야 한다.

즉 마케팅은 비즈니스의 핵심 기능인만큼, 자신만의 마케팅 역량을 개발해야 한다. 그렇게 자신의 운명을 스스로 결정하고, 다른 사람의 손을 빌리지 않고 나만의 비즈니스 가치를 높일 수 있다.

그렇다고 해서 필요할 때 외부 전문가의 도움을 받지 말라는 소리는 아니다. 어떤 순간에는 **전문** 마케팅 대행사가 큰 도움이 되기도 한다. 나는 모든 종류의 전문 업무를 위해 대행사나 프리랜서를 자주 고용한다. 온종일 디지털 광고 플랫폼을 실험하고, 검색엔진 최적화를 이해하고, 이메일 광고 실현 가능성을 파악하느라 시간을 쓰는 컴퓨터 전문가들에게 늘 감사한 마음을 품고 산다. 훌륭한 **전문** 마케팅 대행사는 그만한 가치가 있다.

그러나 대부분의 카피 작성, 콘텐츠 제작, 마케팅 인프라 운영 같은 일상적인 전략 실행은 내부에서 수행하는 게 좋다. 비용도 절감할 수 있고, 기회에 더 빠르게 대응할 수 있기 때문이다.

기업가로서 마케팅 전략은 여러분의 책임이다. 외부에선 절대, 당신의 비즈니스를 당신만큼 잘 이해하거나, 관심을 갖지 못한다.

마케팅 대행사를 소유하거나 운영한다면, 최악의 고객은 자신의 책임을 방기하고 기적을 기대하는 고객일 것이다. 반대로 최고의 고객은 치밀한 전략, 강력한 자산, 탄탄한 제품 시장 적합성을 갖춘 고객이리라. 이들은 명확한 업무 범위를 제시하고, 합리적 기대치를 갖는다. 기대에 부응할 수 없다는 사실을 잘 알면서도 모든 사람에게 모든 것을 제공하려고 노력하는 것보다 이런 고객을 상대하는 게 낫지 않을까?

고용하지 말고, 투자하라

기업가가 자신의 피, 땀, 눈물과 재능을 쏟아부어 상당한 규모의 사업을 성공적으로 구축한 경우를 자주 목격한다. 이들은 훌륭한 제품이나 서비스를 제공하기 위해 적절한 운영 인력을 고용하고 교육하지만, 실제로 남는 시간에 마케팅을 직접 운영하려고 노력하는 경우는 거의 드물다.

가끔은 큰 비용을 쓰고도 성과를 거의 내지 못하는 제너럴리스트 마케팅 대행사 때문에 손해를 입는 경우도 많았다. 교육이나 강의를 받았지만 실행에 옮기지 못할 때도 있다. 이럴 때는 마케팅 프로세스를 구축하고 실행하는 데 집중할 수 있는 인력을 고용해야 한다. 이제 막 마케팅팀을 구성하기 시작했다면, 누구를 먼저 고용해 마케팅을 운영해야 할까? 학위를 받고, 대기업에서 다년간의 경력을 쌓은 '최고급' 마케터나 최고마케팅경영자^{CMO}를 고용해야 할까? 정답은 "그럴 필요는 없을지도 모른다"다. 이들은 마케팅팀에 가장 적합한 첫 번째 인재가 아니다.

이런 인재의 과거 업무 경험은 주로 여러분의 비즈니스와 무관한 경우가 많을 것이다. 대개 내부와 외부 공급업체를 관리하면서 실제로는 느리고 비용이 많이 드는 업무를 수행했을 가능성이 크다. 이미 대규모 마케팅팀을 구성했고 많은 고객을 유치한 상태라면 좋은 인재 채용일 수도 있다. 그러나 마케팅 인프라를 구축하는 초기 단계에서는 마케팅팀의 모든 인원이 '도구'와 실행에 집중해야 한다.

솔직히 말하자면, 최고의 마케터는 실무 경험을 통해 커리어를 쌓아왔다. 여러분이 조심해야 할 사람은 진짜 관리자들이다. 종이 한 장, 화려한 타이틀, 대규모 캠페인과 프로젝트 이야기에 현혹되지 말아야 한다. 우리에게 당장 필요한 사람은, 여러분이 해야 할 기본적인 일을 직접 소매를 걷어붙이고 실행할 수 있는 사람이다.

그러나 대기업에서 온 인재의 가장 큰 문제는 이런 사람들이 '안전한' 제도권 마케팅에 익숙해져 있을 가능성이 크다는 것이다. 누구에게도 불쾌감을 주거나 배제하지 않는 안전한 마케팅 말이다. 이들은 다양한 위원회와 주주들의 입맛에 맞는 안전하고, 보기 좋은 마케팅 콘텐츠를 제작하는 데 익숙하다. 이들은 종종 기발한 아이디어를 경시하고, 안전하고 '프로페셔널'하며 진부한 콘텐츠를 원한다.

이런 사람들을 대신해, 마케팅 코디네이터와 함께 시작하는 것을 추천한다. 마케팅 코디네이터는 실질적인 실행에 집중할 수 있다.

마케팅팀을 처음부터 새로 구성하든, 기존 팀에 추가하든, 중요한 건 반드시 경력이 아니라 태도를 기준으로 팀원을 채용하는 것이다. 배우고자 하는 열망이 있고, 새로운 기회에 도전하려는 사람을 채용할 것이다. 기술은 배울 수 있지만 태도는 일반적으로 배울 수 없다. 다시 말해, **고용하지 말고 투자하라**. 사람에 대한 투자는 엄청난 배당금으로 돌아오는 법이다.

린 생산방식에서 중요한 개념은 크고 비싼 특수 기계가 아닌 소규모의 범용 기계를 사용하는 것이다. 마찬가지로 린 마케팅은 평범한 직원들로 구성된, 사내 팀에서 구현할 수 있는 전술에 중점을 둔다. 정신적 지주, 천재 또는 특별한 전문기술을 가진 사람은 필요치 않다.

린 마케팅 허브(LeanMarketing.com/hub)에 접속해 직무 설명 샘플과 광고를 포함한 마케팅 코디네이터 채용 종합 지침서를 다운로드해보자.

상식을 일반적 관행으로 만들자

마케팅 코디네이터에게는 특별한 재능이나 고도의 전문기술이 필요하지 않다. 그저 상식을 비즈니스의 일반적인 관행으로 만드는 데 도움을 주기만 하면 된다. 마케팅 코디네이터가 갖추어야 할 핵심 능력은 글쓰기 능력, 기술에 능통하고 리더십을 발휘할 수 있는 잠재력 등이다.

지난 5장에서 살펴보았듯, 카피라이팅은 마케팅의 거의 모든 요소에 영향을 미치므로, 매우 중요하다. 굳이 헤밍웨이^{Ernest Hemingway}가 될 필요는 없지만, 명확하고 효과적인 글쓰기는 할 줄 알아야 한다. 내가 고용한 코디네이터가 표적시장의 원어민인지 아닌지 확인하고, 그들의 글이 잠재고객의 모국어나 방언과 일치하는지도 확인하자.

예를 들어, 표적시장이 영국이라면, 영국에 거주하거나 이전에 영국에서 근무한 경험이 있는 마케팅 코디네이터를 고용하는 편이 좋다. 전 세계 많은 지역에서 영어를 쓰지만 지역에 따라 현지인만이 이해할 수 있는 속어, 은어, 뉘앙스가 분명 존재한다. 외국인이 현지인인 것처럼 흉내 내면 누군가는 분명 알아본다.

마찬가지로 기술의 마법사가 될 필요도 없다. 일일, 주간, 월별 마케팅 업무의 상당수가 도구를 사용해 수행되므로, 도구와 소프트웨어에 익숙하기만 하면 된다. 안타깝지만 기술 공포증 환자는 썩 힘들지도 모르겠다.

마지막으로, 마케팅 시스템이 확장되면, 추가 팀원이 필요할 수 있으므로 리더십 잠재력도 살펴보자. 낯선 사람을 팀원으로 영입하는 것보다는, 기존 팀원을 리더로 성장시키는 게 더 효과적이고 동기부여도 확실하다. 여기에는 3가지 주요 이점이 있는데, 첫째로 팀원들은 커리어가 발전한다는 느낌을 받을 수 있으며, 이것만큼 확실한 동기부여는 없다. 둘째, 향후 마케팅팀 채용에 도움이 되거나 담당자가 될 수도 있으므로 많은 시간을 절약할 수 있다. 마지막으로, 새로운 팀원 채용에 핵심적인 역할을 한다면, 단순히 신입 사원을 채용하는 것보다 더 큰 주인의식을 갖게 될 것이다.

개인적으로, 나는 원격근무도 상당히 지지한다. 미국, 캐나다, 호주, 필리핀, 남아프리카공화국, 콜롬비아, 독일 등 전 세계 곳곳에 내 팀원들이 근무 중이다. 원격 재택근무자를 고용하면 현지 비즈니스를 운영하더라도 엄청난 인재 풀이 열린다. 업무에 가장 적합한 사람이 반드시 내 지역에 존재하는 것만은 아니다.

재택근무는 또한 모두가 삶의 질을 높일 수 있는 업무환경을 조성하는 데 큰 도움이 된다. 직원은 고통스러운 출퇴근 시간을 피할 수 있고, 자녀를 돌볼 수 있으며, 별도의 허락이나 휴가를 쓰지 않아도 여행을 떠날 수 있다. 작은 공간에 갇혀 있지 않고 자유롭다. 많은 고용주가 이러한 자유로움이 생산성 저하로 이어지는 것은 아닌지 걱정한다. 하지만 마음만 먹으면 사무실에서도 얼마든 상사의 눈을 피해 나태한 근무를 할 수 있다. A급 직원을 고용하고 생산성 지표를 추적해 이런 위험을 완화할 방법도 함께 알아보자.

A급 플레이어하고만 일하기

흔히 팀을 가족이라고 부르는 고객과 친구들이 있다. 이런 표현이 좋은 것처럼 보여도 심각한 결함이 있다. 다음은 '넷플릭스'가 직원들과 공유한 메모의 일부다.

우리는 가족이 아니라 전문 스포츠팀을 모델로 삼는다. 가족은 무조건적인 사랑에서 기인한다. 그러나 스포츠 드림팀은 최고의 팀원이 되기 위해 자신을 밀어붙이고, 팀을 진심으로 아끼며, 영원히 팀에 속할 수 없을지도 모른다는 가능성을 알면서도 뛴다. 드림팀은 연차나 임기에 좌지우지하지 않는다. 오로지 성과만이 중요하다.

내게는 진심으로 사랑하지만 절대 고용하진 않을 친구와 가족이 있다. 내가 할 수 있는 모든 방법으로 그들을 돕겠지만, 사생활과 커리어는 분리되어야 한다. 내 비즈니스는 스포츠팀처럼 운영하고, 그 자리를 채울 선수들은 성과에 따라 채용한다.

사업 초기에는 나도 '괜찮은' 사람들을 고용했다. 아주 끔찍하진 않았지만, 확실히 대단한 인재도 아니었다. 일을 해내는 기술을 보유했지만 추진력, 동기부여, 주인의식은 부족했다. 솔직히 말하자면 그들은 B급 혹은 C급 선수들이었고, 그런 이유로 많은 것이 내게 되돌아왔다.

사업체의 리더로서 내 역할은 직원들에게 영감을 주고 동기를 부여하는 것이라고 여겼다. 하지만 그 결과는 기껏해야 일시적이었고, 결코 B급, C급 직원들을 A급으로 만들 수는 없었다. 비용은 정말 많이 들고, 남은 건 좌절감뿐이었다. 종종 어른용 탁아소를 운영하는 기분이었다.

요즘 나는 A급 선수가 아닌 사람은 팀에 들이지 않는다. 두 가지 이유 때문이다. 첫째, A급 선수는 대단한 인재다. 더 많은 돈을 월급으로 지급해야 하지만, 그들은 내가 쓴 비용보다 더 많은 것을 만들어낸다. 둘째, 팀에 B급, C급 선수가 있으면 A급 선수의 업무 속도가 느려지고 의욕은 떨어지며 사기도 저하된다.

업무적으로 큰 잘못이 없고 사람도 좋은 B급, C급 선수를 내보내는 일이 유쾌하진 않다. 그러나 어쩔 수 없이 해야 할 일은 해야 한다. 조직은 항상 가장 약한 팀원으로 인해 병목현상이 일어날 것이다. 내가 용인할 수 있는 나만의 기준으로 평가하자.

진정한 A급 선수는 비록 지금은 자격 요건이 되지 않지만, 자신이 성장할 수 있는 직무와 기회를 찾는다. 물론 이들에게도 급여는 중요하지만, 역할을 향한 도전과 학습 기회를 얻을 수 있다는 동기부여도 중요하다. 팀이 계속해서 동기부여를 해주어야 하는 직원이 있다면 그는 결코 A급이 아니다. A급 선수는 동기를 부여할 필요가 없으며 성공을 향한 본질적인 욕구가 높다. 이들은 '배터리 포함' 상태로 제공된다.

B급, C급 선수를 써서 비용을 절약했다고 하더라도, 이들을 감독하고 세세하게 관리하고 동기를 부여하느라 몇 배는 더 비용을 쓴다. 이는 여러분과 팀 모두에게 끔찍한 일이다.

감옥이 아니라 자석이 되자

비즈니스는 세상에 긍정적인 영향을 미치는 아주 놀라운 수단이다. 자신의 삶을 개선하는 것부터 시작해보자. 그런 다음 가족, 커뮤니티, 고객을 아우를 수 있도록 영향력의 분화구를 키우자. 그보다 긍정적인 영향을 주고 싶은 가장 중요한 그룹은 바로 나의 팀이 되어야 한다.

앞서 나는 태도를 기준으로 사람을 채용하고 직무 수행에 필요한 추가 기술을 교육하는 방식으로 직원에게 투자해야 한다고 말했다. 이런 주장에 일반적으로 반대하는 사람들은 "직원 교육에 시간과 돈을 투자했는데 직원이 떠나면 어떻게 하느냐?"고 반문한다. 내 반론은 "교육하지 않았는데 그만두지 않으면 그때는 어떻게 하겠는가? 그때는 얼마나 큰 비용을 지급해야 하는가?"다.

우리는 다들 무능한 직원을 둔 기업의 고객이었던 적이 있다. 고객 처지에서는 실망에 그치지만, 업주에게는 그야말로 재앙과도 같다. 이는 낮은 만족도와 높은 이직률, 그리고 큰 스트레스로 이어진다.

따라서 유능하고 잘 훈련된 팀원을 보유하는 것은 단순히 좋은 비즈니스에서 그치지 않는다. 내게는 그 이상의 의미가 있다. 나는 고객에게 긍정적 영향을 주고 싶지만, 동시에 내 기업가적 꿈을 실현하는 데 도움을 준 이들에게도 긍정적 영향을 주고 싶다. 나는 그들이 단순히 월급 이상의 것을 가져가길 원한다. 내 비즈니스와 연관되어 그들의 삶이 더 나아졌으면 좋겠다. 그들이 평생 지닐 기술과 경험을 가져가길 바란다.

팀원들이 끊임없이 배우고 도전할 수 있는 환경을 조성하면, 열심히 일하고 회사를 떠나고 싶어 하지 않을 것이다. 지루한 업무환경에 끊임없이 잔소리하는 '꼰대 상사'를 누구나 경험했을 것이다. 여러분이 딱 정반대로만 한다면, 직원들은 여러분과 장기적으로 일하고 싶어 할 것이다.

그리고 나의 팀원이 더 나은 기회를 찾거나 자신만의 사업을 시작하고 싶어 하는 날이 오면 흔쾌히 보내주자. 이를 방해하거나 막으려 하지 말고 물심양면 도와주자. 다른 사람의 성공 사례에 이름이 언급되는 것보다 뿌듯한 일도 없다.

이렇게만 하면 열심히 일하고 야심 넘치고 의욕이 넘치는 사람을 끌어당기는 자석 같은 기업가가 될 수 있다. 팀이 더는 머무르고 싶어 하지 않는 감옥 같은 사람과 환경이 부디 여러분의 회사는 아니길 빈다. 만약 그렇다면 인력 전략부터 다시 짜보자. 물고기는 머리부터 썩는 법이다.

한 가지 더

많은 조직에서 '목표와 핵심 결과(OKR)'* 방법론이 직원의 효율성을 측정하고 성과 검토를 수행하는 방법론으로 유행 중이다.

처음 목표관리 방법론을 들었을 때는 나도 기대가 컸다. 낡은 성과 검토와 목표 설정 방법론을 극복할 수 있을 것만 같았기 때문이다. 하지만 그 유래에 관한 이야기를 들으며 회의적인 마음이 들기 시작했다. 경영진과 함께 온종일 '목표와 핵심 결과(OKR)' 워크숍을 진행하면서 나의 기대감은 메스꺼움으로 바뀌었다. 그날은 절대 회고하고 싶지 않을 정도다.

---

* 조직에 하나의 목표와 3-5가지 핵심 결과를 설정함, 달성할 수 있는 구체적이고 짧은 기한과 공격적이고 현실적인 검증법으로 목표를 수행하는 데 초점을 맞춘다.

나도 '목표와 핵심 결과'를 좋아하고 싶지만, 이 방법론은 공산주의와 마찬가지로 이론적으로는 완벽하게 작동하지만 실제로는 허점이 크다. 생산성을 높이기 위한 관료주의가 결국 생산성을 가려버리고, 값비싼 컨설턴트와 인사 담당자를 불러들여 비용만 낭비하기 때문이다.

끝도 없는 회의나 문서 작업이 없어도 되는 훨씬 더 간단한 방법이 있다. 억만장자 벤처 캐피털리스트, 피터 틸Peter Thiel이 추천하는 방법이다. 그는 페이팔을 운영할 때 모든 직원에게 오직 한 가지에 집중하고, 그 한 가지로만 평가하는 방법론을 내세웠다. 5가지 우선순위나 10가지 집중 분야가 아니었다. 오로지 딱 하나. 그리고 직원과는 그 외의 다른 것은 논의하지 않았다.

피터 틸의 방법론에서 가장 중요한 장점은 조직에서 가장 영향력이 큰 과제에 집중할 수 있다는 점이다. 이러한 평가 방식을 적용하지 않으면, 사람은 보통 쉽지만 중요하지 않은 성과에 집중하기 마련이다. 가장 중요한 우선순위는 대개 가장 어렵거나 명확한 해결책이 없는 경우가 많다. 직원에게 3가지 우선순위를 부과하면 직원 대부분은 성공으로 가는 길은 더 명확하지만 가치가 작은 업무에 집중한다.

피터 틸의 접근법을 반대하는 사람들은 크게 두 가지 주장을 펼친다. 첫째, 회사와 직원은 여러 일을 동시에 처리해야 한다는 것이다. 그리고 둘째, 의도하지 않은 결과를 초래할 수도 있다는 것이다.

대부분 팀원이 여러 일을 해야 하는 것은 사실이지만, 보통 한 가지 중요한 일에 몰두하다 보면 다른 우선순위는 뒷전으로 밀려나기 마련이다. 그러나 종종 한 가지 일로 인해 다른 일을 더 잘하게 되는 경우도 있다. 예를 들어 직원의 한 가지 목표가 영업팀과 미팅을 잡고자 예약을 신청하는 관심고객의 수를 늘리는 것이라면, 그 목표를 달성하기 위해 웹사이트나 광고문구 개선 등 다른 활동이 필요할 수도 있다.

의도치 않았던 결과는 현실적인 문제다. 영국이 인도를 통치하지 않던 시절, 영국 정부는 인도 델리에 맹독을 가진 코브라 개체 수가 늘어나는 것을 우려했다. 이를 해결하기 위해 죽은 코브라 사체 한 마리당 포상금을 지급하기로 결정했다. 처음에는 사람들이 포상금을 받으려고 수많은 뱀을 잡아 죽이는 성공적인 정책처럼 보였다. 그러나 다음 결과는 어떠했을까? 사람들이 포상금을 노리고 코브라를 일부러 번식시키기 시작했다. 문제는 걷잡을 수 없이 악화되었다.

신중하게 생각하지 않은 목표 평가는 의도하지 않은 결과와 왜곡된 인센티브를 초래할 수 있다. 그러므로 우리가 선택한 지표는 측정하기 쉬워야 하고, 평가 과정은 어려워야 한다. 처음에는 완벽하지 않을 것이므로 주기적으로 모니터링하고, 보정하고, 더 나은 정보를 얻으면서 방향을 수정해야 한다.

너무 많은 지표를 추적해 측정하는 것만으로도 인력은 배가 들고, 시간은 낭비된다. 나는 '한 가지' 지표가 주는 단순함과 집중력이 마음에 든다. 팀원과 함께 집중해 성과를 검토하고, 그 과정은 즐거우며 일반적인 관료주의에서 벗어나야 한다. 개인적으로 나는 이 방식으로 팀원과 성과와 역할에 관한 진솔한 대화도 나눌 수 있었다.

무엇을, 언제, 누가

웹 개발에서 '크론Cron'은 컴퓨터 시스템에서 특정 간격 또는 시간에 작업을 실행할 수 있도록 예약하는 자동화 예약 도구다. 크론이라는 이름은 '시간'을 뜻하는 그리스어 '크로노스chronos'에서 유래했으며, 시간 기반 프로세스 예약 작업이라는 기능을 알 수 있다. 크론은 매일의 백업과 매주의 소프트웨어 업데이트 또는 매시간 데이터 동기화 같은 반복적인 시스템 기반 작업을 수행한다. 크론에서 작업을 설정하려면 컴퓨터에 실행할 프로세스와 시간을 알려주는 명령어 스크립트 'cron job'를 설정하면 된다.

효과적인 마케팅은 이벤트가 아니라 과정이다. 그 때문에 나는 비슷한 관점으로 마케팅을 생각한다. 마케팅 시스템을 구성하는 반복적인 작업은 무엇일까? 이런 작업은 언제 완료될까? 어떤 작업은 매일, 어떤 작업은 매주, 어떤 작업은 월별 또는 분기별로 수행하지 않을까? 이 외에도 이벤트에 의해 실행되는 일회성 작업도 고려해야 한다.

마지막으로, 이런 프로세스는 누가 책임질까? 그중 일부는 자동화로 실행되고, 일부는 팀이 수행하며, 일부는 두 가지를 모두 조합해야 할 때도 있다.

전체 마케팅 시스템을 시각화하기 위한 쉬운 방법은 '작업, 시기, 책임자'라는 3개의 열이 있는 표를 만드는 것이다.

아래의 예시를 살펴보자.

작업	시기	책임자
모든 소셜 미디어 채널 댓글에 답글 달기	매일	앤절라(Angela)
이메일 뉴스레터 작성하고 발송하기	매주 월요일과 목요일	짐(Jim)
손 글씨 감사 메모 작성해 우편 발송하기	고객이 추천할 경우	팸(Pam)
고객에게 리뷰 작성 요청 이메일 발송하기	상담 종료 1시간 후	드와이트(Dwight)
잠재고객 및 현재 고객을 위한 교육용 웨비나 실행하기	매달	마이클(Michael)

'작업, 시기, 책임자' 표는 마케팅 시스템과 이를 구성하는 프로세스에 관한 개요를 한눈에 보기 쉽게 할 요량으로 만들었다. 10장에서 설명한 것처럼, 문서화한 표준작업지침서는 각 작업이 수행되는 방식에 대한 자세한 내용을 담는다. CRM 시스템은 수많은 프로세스를 트리거, 실행 또는 지원하는 데 중요한 역할을 담당한다.

'책임자' 열은 말 그대로 각 작업의 책임자를 나타낸다. 여러 사람이 작업을 완료하더라도 직접적으로 이 작업을 책임지는 사람은 누구인지 알 수 있다. 자동화로 작업하더라도 마찬가지다. 예를 들어, CRM 시스템은 고객에게 리뷰를 요청하는 이메일을 보내는 작업을 완전히 자동화할 수 있다. 그러나 자동화된 시스템이라도 오작동이나 변경으로 인해 예기치 않은 동작이 발생할 수 있다. 결국 누군가는 각 프로세스가 완료되었는지 확인하는 책임을 져야 한다.

이러한 프로세스와 수행 방식이 각 팀원의 성과 지표와 연계되어야 한다.

마케팅을 이벤트가 아닌 프로세스로 생각하면 정말 큰 효과가 있다. 이렇게 하면 시간이 지남에 따라 복리로 수익을 창출할 수 있다. 비즈니스가 성장함에 따라 마케팅 시스템에 더 많은 프로세스를 추가할 수도 있다. 이렇게 하면 점점 더 빠른 속도로 복리 효과가 발생하는 선순환 구조를 만들어낼 수 있다.

데드맨 장치

'데드맨 장치'는 운영자가 응답하지 않을 경우 작동하도록 설계된 장치다. 가령 열차를 운전하는 기관사가 쓰러졌거나, 외력에 무력화되었다고 보이는 경우, 외부에서 열차의 브레이크를 작동시킨다. 극단적인 예로, 러시아의 '데드 핸드Dead Hand 프로그램'은 냉전 시대의 자동 핵무기 제어 시스템으로, 러시아 지도부가 모두 사망할 경우 핵미사일을 자동으로 발사할 수 있게 한 프로그램이다.

마케팅 성공의 가장 큰 걸림돌은 바로 여러분 자신이다. 나 역시 이런 시나리오를 수없이 보아왔고, 팀원에게도 이런 병목현상이 발생한 적이 있었다. 바로 프로젝트나 작업이 결정권자의 검토가 필요하다는 이유로 중단되는 경우다.

기업가가 얼마나 세부적인 부분까지 관리하느냐에 따라 소셜 미디어 게시물을 올리는 것부터 중요한 수익 창출 거래가 지연되는 것까지 모두 막힐 수 있다.

비즈니스 및 마케팅에 해당하는 '데드맨 장치'는 이 문제를 해결할 훌륭한 솔루션이다.

당연히 내 마케팅 시스템 프로세스 중 하나는 웹사이트, 이메일 목록, 기타 미디어 채널에 정기적으로 콘텐츠를 게시하는 일이다. 이를 위한 대부분 작업은 팀에서 담당한다. 그런 다음 검토, 최종 편집 및 게시 승인 결재가 내게 올라온다.

예전에 내가 만약 출장 중이거나 우선순위가 높은 프로젝트가 바빠 제때 대응하지 못하면, 마케팅 활동이 사실상 중단되는 경우가 많았다. 그리고 우리 회사는 '데드맨 장치'를 설정해 이런 문제를 해결했다.

이제는 내가 검토할 때까지 새 콘텐츠가 대기열에서 기다린다. 만약 48시간이 지나도 답이 없으면 자동으로 게시된다. 이 기본 게시 정책 덕분에 내 일정에 변동이 생겨도 팀 작업에는 제약이 생기지 않는다. 나는 가능한 한 콘텐츠를 게시하기 전에 검토하고 승인하지만,

팀의 병목이 되지 않고자 노력한다. 만약 팀이 표준에서 크게 벗어난 콘텐츠를 제작했다면, 이 시스템은 실행할 수 없었을 것이다. 우리 회사의 시스템은 상세한 표준 절차와 스타일 가이드, 교육 덕분에 작동이 원활하다.

제11장 실행 과제

- 강점은 더욱 강화하고 약점은 보완하자.
- 각 팀원과 협력해 각자의 '한 가지' 목표를 파악한다. 이를 정기적으로 검토하고 필요에 따라 업데이트하자.
- 병목현상이 발생하는 작업과 프로세스를 파악하고, '데드맨 장치'를 구현하라.

이메일 마케팅은 오랜 세월을 거치며 버틴 가장 강력한 매체다. 이메일 마케팅을 통달하면 잠재고객과 직접적인 관계를 형성하고 고객이 구매할 준비가 될 때까지 고객의 관심을 유지할 수 있다.

이 장에서 다루는 주요 내용

- 이메일이 가까운 미래에 실행 가능한 매체가 될 가능성이 큰 이유.
- 마케팅 이메일을 전송하고, 열어보고, 읽고, 구매로 이끄는 방법.
- 구독자에게 이메일을 보내는 빈도.
- 이메일 구독자의 지속적인 구매를 유도하는 강력한 자동화 시퀀스.
- 스팸처럼 보이거나 스팸 발송자가 되지 않는 법.
- '연속극 시퀀스'를 사용해 제품 또는 서비스를 출시하는 방법.
- 과도한 영업 메일이나 사람들의 시간을 뺏지 않으면서도 고객 육성 이메일을 발송해 제품을 판매하는 방법.

제12장

이메일

마케팅

이메일의 사장(死藏)은 과장된 소문일 뿐

몇 달에 한 번씩 "이제 이메일의 시대는 죽었다"라거나 "아무도 이 메일을 열어보지 않는다"라는 식의 어이없는 기사가 뜨곤 한다. 사람들이 선정한 가장 짜증 나는 광고 목록에 이메일은 늘 상위권을 차지했다.

수십 년 동안 이메일은 스팸의 남발을 이겨냈고, 업데이트된 주요 기술의 도전 속에서도 살아남았다. 이메일을 대체하기 위해 수많은 플랫폼이 흥망성쇠를 거쳐왔다. 물론 구글, 마이크로소프트, 애플의 플랫폼별 개인정보 보호 및 스팸 방지 업데이트는 마케터들에게 또 다른 과제를 안겨주었지만, 그럼에도 이메일은 여전히 탄탄한 마케팅 수단이다.

이메일이 점점 더 발전하는 이유를 사람들은 잘 모른다. 물론 비즈니스 내부 커뮤니케이션의 대부분이 이메일에서 벗어나 '슬랙^{Slack}'이나 '마이크로소프트 팀즈$^{Microsoft Teams}$' 같은 내부 메신저 플랫폼으로 옮겨가고 있기도 하다. 즉 이제 이메일은 내부 메시지나 동료들이 보내는 끝없는 쪽지보다는 외부에서 발송되는 경우가 많다. 또한 스팸 필터도 어느 때보다 훨씬 더 개선되었다. 이후에 다룰 SPF, DKIM, DMARC 같은 기술 덕분에 스팸 메일을 보내는 것 자체가 훨씬 어려워졌고, 합법적인 이메일 전달률은 향상되었다.

'린디 효과$^{The Lindy Effect}$*'는 기술, 법률, 아이디어처럼 썩지 않는 것이 더욱더 오래 지속할 가능성이 크다는 이론이다. 예를 들어, 지난 40년간 계속해서 인쇄된 책이 있다면, 그 책은 앞으로 40년 더 인쇄되어 출판될 것이라는 예상이 합리적이다. 이메일은 50년이 넘었으니, 향후 50년은 더 사용될 것이다. 결국 누군가에게 전자적으로 연락을 취해야 하는데, 상대가 어떤 플랫폼을 사용하는지 모른다면 어떤 수단을 쓰겠는가? 누구나 이메일 주소를 가지고 있고, 하루에도 여러 번 확인할 가능성이 제일 높지 않은가?

이메일 마케팅은 강력하지만, 이메일을 전달하고, 열게 하고, 읽게 하고, 최종적으로 구매까지 유도해야 한다는 4가지 문제에 필연적으로 찾아온다. 각 과제와 성공 가능성을 높이기 위한 몇 가지 예시를 살펴보자.

---

* 사회제도나 아이디어, 기술 등 부패하지 않는 것의 생존 기간이 길어질수록 오히려 그것의 기대 수명이 더 길어지는 현상.

이메일 전달률 높이기

이메일 전달률에 영향을 미치는 3가지 주요 요소는 바로 기술 구성, 발신자 평판, 그리고 이메일 콘텐츠다.

기술 구성은 봉투를 봉인하고 주소를 적고 우표를 붙여 우체국에 방문한 다음 내가 보내고 싶은 수신자에게 전달하는 것과 상당히 유사하다. 합법적인 이메일 전달 가능성을 개선하고, 오용이나 스팸을 방지하기 위해 수년간 여러 기술이 개발되었다.

- SPF(Sender Policy Framework, 보낸 이 인증): 발신자의 도메인이 승인된 이메일 전송 서버 목록인지 확인해 신뢰할 수 있는 출처에서 발송되었는지 확인하는 방식.
- DKIM(DomainKeys Identified Mail, 도메인키 인증 메일): 이메일에 전자 서명을 추가해 이메일의 무결성과 신뢰성을 확인하고, 이메일이 변경되지 않고 합법적인 출처에서 발송된 것임을 보장하는 방식.
- DMARC(Domain-based Message Authentication, Reporting, and Conformance, 도메인 기반 메시지 인증, 보고, 적합성): SPF, DKIM을 기반으로 도메인 소유자는 인증되지 않은 이메일에 대한 처리 방침을 설정할 수 있으며, 이메일 트래픽 모니터링을 위한 보고 기능을 제공하는 방식.

기술 전문가가 아니어도 이런 기술을 사용할 수 있다. CRM 시스템 대부분은 이런 기술을 기본적으로 지원하기 때문이다. 하지만 도메인에 맞게 설정하고 구성하려면 기술 담당자나 IT 부서가 필요할 수도 있다.

발신자의 평판은 이메일 서비스 제공업체가 이메일을 처리하는 방식에 중요한 역할을 한다. 평판은 주로 다음과 같은 요인에 의해 영향을 받는다.

- **사용자의 피드백**: 사용자의 스팸 신고를 모니터링해 스팸 필터의 정확도를 개선한다.
- **빈도와 양**: 발신자가 단기간에 비정상적으로 많은 수의 이메일을 보내는 경우, 스팸 활동의 징후로 인식하기도 한다.
- **참여 패턴**: 발송한 이메일의 열람률, 클릭률, 회신율 같은 사용자 참여도를 추적한다. 참여도가 낮은 이메일은 스팸 또는 홍보성 콘텐츠로 간주한다.

발신자의 평판이 좋지 않을 경우, 이메일이 스팸으로 표시되거나 자동 차단되기도 한다.

기술적 구성과 평판 외에도 이메일 콘텐츠 분석도 중요한 요소다. 이메일 시스템 대부분은 이메일의 내용을 스캔하고, 다음 내용을 고려해, 스팸이거나 홍보성 메일인지, 아니면 받은 편지함으로 전달해야 하는 중요한 메시지인지를 판단한다.

- **언어 분석**: 이메일의 제목, 본문, 첨부 파일 등을 분석해 스팸성 키워드, 의심스러운 문구 또는 스팸이나 홍보성 이메일에서 자주 발견되는 패턴을 탐지한다.
- **링크 및 URL**: 이메일에 링크가 너무 많으면 위험신호로 감지한다. URL 단축기나 '난독화 기법'*도 의심을 불러일으킬 수 있다.
- **첨부 파일**: 첨부 파일이 여러 개이거나 대용량인 이메일, 비정상적인 파일 형식, 의심스러운 이름의 첨부 파일이 있는 이메일은 신고 대상이 될 가능성이 크다.
- **삽입 이미지**: 지나치게 크거나 작은 이미지나 숨겨놓은 텍스트가 있는 이미지 사용은 스팸으로 간주될 가능성이 크다.
- **키워드 스터핑**: 특정 키워드, 특히 판매나 프로모션, 사기와 관련된 키워드를 과도하게 사용하면 스팸 또는 홍보성 콘텐츠로 인식될 수 있다.
- **콘텐츠 개인화**: 개인이 보내지 않은 이메일이나 일반적인 콘텐츠가 포함된 이메일은 스팸이나 홍보 콘텐츠로 인식될 가능성이 매우 높은 반면, 수신자에게 맞춤화된 개인적 콘텐츠는 합법적인 콘텐츠로 간주될 가능성이 크다.

---

* 코드의 분석 및 이해를 어렵게 해 정보를 쉽게 획득하지 못하게 하는 기술.

이메일 마케팅을 막 시작하는 경우라면 이메일 설정과 콘텐츠 테스트부터 시작해보길 권한다. 평판을 훼손하지 않도록 쉽게 확인할 수 있는 무료, 혹은 저렴한 서비스가 많다.

이메일 열기

우리는 대부분 매일 받은 편지함을 열어 어떤 이메일을 먼저 열어볼지, 어떤 이메일을 나중에 열어볼지, 어떤 이메일을 즉시 삭제할지 결정한다. 주로 발신자의 이름과 제목을 기준으로 한다.

사용하는 이메일 애플리케이션에 따라 발신자와 관련된 아이콘이나 아바타, 이메일 첫 줄의 미리 보기가 표시되기도 한다. 일부 이메일 애플리케이션은 전체 이메일 주소를 표시하기도 한다.

잠재고객은 순식간에 결정을 내린다. 따라서 열람률을 극대화하려면 이 5가지 요소를 모두 최적화하는 것이 가장 이상적이다.

1. 발신자 이름: 알아볼 수 있는 발신자 이름을 사용하면 신뢰를 쌓는 데 도움이 되고 메일을 열어볼 가능성도 커진다.

2. 제목: 매력적이고 개인적이며 나와 관련성이 높은 제목일수록 수신자의 관심을 끈다. 그러면 이메일을 열어볼 가능성도 커진다.

3. 아바타: 발신자 아이콘이나 프로필 사진을 의미하는 아바타는 주로 발신자 이름 옆에 표시되는 작은 이미지를 통칭한다. 이 또한

이메일을 읽어볼 가능성도 커진다.

4. **미리 보기**: 이메일 콘텐츠의 짧은 요약이나 첫 한두 줄이다. 간결하고 정확한 미리 보기는 추가적인 맥락을 제공하고, 수신자가 이메일을 열도록 유도하기도 한다.

5. **발신자의 이메일 주소**: 전문적이고 인지도가 높으며 신뢰할 수 있는 발신자 주소는 열어볼 가능성이 커진다. 이메일 주소에서 '@' 기호 앞은 사용자의 아이디다. 이메일 마케팅에서는 이메일 주소에 'info@', 'sales@', 'marketing@' 등을 직책이나 역할로 네이밍한 아이디는 사용하지 않는 게 좋다. 무엇보다도 최악은 회신 불가라는 뜻의 'noreply@'이다. 곧 설명하겠지만 이런 아이디는 엄청난 기회를 놓치는 지름길이다.

고려해야 할 한 가지 추가 요소는 타이밍이다. 이상한 시간에 이메일을 보내면 열람률에 영향을 미칠 수 있다. 예를 들어 금요일 오후 9시에 회사 직원들에게 웨비나에 참석하도록 초대하는 이메일을 보내면 월요일 아침이 되어서야 이메일이 표시된다. 그때쯤이면 일괄 처리되는 다른 이메일 더미에 묻힐 가능성이 크다. 그러나 사람들이 책상에 있을 가능성이 큰 월요일 오전 11시에 초대를 보내면 사람들이 새 이메일 알림을 보고 즉시 응답할 수 있다. 고유한 대상에 맞는 최적의 전송 시간을 테스트하면 열람률을 높이는 데 도움이 될 수 있다.

사람들이 읽어보는 이메일을 보내라

지금까지 보낸 이메일이 잠재고객의 받은 편지함에 도착해 무사히 클릭되었길 바란다. 이제 다음 과제는 실제로 이 이메일을 읽게 하는 것이다. 5장의 카피라이팅 십계명 외에도 이메일과 관련된 몇 가지 지침이 존재한다.

우선 수신자의 받은 편지함에 있는 다른 모든 이메일의 맥락에서 이메일을 고려하자. 그렇다고 해서 이메일이 반드시 짧아야 한다는 의미는 아니다. 카피라이팅의 첫 번째 십계명에 따라, 이메일은 필요한 만큼 길어야 하며 동시에 흥미를 끌 수 있어야 한다.

일반적으로 이메일당 하나의 주제 또는 테마를 추천한다. 많은 사람이 한 번의 이메일에 너무 많은 내용을 담으려고 하는 실수를 범한다. 예를 들어 제품이나 서비스에 5가지 고유한 차별화 요소가 있는 경우 각 요소에 대해 별도의 이메일을 5번 발송하는 것이 좋다. 한 개의 이메일에 너무 많은 내용을 담으면 메시지가 손실될 수 있다. 체스 고수처럼 생각해보자. 이메일을 통해 체스를 둔다면 다음 5개의 수를 한 번에 공개하지 않고 한 번에 하나씩 공개할 것이다. 각 이메일에서 한 번의 강력한 움직임을 보여주면 잠재고객을 원하는 방향으로 이끌 가능성이 훨씬 더 높아진다.

다음은 개인화다. 이 단계에서는 CRM 시스템에서 수집한 세부 정보가 유용하게 활용된다. 가장 기본적인 개인화는 고객의 이름을 명시하는 것이다. 고객의 위치나 세그먼트 또는 기타 관련성이 있는 모든 정보를 기반으로 이메일 내용을 개인에게 맞춰야 한다.

데스크톱, 태블릿, 모바일 장치에서 이메일을 쉽게 읽을 수 있게 하자. 크기가 다른 기기나 다양한 이메일 애플리케이션 또는 서비스 제공업체에 따라 이메일이 매우 다르게 표시될 수 있다.

일반적인 홍보 이메일은 일반적으로 그래픽 형식에 회사 로고가 표시되고 역할 기반 이름 또는 주소로 발송된다. 일반적으로 링크와 이미지로 가득 차 있다.

이를 친구로부터 받는 개인 이메일과 대조해보자. 형식이 단순하고 개인화되어 있으며, 친구의 이름과 이메일 주소로 발송될 가능성이 크다. 이미지, 브랜딩, 키워드, 링크 또는 첨부 파일이 많지 않을 것이다.

스팸 필터와 사람 모두 개인 이메일과 홍보용 이메일의 차이를 즉시 인식한다. 따라서 대부분 비즈니스는 일반 형식의 이메일을 사용하는 것이 좋다. 그러나 제품 비주얼이 중요한 이커머스 비즈니스는 예외다. 또한 이메일은 회사 이름과 직책을 적은 주소보다는 개인의 이름으로 보내는 것이 좋다. 한 번에 수천 명에게 이메일을 보내더라도 가능한 한 나에게만 보내는 것 같은 이메일 형식과 느낌을 담아내야 한다.

행동으로 이어지는 이메일

이메일을 보내고, 열게 하고, 읽게 하려고 노력했다. 이제 수신자가 이메일을 읽은 후 실제 눈에 보일 다음 행동은 무엇일까?

먼저 이메일당 하나의 클릭 유도 문안만 사용하는 것이 좋다(강조하기 위해 클릭 유도 문안을 반복할 수도 있다). 예를 들어 이메일 수신자에게 이메일 본문에 있는 랜딩 페이지로 클릭하도록 안내한 다음 마지막에 다시 클릭하도록 상기시킬 수 있다. 그러나 여러 개의 다른 클릭 유도 문안이 있으면 수신자가 혼란스러워하고 응답률이 떨어진다. 이메일에 대한 응답으로 한 가지 행동만 하도록 하자.

1. 간단하고 빠르며 수신자가 이메일 애플리케이션을 벗어나지 않고도 답장을 보낼 수 있어야 한다. 링크를 클릭하면 일반적으로 이메일 애플리케이션에서 웹 브라우저로 이동하게 되므로 추가적인 마찰이 발생한다. 이는 태블릿과 모바일 장치에서 특히 중요하다.

2. 다양한 악성 소프트웨어로 인해 많은 사람이 잘 모르는 이메일의 링크는 클릭하지 않는다. 그러나 이메일 회신은 링크 클릭보다는 안전하다고 여긴다.

3. 회신 가능한 메일은 이메일 마케팅을 브로드캐스트 매체에서 대화형 매체로 전환해 훨씬 더 강력한 효과를 발휘한다. 대화는 전환으로 이어지며, 이메일은 이러한 대화를 촉진하는 데 이상적인 매체라는 점을 기억하자.

4. 전달 가능성 향상에 도움이 된다. 대부분 이메일 애플리케이션은 수신자가 내 이메일에 답장을 보내면 내 주소를 화이트리스트에 추가한다. 따라서 이메일이 스팸 필터를 우회해 수신자의 받은 편지함에 도달할 확률이 높아진다.

보낸 이메일에 답장받고 싶다면 당연히 여러분과 팀이 적시에 답장하고 대화에 참여해야 한다. 따라서 인바운드 회신을 공동 작업의 받은 편지함이나 헬프데스크 도구로 라우팅하는 것이 좋다. 이메일 답장을 잠재고객으로 간주해 영업 관리 CRM 시스템으로 라우팅할 수도 있다.

얼마나 자주 보내야 할까?

CRM 시스템으로 수집한 이메일 주소는 귀중한 자산이다. 이메일 데이터베이스는 구독자와 계속 연락하고 그들과 강력한 관계를 구축할수록 그 가치가 커진다.

그렇다면 "얼마나 자주가 정상일까?" 이 질문은 부부 상담사와 이메일 마케터 모두 수줍게 던지는 질문이다. 첫 번째이자 일반적으로 만족스럽지 못한 대답은 "관계에 따라 다르다"다. 좀 더 구체적인 답변을 요구하면 "일주일에 한 번에서 하루에 두 번 사이"라는 대답이 돌아온다.

기업가들이 이메일을 자주 보내지 않는 가장 큰 이유는 스팸으로 인식되는 것을 원하지 않기 때문이다. 또 다른 이유는 무엇을 보내야 할지 모르거나 공유할 가치가 없다고 생각하기 때문이다. 이는 모두 이해할 수 있는 우려이기도 하다.

이메일을 얼마나 자주 보내야 하는지는 업계, 내가 하는 일과 관련된 뉴스의 속도, 고객과의 관계에 따라 크게 달라진다.

예를 들어, 업무가 주식시장에서 실시간으로 일어나는 일과 밀접한 관련이 있다면 하루에 두 번 이메일을 보내는 것이 이상하지 않을 것이다. 아침에 다가오는 시장 변동 뉴스, 기업 공개 또는 그날의 리포팅에 관한 이메일을 보낼 수 있다. 오후나 저녁에는 그날 있었던 일과 의견 및 분석을 요약한 시장 요약 이메일을 보낼 수 있다.

하지만 의사라면 하루에 두 번씩 이메일을 보내는 것은 조금 지나친 것일 수 있다. 정말 재미있는 이야기가 있다면 모를까. 아, 항문외과 전문의라면 그럴 수 있을지도! 이 경우에는 콘텐츠 마케팅의 일부로 활용하자.

비즈니스 이메일은 최소 일주일에 한 번은 보내는 게 좋다. 그보다 덜 보내면 이메일 목록이 부실해질 위험이 있다. 수신 동의한 사람들이 수신 동의 사실을 잊어버리거나, 보내는 회사가 어디인지를 잊거나, 관심을 잃기 때문이다. 그리고 그 결과는 수신 거부와 스팸으로 인한 불만 가중이다. 모든 관계는 정기적으로 연락하지 않으면 악화된다. 이메일로 빚은 관계도 마찬가지다.

"이메일을 자주 보내면 사람들이 구독을 끊는다"라는 말이 있다. 물론 나도 그런 점을 걱정하지 않는 것은 아니나, 관심을 주지 않으려는 사람은 돈도 쓰지 않을 가능성이 크다. 돈은 관심이 가는 곳으로 흐른다. 어떤 사람은 구독을 취소할 것이다. 그래도 괜찮다. 표적에 맞는 고객이라면 이메일을 열어보고 콘텐츠에 만족하며 구매까지 할 것이다. 또한 보내지 않는 이메일이 무슨 소용이 있겠는가? 구독 취소를 할 수도 있지만, 보내지 않으면 대화나 전환, 수익도 발생하지 않는다. **돈은 후속 조치가 계속될 때 찾아온다.**

항상 여러분이나 여러분의 일을 중심으로 이메일을 작성할 필요도 없다. 사실 자기중심적으로 끊임없는 자기 홍보는 콘텐츠 전략에 해롭다. 얼마 전, 대규모 마사지 치료 클리닉을 운영하는 고객이 나를 찾아왔다. 수백 명의 테라피스트가 매달 10,000명 이상의 환자를 치료하는 곳이었다. 정기적인 이메일 마케팅이 바로 성공의 열쇠였다. 모든 이메일이 마사지만을 이야기하면 지루할 수도 있다고 여긴 고객은 마사지 대신 콘서트, 스포츠 경기, 이벤트 등 그 주에 도시에서 일어나는 일에 초점을 맞추었다. 마사지 서비스는 그저 뉴스레터의 스폰서처럼 거의 지나가듯 언급되었을 뿐이다. 본질적으로 실생활에 도움이 되고, 가치 있는 공공 서비스를 제공하는 동시에 마사지 서비스를 기억에 남기는 비즈니스가 되었다. 이 개념은 다음 장인 콘텐츠 마케팅에서 더 자세히 알아보자.

무엇을 보내야 할까?

고객이 이메일을 옵트인했다면, 확실한 후속 전략이 필요하다. 이를 위해 마케팅 활동에는 단기 환영 시퀀스, 브로드캐스트, 장기 상시 시퀀스가 포함된다. 더 자세히 알아보자.

단기 환영 시퀀스: 신규고객이 처음 옵트인하면 보내는 짧은 이메일. 단기 환영 시퀀스는 3가지 용도로 사용된다.

1. 가입을 유도한 약속을 이행하기 위한 목적.
2. 구독자가 옵트인한 내용과 관련성이 높은 대화를 시작할 목적.
3. 옵트인 맥락에 따라 자동화 또는 세분화를 수행하기 위한 목적.

예를 들어, 프레젠테이션 트레이너라면 웹사이트에서 자신감 넘치는 대중 연설가가 되기 위한 동영상 구독을 신청할 것이다. 단기 환영 시퀀스의 첫 번째 이메일에서는 이 고객이 신청한 동영상을 제공한다. 자신감 있는 대중 연설자가 되고 싶은 이유로 여러 가지가 있을 것이다. 결혼식의 사회를 맡았거나, 스타트업 창업을 위해 투자를 받아야 한다거나, 경력 개발을 원할 수도 있다. 단기 환영 시퀀스의 두 번째 이메일에서는 "곧 있을 기조연설이나 프레젠테이션을 준비하고 있나요?" 같은 질문으로 대화를 시작해보자. 고객의 행동이나 응답에 따라 경력 개발을 원한다고 판단하고, CRM 시스템에 그에 따른 태그를 지정할 수도 있다. 이렇게 하면 목표를 구체적으로 언급하지 않았는데도 보다 표적화된 이메일 시퀀스나 캠페인을 시작할 수 있다.

브로드캐스트: 브로드캐스트 이메일은 전체 이메일 목록 또는 일부 세그먼트에 전송하는 일회성 메시지다. 일반적으로 특정 작업이나 경과 시간에 따라 자동으로 실행되는 이메일 시퀀스와 달리 브로드캐스트 이메일은 수동으로 예약하고 전송한다. 특별 프로모션, 공지사항, 제품 출시 또는 뉴스처럼 시간에 민감하거나 빠르게 소멸할 정보를 전달하는 데 사용된다.

장기 상시 시퀀스: 장기간에 걸쳐 구독자에게 가치를 제공하고 참여를 유지하도록 설계된 자동화 이메일 시퀀스다. 콘텐츠가 특정 이벤트나 프로모션에 묶이지 않고, 시간이 지나도 관련성과 유용성을 유지한다. 이 시퀀스는 관심고객 육성, 콘텐츠 및 제품 홍보, 지속적인 교육 또는 팁 제공, 구독자와의 관계 유지 및 심화를 위한 주기적 확인 등 다양한 목적으로 사용할 수 있다.

3가지 유형을 모두 조합해 사용하면 강력한 이메일 시스템을 구축할 수 있다. 이렇게 다양한 유형의 이메일을 전략적으로 사용하다 보면, 구독자와 더 강력한 관계를 구축하고 가치 있는 콘텐츠를 제공하며 궁극적으로는 더 많은 고객 전환을 유도할 수 있다.

스팸 전송 금지

정기적인 이메일 발송은 고객 육성과 전환 전략에서 가장 필수적인 부분이다. 이메일 콘텐츠는 항상 가치 있고 관련성이 있어야 하며 구독자와의 호감을 쌓을 수 있어야 한다.

스팸 메일은 일반적으로 사람들이 원치 않거나 관련성이 없으며 공격적인 홍보성 이메일을 말한다. 이기적이고 성가시다. 우리가 추구하는 린 마케팅과는 정반대다. 스팸이 되지 않으려면 어떻게 해야 할까?

동의: 이메일 발신 목록에 사람들을 추가하기 전 미리 동의부터 받아야 한다. 이는 일반적으로 수신자가 이메일 수신에 동의하는 웹사이트 옵트인 프로세스를 통해 이루어진다. 일부 지역에서는 수신자가 이전에 구매나 설문조사 작성 등 고객과 소통한 적이 있는 경우 마케팅 메시지를 보낼 수 있는 '소프트 옵트인' 조항도 있다.

투명성: 소통할 때는 내가 누구인지 명확히 밝혀야 한다. 규정상 바닥글에 비즈니스 이름과 유효한 우편 주소를 포함해야 한다.

관련성: 이메일 내용에 수신자와 관련 있는 내용이 있는지 확인하자. 수신자가 사진에 관한 내용을 확인하려고 옵트인했는데, 신발 비즈니스까지 운영한다는 이유로 요청도 하지 않았는데 신발 콘텐츠 이메일을 보냈다면 이는 부적절하다. 관련성은 단순히 스팸 메일을

피하기 위한 것이 아니다. 마케팅에서 가장 중요한 실천 방법이다.

구독 취소 매커니즘: 수신자가 향후 커뮤니케이션을 수신 거부하거나 구독을 취소하는 방법도 늘 포함하자. 수신자가 수신 거부를 선택하면 그 즉시 존중해야 한다.

법적 준수: 스팸 방지법은 국가마다 다르다. 스팸을 규제하는 법률의 예로 흔히 미국의 "정보의 수집과 인터넷상에서 원치 않는 이메일 홍보를 제한하는 법률$^{CAN-SPAM\ Act}$"과 유럽 연합의 "개인정보보호규정(GDPR)" 등이 있다. 이러한 법률을 위반하면 상당한 처벌을 받을 수 있으므로 해당 법률을 이해하고 준수하는 것이 중요하다. 마케팅 CRM 시스템은 규정을 준수하는 데 도움이 된다. 확실하지 않다면 법률자문을 구하자.

연속극 시퀀스

어린 시절, 방학이거나 아파서 학교에 가지 않을 때면 낮에도 텔레비전을 볼 수 있었다. 인포머셜, 토크쇼는 물론 대표적인 낮 프로그램, 아침 드라마도 보곤 했다.

흔히 드라마는 어른들의 내용을, 매우 멍청하고 매우 중독성 강한 이상한 조합으로 전개된다. 줄거리가 아무리 터무니없어도 각 에피소드는 벼랑 끝에서 끝난다. 시청자는 빨리 사건이 해결되기를 간절히 바라며 다음 회를 기다린다. 진짜 살인범은 누구일까? 두 사람의 불륜 사실을 주변 사람들이 알아차릴까? 정말 죽었던 인물이 깨어날까? 그 애가 그 남자의 애가 맞을까? 여자 주인공이 혼수상태에서 깨어날까? 한 회는 늘 그렇게 아슬아슬한 순간에 끝난다. 당연히 다음 회는 또 다른 벼랑 끝에서 다음 사건을 예고하며 끝난다. 요즘 스트리밍 서비스의 수많은 시리즈 역시 비슷한 수법을 사용해 마지막 에피소드까지 몰아보기를 유도한다.

이메일도 연속극 시퀀스와 비슷하게 작동한다. 스토리라인, 이어지는 사고, 아슬아슬한 순간 끝나는 일련의 이메일을 통해 내러티브를 전달함으로써 구독자의 참여와 흥미를 유지하는 것이다. 드라마와 달리 이메일 시퀀스에는 구매와 같이 구독자가 원하는 방식으로 행동을 선택할 수 있다. 즉 드라마의 결말이 있는 것이다. 이메일의 연속극 시퀀스는 신제품 출시에 매우 효과적으로 사용할 수도 있다.

모든 스토리텔링과 마찬가지로 연속극 시퀀스의 필수 특징은 스토리의 감정적 요소를 강조하는 것이다. 시퀀스의 각 이메일은 클리프행어, 즉 해결되지 않은 문제나 다음에 나올 내용을 예고편으로 담아내야 한다. 이렇게 하면 기대감을 조성하고 잠재고객은 이야기의 마지막에 도달할 때까지 계속해서 메일을 열어볼 것이다.

그렇다면 연속극 시퀀스는 어떻게 진행될까?

1. 소개: 첫 번째 이메일은 무대를 설정한다. 등장인물(과거의 여러분, 과거의 고객 또는 완전히 다른 사람일 수 있다)을 소개하고 문제 또는 상황

을 설정한다. 이 부분에서 독자와 공감을 형성할 수도 있다. 이 이메일은 독자의 관심을 불러일으키고 다음 이메일을 읽고 무슨 일이 일어나는지 확인하고 싶게 만들어야 한다. 예를 들어, 불임 전문가라면 18개월 동안 자연 임신을 시도했지만 성공하지 못한 사람의 경험담을 이야기할 수 있다. 친구가 아기를 가졌다는 소식을 들을 때마다 얼마나 가슴이 미어졌는지, 아기 갖는 게 쉬운 일일 것으로 기대했던지 등을 토로할 수도 있다. 물론 모든 마케팅이 그러하듯, 진실에 기반해야 한다. 아침 드라마 시퀀스나 교묘한 마케팅 전략으로 사람들을 속여선 안 된다.

2. **심층 분석:** 다음 이메일은 문제나 상황에 더 깊이 파고들어야 한다. 더 자세한 내용을 제공해 잠재고객의 참여를 유도한다. 시퀀스의 각 이메일은 스토리의 새로운 반전이나 전환을 소개할 수도 있다. 앞서 언급했던 것처럼, 이메일당 하나의 주제, 테마 또는 스토리를 담아내는 것이 좋다. 궁극적 목표는 특정 솔루션으로 안내하는 것이므로 스토리는 대상의 문제와 관련성을 유지해야 한다는 점도 잊지 말아야 한다. 불임 전문가의 예를 계속 이어가자면, 연속극 시퀀스에서 관계의 긴장이 초래한 상황을 자세히 설명하는 이메일을 보내보자. 시험관 아기가 선택이 아닌 이유와 그 의미를 담을 수 있다.

3. **해결책:** 마지막 몇 개의 이메일은 처음에 소개한 문제나 상황에 대한 해결책을 제시한다. 이 단계에서 제품이나 서비스를 해결책으로 제시하는 경우가 많다. 제품 구매, 체험판 신청, 상담 예약 등 구체

적인 조치를 취하도록 고객을 독려하자.

연속극 시퀀스는 시청자가 처한 상황과 관련된 내러티브에 참여를 유도해 시청자와 공감대를 형성한다. 사람들은 단순히 자기 홍보보다 무언가를 느낄 때 더 공감할 가능성이 크다. 연속극 시퀀스 그리고 실제 마케팅 활동에서 느낀 좋은 경험이 구매로 이어지지 않더라도 가치를 제공해야 한다. 여러분은 재미와 영감, 정보를 제공하는 이메일을 보내야 한다.

강력한 서명

많은 마케터가 이메일 마케팅을 공격적으로 진행한다. 이메일 구독자가 즉시 구매할 수 있게 유도하고자 한다.

앞서 설명한 바와 같이, 잠재고객은 오늘 구매할 준비가 된 사람 또는 향후 언젠가 구매할 준비가 된 사람들이다. 일반적으로 약 3%의 극소수만이 지금 당장 구매할 준비가 되어 있다.

모든 마케터는 이런 잠재고객을 유치하기 위해 높은 클릭당 비용을 지급하고, 광고비용을 빠르게 회수할 수 있도록 열심히 판매에 열을 올린다. 동시에 대부분 업체는 관심도가 낮은 잠재고객을 유지하기 위한 부실한 전략에 의존하거나 아예 전략을 세우지도 않는다. 그러나 이는 엄청난 낭비이자, 많은 잠재고객을 잃고 비호감으로 전락하는 계기가 된다.

물론 관심 있는 잠재고객의 니즈를 당장 해결하고 싶겠지만, 그 너머를 바라보면 훨씬 더 큰 성과를 얻을 수 있다. 린 마케팅의 중요한 아이디어는 장기적인 고객 육성 노력을 통해 가치를 구축하고, 신뢰를 쌓고, 잠재고객이 구매 준비를 완료했을 때, 가장 먼저 떠올릴 업체가 되는 것이다. 준비된 고객은 일반적으로 표적시장의 약 3%에 불과하지만, 장기 잠재고객은 10배 이상 커질 수 있다. 판매 주기에 따라 이런 잠재고객은 30일, 60일, 90일 또는 그 이후 구매할 준비를 마칠지도 모른다.

고객과의 대화를 통해, 고객들이 우리 회사의 프로그램 중 하나를 구매할 마음을 먹기까지 오랫동안 이메일을 받아보았다는 이야기를 종종 듣곤 한다. 내가 그동안 스팸성 이메일을 보내거나 즉시 구매를 권유했다면, 이 고객들은 구독을 취소하고 나를 수신 거부했을 가능성이 크다.

이메일 마케팅의 과제는 노골적으로 홍보하지 않으면서도 가치를 창출하는 콘텐츠와 판매 사이의 간극을 메우는 것이다. 이 문제의 훌륭한 해결책은 '강력한 서명Super Signature'이다. 딘 잭슨Dean Jackson에게서 처음 들은 이 개념을 통해, 나는 내 클라이언트들과 함께 강압적이지 않고 가치를 창출하는 방식으로 수백만 달러의 수익을 벌어들였다.

사람들은 판매의 대상이 되는 것은 싫어하면서도 구매는 좋아한다. '강력한 서명'은 이런 성향을 잘 이용한다.

린 마케팅 허브(LeanMarketing.com/hub)에 접속해 이메일 탬플릿, 도구, 모범 사례 등을 확인해보자.

강력한 서명은 고객 육성과 가치 구축 이메일의 전환율을 높이고 구매 인식을 높인다. 강력한 서명은 이메일의 마지막에 배치되는데, 일반적으로 정중하고 영업적 성격이 드러나지 않으면서 구체적 제안을 포함한다. 예를 들면, "추신: 준비가 되시면 언제든 제가 도와드릴 수 있는 3가지 방법이 있습니다…"처럼 이목을 끌 몇 가지 오퍼나 제품을 포함하는 것이다. 전환 프로세스의 다음 단계로 연결되는 링크나 클릭 유도 문안을 포함할 수도 있다.

이를 통해 가치 창출 이메일은 상업적인 메시지를 강요하지 않으면서도 전달될 수 있다. 강력한 서명은 고객이 참여할 준비가 되었을 때, 확실히 구매할 방법을 부드럽게 안내한다.

이 글을 쓰는 지금, 내 '강력한 서명'은 다음과 같다.

추신. 제가 직접 이메일을 읽고 답장해드리겠습니다.

덧붙여, 언제라도 원하시면 비즈니스 성장을 도울 수 있는 3가지 방법을 알려드리겠습니다.

1. 무료 전략 통화 상담으로 개인적인 도움 받기

마케팅 전략에 두 번째 의견이 필요하신가요? 전문가의 무료 상담을

신청하세요. 현재 진행 중인 작업을 검토하고 비즈니스에서 마케팅 성공을 위한 로드맵을 제공하겠습니다. "LeanMarketing.com/call"에서 전화 상담 예약하기.

2. 린 마케팅 과정 수강하기

실천할 마음이 생기셨나요? 비즈니스에서 린 마케팅을 구현할 방법을 알아보세요. 자기 주도형 과정을 통해 마케팅 인프라를 구축하고 수익을 증대할 수 있도록 안내합니다. "LeanMarketing.com/academy"에서 더 자세히 알아보세요.

3. 린 마케팅 인증 받기

인증된 린 마케터가 되어 다른 사람들이 린 마케팅을 실행할 수 있도록 도와주세요. 인증을 받으면 커리어 발전, 코칭 및 컨설팅 기회가 열립니다. 이 이메일에 답장을 보내셔서 현재 상황과 목표를 알려주시면 인증 적합 여부를 알아볼 수 있습니다.

'강력한 서명'에서 몇 가지 주목할 만한 점이 있다. 먼저 상대방이 답장을 누르고 대화를 시작할 수 있도록 추신에서 실제 사람이 보내는 메일이라는 신호를 보내자. 생각보다 많은 답장이 온다.

그런 다음 나와 함께 여정을 진행할 수 있는 3가지 방법을 부드럽게 안내해보자.

- 이메일 전송률을 극대화하기 위한 모든 기술적 요소를 갖추었는지 확인하고, 필요하다면 IT 담당자와 협력하자.
- 단기 환영 시퀀스와 장기 상시 시퀀스를 구축하고 힘든 작업은 자동화에 맡기자.
- 고객 육성 이메일 마지막에 사용할 강력한 서명을 만들자.

기본 콘텐츠나 유료 콘텐츠로 성공하기란 어렵지만 보람도 있다. 효과적인 콘텐츠 마케팅 시스템을 사용하면, 보다 강력한 흡인력으로 비즈니스를 성공시킬 수 있다.

이 장에서 다루는 주요 내용

- 인기 있는 콘텐츠 마케팅 기법이 더는 통하지 않는 이유와 대안.
- 소셜 미디어 입지를 구축하는 데 따르는 어려움과 극복법.
- 5가지 콘텐츠 크리에이터와 이를 활용해 누구나 매력적인 콘텐츠를 만드는 법.
- 콘텐츠 마케팅으로 매출을 올리는 반직관적 방법.
- '미디어 회사' 마인드의 중요성, 이를 통해 이상적인 잠재고객을 확보하는 법.
- 경쟁자와 차별화되고, 이상적인 표적시장이 거부할 수 없는 콘텐츠를 만드는 법.
- 디지털 광고로 성공해 높은 투자수익을 거두는 법.

제13장

콘텐츠

마케팅

기술자의 몰락

지난 몇 년 사이, 교육, 컨설팅, 트레이닝 프로그램에 마케팅 전문가와 대행사가 엄청나게 유입되는 모습을 지켜보며 놀라움을 금치 못했다. 수요가 너무 많아, 이들을 위한 전용 프로그램 트랙을 신설해야 할 정도였다. 처음에는 자칭 마케팅 전문가라는 사람과 조직이 왜 우리의 교육과 자문을 구하는지 의아했지만, 그들과 소통하면서 그 이유가 훨씬 더 명확해졌다.

이미 기술력을 바탕으로 고객을 위해 다양한 가치를 창출한 훌륭한 실무자였다. 검색엔진 최적화, 소셜 미디어, 디지털 광고로 가시성을 높였다. 올바른 키워드와 해시태그, 영리한 표적화와 백링크 등, 웹 개발이나 IT 같은 기술을 이미 터득한 많은 사람이 이 분야에 뛰어들었다.

이들의 임무는 고객이 구글의 1페이지에 노출되고, 소셜 미디어 피드에 표시되며, 적절한 사람들에게 광고가 노출되도록 시스템을 활용하는 법을 알아내는 것이다. 복잡한 기술 문제를 해결하는 데 익숙한 이들에게, 주요 콘텐츠 네트워크의 알고리즘을 해킹하는 건, 자연스러운 일이었다.

그러나 소셜 미디어와 검색엔진, 광고 플랫폼의 정교함이 나날이 발전하면서, 기술적 속임수의 효과는 절벽 아래로 떨어졌다. 당연히 많은 전문가와 대행사가 당황하기 시작했고, 그래야 마땅했다. 고객은 그들에게 돈을 지급하고 결과를 기대했지만, 들이는 품은 점점 커졌고 결과는 점점 나빠질 뿐이었다. 여러분이 상상할 수 있듯, 이들은 고객과 껄끄러운 대화를 나누기 시작했다. 그제야 많은 사람이 마케팅의 기본기를 다져야 할 필요성을 절실히 깨달았다.

기계의 부상

검색엔진과 소셜 미디어, 광고 플랫폼은 콘텐츠 소비자와 콘텐츠 제작자의 양면 시장이다. 이러한 미디어 플랫폼에는 해결해야 할 두 가지 주요 문제가 있다.

1. 소비자가 원하는 콘텐츠 파악.

2. 관련성 높은 콘텐츠를 크리에이터에게 받아 소비자에게 제공하는 것.

지금까지 두 가지 문제를 해결할 방법은 퍽 조잡했다. 검색엔진은 주로 검색 조회에 의존해 사용자가 원하는 것을 결정하고, 백링크와 키워드에 의존해 권위적이고 관련성 높은 결과물을 결정했다. 여전히 알고리즘의 중요한 요소이긴 하나, 그 중요성은 점차 낮아지고 있었다.

인공지능과 기계 학습이 콘텐츠 플랫폼에 힘을 실어주기 시작하면서, 사용자의 요청이 모호하더라도 사용자가 실제로 원하는 것이 무엇인지 파악하는 능력이 개선되었다. "찾으시는 게 맞나요?" 같은 질문과 함께 내가 검색한 내용이 자동 수정되며 내 의도를 추측당하는 경험을 누구나 해본 적 있을 것이다. 플랫폼의 기반이 되는 알고리즘은 사용자에게 관련성 있는 정보를 보여주는 데 훨씬 더 능수능란해졌다.

소셜 미디어와 콘텐츠 네트워크는 '좋아요'와 '팔로우' 같은 사용자 상호작용에 크게 의존하며 관련성 있는 콘텐츠를 파악했다. 하지만 이제는 사용자가 스크롤하기 전에 게시물에 얼마나 오래 머무르는지, 동영상을 시청한 비율, 스와이프 동작 같은 행동을 기반으로 이를 파악한다. 이를 통해 사용자가 실제로 원하는 콘텐츠와 사용자가 원한다고 표현하는 콘텐츠를 제공할 수 있게 되었다.

이전에는 높은 검색엔진 순위나 소셜 미디어 가시성을 토대로 마케팅이 가능했다. 하지만 플랫폼에 인공지능과 알고리즘이 탑재되면서, 더는 이런 전략이 통하지 않는 시점에 도달했다.

이제는 이야기와 이야기 전달 방식, 고객을 위해 창출하는 진정한 가치가 더 중요해졌다. 더는 해시태그나 캡션으로 알고리즘에 콘텐츠의 내용이나 대상을 설명할 필요가 없어졌다. 인공지능이 잘 알아차리기 때문이다. 진정으로 흥미롭고 도움이 되는 콘텐츠가 상위권에 오르고, 기술에 의존하는 요소는 계속해서 우선순위가 떨어지거나 좋은 평가를 받지 못할 것이다. 그렇다면 자연스럽게 의문이 생긴다. 나의 마케팅은 과연 가치 있고, 유익하며, 재미있을까?

검색 트래픽과 소셜 미디어 참여를 통해 이익을 얻고 디지털 광고를 구매하지만, 그 경계는 상당히 흐릿해졌다. 가장 효과적인 유료광고는 광고처럼 보이지 않는 광고였다. 또한 기본 콘텐츠는 유료 결제 콘텐츠로 나아가는 통로가 되었다.

구글, 메타, 애플, 아마존이 소유한 플랫폼이 양 진영에 깊숙이 자리 잡고 있다는 점을 고려하면 놀라울 일도 아니다. 이들은 시선을 사로잡는 기본 미디어를 원하고, 마찬가지로 사용자를 귀찮게 하지 않으면서도 실적 좋은 광고를 바란다. 기본 콘텐츠와 유로 콘텐츠 모두 사용자가 원하는 콘텐츠를 제작하는 것이 목표다.

광고인 하워드 고시지Howard Gossage의 말처럼 "사람들은 광고를 읽지 않는다. 사람들은 관심 있는 것을 읽는데, 때로 그게 광고일 뿐이다."

임대 대(對) 소유

이 책에서 설명하는 마케팅 자산(주력 자산, 이메일 주소록, 웹사이트 등)은 여러분이 소유한 자산이다. 다른 사람이 이 자산을 빼앗아가긴 어렵다. 여러분이 집주인인 셈이다.

그러나 소셜 미디어에서 우리는 임차인이 된다. 언제든 플랫폼에서 사라지거나, 아무도 모르게 금지되거나 퇴출당할 수 있다. 논란의 여지가 없거나 정치적 메시지를 담지 않으면 안전하다고 생각할지 모른다. 그러나 그렇지 않다. 소셜 미디어 플랫폼은 불투명하고 자의적인 규칙을 만드는 것으로 악명 높다.

대체 어떤 콘텐츠 때문에 곤경에 빠졌는지 알면 놀랄 때도 있다. 많은 사람들이 그랬다. 이런 플랫폼은 의제와 불만을 가진 수많은 대중에 의해 끊임없이 흔들린다. 예를 들어, 현재 많은 플랫폼이 개인의 건강 상태나 재정 상태 또는 기타 개인적 특성과 관련된 콘텐츠나 광고는 금지하거나 제한한다. 특히 내가 제공하는 콘텐츠가 누군가에게 긍정적인 변화를 가져다줄 수 있다고 생각했는데, 예기치 못한 결과가 발생하면 실망을 금치 못할 수도 있다.

많은 경우, 플랫폼에 수백만 달러를 광고비로 지출하더라도, 플랫폼의 자의적인 규칙을 위반하면 광고 계정이 제한되거나 삭제된다.

소셜 미디어는 표현의 자유를 위한 공간과는 거리가 멀다. 어떤 사람들은 소셜 미디어가 모두에게 안전한 공간이 되기를 바라지만, 어떤 사람들은 소셜 미디어 플랫폼이 중립적이어야 하며 코멘트나 콘텐츠, 아이디어를 검열하지 않아야 한다고 주장한다. 양쪽 모두 주장은 타당하다. 어쨌든 이들의 정책을 통제할 수 있는 권한은 누구에게도 없다.

통제할 수 없는 플랫폼에 고객이 존재하는 한, 우리는 고객을 잃을 위험을 늘 감수해야 한다. 수년간 소셜 미디어에서 고객을 확보하고 참여를 유도한 후, 불만 사항이나 경쟁사의 방해, 또는 알고리즘 업데이트로 인해 부수적인 피해를 입고 하루아침에 고객을 잃는 경우도 있었다. 이것이 임대한 소셜 미디어 고객을 자신이 소유한 자산, 가령 이메일 리스트로 이동하거나 복제하는 것이 중요한 이유다.

소셜 미디어의 고객을 나의 자산으로 옮겨야 하는 또 다른 이유는 덜 산만하기 때문이다. 산만함은 소셜 미디어의 핵심 산물이다. 받은 메일함 속 이메일이나 실물 우편물을 처리할 때와 소셜 미디어는 서로 다른 사고방식으로 다뤄진다. 이런 맥락에서, 메일은 조금 더 '비즈니스'적으로, 소셜 미디어는 재미의 무의식적인 소비를 목적으로 찾는다.

마지막으로 소셜 미디어는 일시적이다. 오늘 '좋아요'를 누른 게시물이 내일이면 잊힌다. 소셜 미디어 게시물 중 오랜 기간 인기를 유지하는 게시물은 거의 없다. 그렇기 때문에 나는 내가 관리하는 플랫폼에서 양질의 콘텐츠를 만드는 데 대부분 시간과 에너지를 투자한다. 몇 년 전 내가 웹사이트와 팟캐스트, 이메일 주소록에 만들어놓은 콘텐츠는 매일매일 높은 수준의 관심고객을 지속적으로 유입시키고 있다. 나는 시간이 지나도 변하지 않는 자산을 구축하고 싶다. 그런 다음 소셜 미디어 및 기타 대여 자산을 통해 이 작업의 도달 범위를 확대한다.

소셜 미디어 러닝머신

이 책의 서두에서, 나는 여러분의 마케팅 여정이 좌절과 분노, 실망으로 가득 차게 될 것이라 약속했다. 그 약속에 따라 소셜 미디어 성공을 위한 4단계 공식을 제안한다. 물론 여러분은 이 공식을 전혀 좋아하지 않을 테지만 말이다.

1. 플랫폼을 선택한다.
2. 매일매일 게시물을 올린다.
3. 매일의 콘텐츠는 어제보다 나은 수준이어야 한다.
4. 2~5년 동안 2와 3단계를 반복한다.

누군가 워런 버핏 Warren Buffett에게 "왜 모두가 당신의 전략을 그대로 따라 하지 않습니까?"라고 물었다. 그의 대답은 "아무도 천천히 부자가 되고 싶어 하지 않아서"였다. 그렇다. 소셜 미디어 고객도 마찬가지다.

소셜 미디어를 '시도'하는 사람들 대부분은 플랫폼에 집중하지 않는다. 매일 게시물을 올릴 수 있는 인내심을 가진 사람은 그보다 더 적다. 자기 기술을 발전시키기 위해 노력하는 사람은 더 적다. 내가 말한 4단계를 700일 이상 꾸준히 하는 사람은 거의 없다.

여러분은 세입자일 뿐만 아니라 매일 임대료도 내야 한다. 대부분의 소셜 플랫폼은 꾸준히 콘텐츠를 올리면 우선순위를 높여 보상을 제공하고, 일관성이 없거나 콘텐츠를 올리지 않으면 불이익을 준다. 이는 소셜 플랫폼의 비즈니스 모델이 가능한 한 오랫동안 시선을 사로잡기 위해 새로운 콘텐츠의 지속적인 흐름에 의존하기 때문이다. 사용자의 시선이 바로 광고주에게 판매하는 품목이다. 따라서 콘텐츠가 지루하거나 일관성이 없거나 지나치게 영업적인 성격을 띠면 사람들의 관심을 끌지 못하므로, 소셜 네트워크는 이를 억제할 강력한 동기를 갖는다.

소셜 미디어는 제대로만 활용하면 훌륭한 러닝머신 같은 효과를 낸다. 극복할 수 없는 건 아니지만 팀과 강력한 마케팅 프로세스의 뒷받침 없이는 정말 어렵다는 뜻이다. 러닝머신에 올라가서 그 위에 머무르는 일은 신중해야 한다.

흔히 소셜 미디어로 성공을 거둔 사람들을 보면, 그들의 노력이 정말 쉽고 자연스럽게 느껴진다. 그러나 실상 그렇지 않은 경우가 많다. 가장 성공적인 소셜 미디어 인플루언서는 그 뒤에 팀을 꾸리고 있다. 일부 대형 소셜 미디어 인플루언서의 경우, 비디오 촬영기사와 편집자, 카피라이터 등 소셜 미디어팀에 수십 명의 직원이 근무하는 경우도 드물지 않다. 하지만 겉으로 보기에는 그저 스마트폰을 들고 재미있게 노는 사람처럼 보인다. 가수 돌리 파튼^{Dolly Parton}은 "이렇게 싸구려로 보이려면 돈이 많이 든다"라는 말을 남겼다. 이는 소셜 미디어도 마찬가지다. 시청자에게 자연스럽고 진정성 있게 보여야 하지만, 이를 일관되게 유지하는 일은 노동 집약적이고 무척 어려운 일이다.

많은 사람이 소셜 미디어는 무료이며, 조금만 손을 대면 관심을 끌 수 있다고 잘못 이해한다. 그러나 결과물이 어떤 과정으로 어떻게 만들어지는지를 알고 나면 생각이 바뀐다. 소셜 미디어는 가치 있는 마케팅 시장이며 성공 가능성도 있지만, 소셜 미디어에 뛰어들고자 한다면 마음을 단단히 먹는 게 좋다. 절대 쉬운 일이 아니라는 사실을 명심해야 한다.

유명 인사가 인터뷰에서 재미있는 이야기를 풀어놓는 모습을 보고 있자면, 다들 즉흥적으로 자연스럽게 떠올린 이야기라고 생각한다. 그러나 이런 토크조차도 세심한 대본과 리허설을 거친다. 자연스러운 농담처럼 느껴지게 만드는 마법의 손길을 거쳤다는 뜻이다.

마찬가지로 소셜 미디어가 단순히 친구나 가족과 함께 즐기는 것 이상의 역할을 하려면, 잘 조율된 콘텐츠가 필요하다. 반려견의 귀여운 사진이나 갑자기 떠오른 생각을 게시하는 것도 가끔은 괜찮지만, 비즈니스를 위한 진정한 미디어 채널이 되려면 콘텐츠를 신중하게 계획하고 충분한 자료를 확보해야 한다. 이제 막 소셜 미디어를 구축하기 시작했다면 대규모 팀이 필요하지 않을 수도 있지만, 혼자서 성공하기란 쉽지 않다.

플랫폼 토박이가 되어라

근본적으로 새로운 플랫폼이 만들어질 때마다 사람들은 자신이 알고 있고 이해하는 기존 플랫폼의 개념을 새로운 플랫폼에도 적용한다. 이런 현상은 소셜 미디어 탄생 전부터 있었다.

처음 라디오가 생겼을 때, 우리가 지금 잘 아는 환경과는 꽤 달랐다. 당시의 라디오 방송국 대다수는 신문사가 소유했으며, 신문사는 라디오를 인쇄 매체의 연장선으로 사용했다. 라디오 프로그램은 비교적 단순했으며 사람들은 전파를 통해 신문 기사나 기타 인쇄물을 읽었다. 텔레비전의 초창기도 비슷했다. 초기의 많은 텔레비전 프로그램은 뉴스, 스포츠, 날씨에 초점을 맞춘 간단한 설정으로 라디오 프로그램의 각색에 불과했다.

인터넷 초창기 웹사이트는 기본적으로 정적인 온라인 브로슈어에 불과했다. 심지어 여전히 많은 웹사이트가 그 모습에서 벗어나지 못했다. 하지만 인터넷이라는 매체와 그 잠재력을 이해하는 사람들은 이를 전략적으로 활용해 관심고객을 확보하고 가능성 높은 잠재고객과 소통한다.

초짜가 저지르는 실수가 바로 여기 있다. 소셜 미디어를 텔레비전과 같은 방송 매체로 취급하는 것이다. 더 많은 사람에게 메시지를 전달하고 싶다는 이유로 더 많은 채널에 동일한 콘텐츠를 게시한다. 동일한 콘텐츠를 페이스북, X(예전 트위터), 링크드인, 인스타그램, 틱톡에 게시한다. 그러나 이런 전략으로는 멀리 갈 수 없다.

콘텐츠는 플랫폼마다 다르게 작동한다. 같은 사람이 같은 콘텐츠를 소비하더라도, 링크드인과 틱톡에서는 다르게 반응할 수 있다. 각 플랫폼에 맞게 콘텐츠를 조정해 게시물이 플랫폼의 분위기를 따라야 한다.

각 플랫폼에는 고유의 특성과 그 플랫폼에서 번성하는 '이른바 네임드'가 있다. 이런 하위문화가 흐름을 지배하고 열정적인 팔로워를 보유한다.

인스타그램의 '인플루언서'는 피트니스 마니아와 요가를 즐기는 '엄마'들이 주를 이룬다. 블루베리를 뿌린 오버나이트 오트밀을 즐기며 '자기애'를 과시하는 감성 넘치는 사진을 많이 보았을 것이다. 모든 사진은 보정 처리를 했고, 인생은 세심하게 고른 하이라이트 같다. 모두가 놀라운 경험을 하며, 다들 **축복받은** 모습이 주를 이룬다.

한편 X는 창업가, 언론인, 공돌이의 영역이다. 신랄한 풍자와 재치 있는 게시물이 이곳의 화폐. 이들은 인스타그램 모델들이 몸매를 과시하듯 자신의 지성을 과시한다. 반어법도 넘쳐난다. 게시물은 종종 "비주류 의견이긴 한데…"와 같은 말로 시작하는데, 사실은 많은 이들이 동조해주기를 간절히 바란다.

링크드인은 HR 전문가, 채용 담당자, 전문 사무직, 비즈니스 사업가의 아지트다. 겸손한 자랑과 가짜 전문가, 좋은 인상을 남기기에 급급한 사람들로 가득하다. HR 관리자가 록스타처럼 군림하는 플랫폼은 정말 타락한 곳과 다름없다.

틱톡은 재미있는 동물과 모험을 떠나는 여행자, 말 그대로 무엇이든 하는 귀여운 10대 소녀들이 등장하는 숏폼 동영상이 빠르게 확산되는 무대다. 인기 있는 오디오 클립과 분명 들리지 않는데도 아는 노래가 귓가에 맴도는 재미가 강조된 세상이다. 틱톡이 인기를 끌기 시작했을 때만 해도, '게리 비$^{Gary Vee}$*가 소리 지르는 영상을 볼 수 있는 곳이 또 하나 생겼구나'라고 생각했는데, 지금은 알고리즘을 바탕으로 사용자가 좋아하는 것을 학습하고 이를 제공하는 재미있는 플랫폼이 되었다.

레딧은 자기 생각, 감정, 경험을 극도로 상세하게 푸는 익명의 괴짜들이 지배하는 세상이다. 너무 이상하거나 구체적인 하위문화는 없다. 재치 있는 한 줄 문장이 공감을 얻고, 끝없는 답글이 집단의식의 흐름을 따라 이어진다.

내가 좀 지나쳤을까. 물론 인스타그램에도 진심 어린 사람들이 있고, X에도 멋진 사람들이 있으며, 링크드인에도 평범한 사람들이 있다. 그러나 나는 플랫폼별 콘텐츠를 만들 때, 기본적으로 내 일반화를 염두에 둔다. 로마에 가면 로마인들의 법을 따라야 하듯이. 그래서 인스타그램에서는 하이라이트를 공유하고, X에서는 위트를 더하

---

* 미국의 창업가, 작가로 국제적인 명성을 가진 온라인 유명 인사. 본명은 게리 바이너척.

며, 링크드인에서는 약간의 오글거림을 첨가한다.

이렇게 각 플랫폼의 분위기를 받아들여야 한다. 그들의 밈, 문화, 고유한 특성을 이해하고 따르는 게 중요하다.

그리고 처음부터 딱 하나의 플랫폼만 선택하는 것을 추천하고 싶다. 여러 소셜 플랫폼을 동시에 시작하기로 했다면, 신중하고 또 신중하게 재고해야 한다. 각 플랫폼에서 일관성을 유지할 수 있도록 적절한 자원을 확보하는 것도 중요하다.

소셜 미디어는 방송 매체가 아니다. 대부분의 소셜 미디어 알고리즘은 사용자의 참여도에 최적화되어 있으므로, 여러분(혹은 팀원)도 사람들과 적극적으로 소통해야 한다.

마지막으로 모든 플랫폼에서 유의해야 할 한 가지가 있다. 플랫폼이 스마트해지면서 팔로우, 백링크, 키워드 같은 기존의 관련성 지표 의존도가 낮아졌다. 내 콘텐츠와 내가 하는 일과 관련 없는 많은 사람에게 내 게시물이 노출될 수 있다는 점이다. 따라서 각 콘텐츠를 가능한 독립적인 콘텐츠로 만들자. 잠재고객 육성 과정을 진행하면서 맥락은 추가하면 된다.

콘텐츠 크리에이터

이상적인 표적 시청자를 위한 유용하고 가치 있는 콘텐츠를 만들기로 결심했다? 듣던 중 반가운 소리다. 이제 흔히 일어나는 상황을 알아보자. 무언가를 쓰거나 녹음할 준비를 하다가, 문득 그런 생각이 든다. "네가 뭔데 이런 짓을 벌이려는 거야?"라는 부정적인 목소리가 머릿속을 파고든다. "누가 당신의 콘텐츠를 읽거나 보거나 듣겠어?", "너보다 이 일을 더 잘하고, 더 재미있고, 더 풍부하고, 더 잘생긴 사람이 얼마나 많은데."

자신이 가진 빛을 발하는 데 익숙하지 않은 많은 이들이 자신의 업적, 기술 또는 전문성에 의구심을 품고, 혹시 사기꾼 소리를 듣는 건 아닐까 두려워하는 이른바 '가면 증후군'에 시달린다.

거짓으로 누군가를 자처하는 사람이 사기꾼이다. 하지만 콘텐츠 마케팅을 하고자 하는 기업가 대부분이 불안감에 이런 감정을 느낀다. 진짜 사기꾼에게는 가면 증후군이 없다. 그런 느낌이 든다면 당신은 사기꾼일 가능성이 없다.

게다가 전문성은 상대적이다. 표적고객과 비교하면, 여러분이 전문가일 가능성이 크다. 동료와 자신을 비교하고 그들의 판단을 두려워할 수는 있지만, 그들은 여러분의 표적 층이 아니다. 여러분은 업계 동료가 아니라 잠재고객에게 깊은 인상을 남기고 싶을 뿐이다.

자신의 분야에서 콘텐츠를 만든다고 해서 반드시 자신이 세계 최고임을 의미하는 건 아니다. 또한 해당 분야에서 '최고'인 사람이 반드시 이상적인 잠재고객에게 적합한 사람이 아닐 수도 있다. 예를 들어, 프로 골퍼 타이거 우즈^{Tiger Woods}는 최고의 강사가 될 수 없다. 초보와 실력차가 너무도 크기 때문이다. 그는 프로 플레이의 미묘한 차이를 인식하고 귀중한 통찰력을 가르칠 순 있지만 초보자에게는 그립, 자세, 스윙과 같은 기본을 인내심을 갖고 지도해줄 사람이 필요하다.

전문가는 콘텐츠를 만들 수 있는 여러 유형 중 하나일 뿐이다. 자신을 이른바 전문가라고 칭하는 게 정말 불편하다면 다른 유형 중 하나를 선택하거나 자신만의 하이브리드 유형을 만들 수도 있다.

자, 콘텐츠 크리에이터의 5가지 유형부터 살펴보자.

전문가: 전문가는 가장 일반적인 콘텐츠 크리에이터다. 이 유형의 권위는 지식, 전문성 혹은 실전 경험에서 비롯된다. 가장 중요한 구성요소는 의견, 통찰력, 개성이다. 전문가 유형의 가장 큰 문제는 너무 지루하고 정보만을 제공한다는 점이다. 검색엔진이나 위키피디아를 능가하는 정보 출처는 없다. 사람들은 여러분만의 독특한 관점과 전달 방식이 궁금하다. 지루하면 콘텐츠 마케팅에 쏟아붓는 노력은 허망해지고 사람들의 관심에서 멀어질 수밖에 없다.

큐레이터: 큐레이터는 곡식의 껍질을 가려내는 탈곡기 역할로 가치를 창출한다. 큐레이터가 만드는 콘텐츠는 모든 것을 분류해 정말 가치 있고 흥미로운 콘텐츠만 공유하기 때문에 사용자의 시간과 노력을 절약한다. 미디어 회사, 선별 아이템, 박물관, 뉴스 등이 모두 이 유형의 예다.

인터뷰어: 인터뷰어는 큐레이터와 다소 비슷하지만, 사람과 사람의 대화에 더 중점을 둔다. 자신만의 전문지식이나 권위가 없다면 타인

의 전문지식을 빌려 영향력을 발휘할 수 있다. 문제는 이 토론이 인터뷰이를 위한 홍보가 되지 않도록, 적어도 일부 스포트라이트는 인터뷰어에게 집중되도록 만들어야 한다는 점이다. 흥미롭고 통찰력 있는, 때로는 거슬리는 질문을 통해 가치를 창출해야 한다. 청중이 원하는 것을 올바로 알아채야 한다. 사람들이 정말 알고 싶어 하는 건 무엇일까? 대부분 인터뷰이가 수백 번 반복해온 평범한 답변에서 벗어난 인터뷰를 진행하는 것이 이 질문의 성공 열쇠다. 오프라 윈프리$^{Oprah\ Winfrey}$가 가장 좋은 예시다.

여정을 시작한 아마추어: 아마추어 유형은 자신의 전문 분야에 대한 전문지식이 제한적이거나 전혀 없음을 공개적으로 인정하고, 숙달과 발전을 향한 여정을 사람들과 함께 공유한다. 이들은 그 과정에서 얻은 승리와 패배를 모두 드러내 공감을 얻고 매력적인 콘텐츠를 만든다. "내가 할 수 있으면, 여러분도 할 수 있습니다" 같은 강력한 내러티브를 만들어낸다. 아마추어는 기술 습득, 비즈니스 구축, 문제 해결 등 다양한 형식을 취할 수 있다. 팀 페리스가 그 사례인데, 그는 기업가 정신, 건강, 투자 등 다양한 분야에서 자신의 여정을 공개적으로 공유했으며 최근에는 인터뷰어로 자리 잡았다.

수수께끼: 이 유형은 독창적이고 흥미롭거나 특이한 삶을 살며 그 일부를 시청자와 공유한다. 인간의 타고난 관음증적 성향이 이런 콘텐츠의 성공을 이끈다. 부유하고 유명한 사람들의 삶을 들여다보는 콘텐츠를 중심으로 산업 전체가 형성되어왔다. 반드시 유명인일 필

요는 없지만, 수수께끼 유형의 성공 비결은 사람들이 평소에는 볼 수 없는 멋지거나 특이한 일을 공개하는 것이다. 시청자가 장막 뒤의 모습을 엿볼 수 있어야 한다. 흔히 리얼리티쇼 프로그램이나 로열 패밀리의 삶, 유명 연예인의 생활 등이 전형적인 사례다.

지난 2장에서는 상호 보완적인 기술을 교차해 고유한 틈새시장을 찾는 법에 대해 설명했다. 마찬가지로 여러 콘텐츠 크리에이터의 유형을 교차하는 것도 자신만의 고유한 목소리와 페르소나를 찾는 강력한 방법이 될 것이다. 가령 고든 램지Gordon Ramsay는 전문가와 수수께끼가 결합된 유형이다. 그는 셰프이자 레스토랑 경영자로서, 폭넓은 전문성을 갖추었을 뿐만 아니라, 우리가 평소에는 볼 수 없는 세계의 장막 뒤편을 들여다볼 수 있게 해준다. 중요한 건, 그가 불같은 성격을 불어넣어, 지루하고 평범한 비즈니스에 드라마틱함을 강조했다는 점이다.

크리에이터의 원형은 자연스럽게 다른 원형으로 바뀌거나 혼합될 수 있다. 예를 들어, 아마추어는 노련함이나 명성을 얻어 이후 전문가나 수수께끼 유형으로 바뀔 수 있다. 가수 저스틴 비버Justin Bieber나 전 세계 유튜버 구독자 1위인 미스터비스트MrBeast가 그렇다. 무명의 초보자가 업로드한 동영상을 보다 보면 그들의 성공 여정을 함께 따라갈 수 있다.

당신도 미디어 회사다

"웹사이트 트래픽을 늘리려면 어떻게 해야 하나요?"라는 질문이 내게도 끊이지 않는다. 더 많은 트래픽을 원한다면 고속도로를 타야 한다. 그러나 우리가 정말 원하는 건 '트래픽'이 아니다. 우리가 원하는 건 우리가 하는 일에 관련성 높은 관심, 즉 올바른 시선이다. 관련 없는 10,000명의 방문자보다 관련 있는 1명의 방문자가 내 웹사이트를 방문하는 것이 더 도움 된다.

많은 사람들이 동료와 경쟁자에게 멋져 보이거나 '좋아요'를 많이 받을 수 있는 콘텐츠를 만들고픈 함정에 빠진다. 허영심 때문이다. '좋아요'는 아무리 많아도 은행 계좌에 돈이 들어오지 않는다.

린 마케팅의 첫 번째 원칙은 사람들에게 도움이 되는 가치 있는 콘텐츠를 만드는 법을 알려준다. 린 마케팅의 일곱 번째 원칙은 마케팅은 이벤트가 아니라 과정이라는 점을 강조한다.

이 두 가지 원칙을 콘텐츠 전략에 적용하면 중요한 사고방식의 전환이 이루어진다. 비즈니스를 미디어 회사로 인식하기 시작하는 것이다. 사람들에게 직접 접근하는 것이 점점 더 중요해진다. 많은 비非미디어 기업이 미디어 자산을 인수하거나 구축하는 현상을 보이는 건 우연이 아니다. 유료 미디어 채널이 훨씬 비싸고 세분화되었기 때문이다.

스마트한 기업은 자신의 운명을 스스로 결정한다. 제조, 건설, 소매업과 같은 이른바 지루한 비즈니스에 종사하는 다수의 현명한 고객들도 최근 촬영기사, 카피라이터, 웹 개발자 등 과거에는 미디어 회사에서만 볼 수 있던 직원을 고용하는 추세다.

린 마케팅의 여덟 번째 원칙
콘텐츠를 사용해 사람을 끌어들여라

미디어 회사가 생산하고 수익을 창출하는 제품은 콘텐츠다. 이제는 모든 유형의 비즈니스와 산업으로 확장되고 있다. 콘텐츠를 비즈니스에서 하나의 제품군으로 취급하는 현명한 사고방식을 지녀야 한다. 일부 마케터처럼 무관심한 사람들에게 제품을 강요하는 것이 아니라, 표적시장이 가치를 끌어낼 수 있게 해야 한다. 올바른 콘텐츠는 올바른 표적시장을 끌어들일 수 있다. 원하는 물고기를 쉽게 낚을 수 있다는 뜻이다.

고난을 받아들여라

콘텐츠 마케팅에서 필연적으로 직면할 몇 가지 어려운 과제가 여러분 앞을 도사리고 있다.

첫 번째 도전은 바로 낙담이다. 매일 콘텐츠를 업로드하는 데도 별다른 반응이 없으면 실망감이 밀려온다.

초창기엔 몇 안 되는 조회수만 기록할지도 모른다. 사실은 좋은 일이지만 콘텐츠 제작에 쏟는 노력이 허망해 실패할 가능성이 커진다. 처음에는 콘텐츠 제작 습관을 기르는 데만 집중하고, 지속적으로 품질을 개선해 나만의 목소리를 찾는 게 더 중요하다.

처음에는 조회수, 다운로드 수 같은 숫자에 집착하지 않는다. 아직은 신인이므로 어색한 게 당연하다.

또한 사람들에게 적합한 가치 제안을 제공해야만 여러분의 콘텐츠가 사람들의 눈에 든다는 점도 잊지 말자. 게시물에 주목하는 사람들의 수는 제한적일지 모르나, 나에게 이상적인 청중을 모아 그들 앞에서 실시간으로 이야기한다고 받아들이자. 그러면 기분이 한결 나아질 것이다.

두 번째 과제는 양극화다(혹은 그마저도 부족할지도). 올바른 청중의 시선을 끌어당긴다는 건 반대로 잘못된 시선도 함께 따라온다는 뜻이다. 적절한 사람들에게는 매력적일 수 있는 콘텐츠가, 반대로 적절치 않은 사람들을 배제하거나 심지어 분노하게 만들 수도 있다. 그러나 좋은 일이다. 여러분과 여러분의 청중이 관심 갖는 분야에 당당히 의견을 제시하고 견해를 밝히라.

이 책의 기초에서 설명한 것처럼, 모든 사람에게 어필하고자 하면 누구에게도 어필할 수 없다. 특수성은 팔리지만, 일반성은 배척받는다. 적절치 않은 사람들을 배척하거나 아예 모두를 배척해버리는 결과가 찾아온다.

장담컨대 콘텐츠 마케팅을 제대로 한다면, 분명 부정적인 댓글과 피드백을 받을 것이다. 이는 올바른 방향으로 나아가고 있음을 의미하지만, 많은 이의 마음을 불편하게 만들기도 한다. 나의 팬보다 나를 싫어하는 사람들에게 더 많은 에너지를 쏟으며 논쟁하고, 방어하고, 달래려고 노력하느라 진땀을 뺄 수도 있다. 하지만 어리석은 사람들과 논쟁을 시작하는 순간, 이미 진 것과 마찬가지다. "돼지와는 싸우지 말라"라는 속담처럼, 진흙탕에 몸을 담그는 순간 둘 다 진흙을 뒤집어쓰는 꼴이다.

판다는 말 없이 판매하라

기존 광고로 제품을 성공적으로 판매했던 많은 기업가와 비즈니스가 초창기 디지털 미디어와 콘텐츠 마케팅에 부침을 겪었다. '디지털 태생'인 새로운 경쟁자들과 경쟁하며 종종 무너지기도 했다. 기존 미디어에서는 제품이나 서비스를 전면에 내세우는 노골적인 판매가 일반적이었다. 그러나 소셜 미디어에서 이런 방식은 사용자에게 외면당하는 가장 빠른 방법일 뿐이다.

마케팅 프로젝트에 시간과 돈, 노력을 투자하며 그것이 구매로 이어지기를 바라는 건 당연지사다. 그러나 소셜 미디어에서는 이런 방식이 통하지 않는다. 대신 미묘하고 반직관적인 방식이 먹힌다. 각 게시물에 "여기 새로운 위젯도 확인해보세요" 같은 클릭 유도 문안이나 링크가 뒤따르는 건, 이 매체를 제대로 이해하지 못했다는 방증이다.

제품을 노골적으로 판매하지 말고, 제작 중인 콘텐츠에 부수적인 소품으로 사용해보자. 그런 다음 진정으로 가치 있고 유용하며 재미 있는 콘텐츠를 만드는 것이다.

이런 유형의 콘텐츠는 노골적인 판매보다는 소품 배치에 신경 쓰는 게 낫다. 007 제임스 본드$^{James\ Bond}$ 영화에 등장하는 '애스턴 마틴$^{Aston\ Martin}$' 자동차나 '롤렉스^{Rolex}', '오메가^{Omega}' 시계는 줄거리와 상관 없는 주변적 요소로 등장한다. 마찬가지로 제품이나 서비스가 콘텐츠 마케팅 활동의 중심이 되어서는 안 된다. 제임스 본드가 갑자기 멈춰 서서 "오메가 씨마스터$^{Omega\ Seamaster}$를 구매하려면, 지금 당장 'OmegaWatches.com'에 접속해보시오"라고 말한다면? 그야말로 이상하고 영화의 분위기를 와장창 깨뜨린다. 오히려 악당의 목을 조르거나 보드카 마티니를 홀짝이는 그의 손목에서 영롱하게 빛나는 시계가 훨씬 효과적이지 않은가.

특히 콘텐츠 마케팅 여정을 시작할 때는 아무도 여러분의 회사를 모르고, 여러분이 판매하는 제품엔 관심도 없다. 재미있게 즐기고 싶었는데 튀어나오는 광고만큼 짜증스러운 것도 없다. 오늘 하루에만 이미 얼마나 많은 광고를 스크롤해 내려버렸는지 생각해보자.

가령 전동 공구를 판매한다 치자. 사람들은 무선 드릴과 앵글 그라인더가 얼마나 혁신적인지에 관해서는 듣고 싶지 않다. 대신 제품에 공통 관심사를 가진 사람들이 모인 커뮤니티를 구축하는 데 집중하자. 예를 들어, 표적시장이 취미 활동가와 DIY족이라면 데모 버전, 재미있는 프로젝트 아이디어, 튜토리얼이 포함된 콘텐츠를 제작하자. 이런 콘텐츠는 잠재고객에게 재미와 가치를 제공하고, 제품을 소품으로 쉽게 등장시킬 수 있다. 콘텐츠가 제품에 관한 것인지 아닌지 확인하며 제품을 프레임 속에 노출시켜야 한다. 무언가 만드는 것을 좋아하는 비슷한 생각을 가진 사람들로 구성된 커뮤니티가 생기면, 사람들은 말하지 않아도 알아서 여러분의 물건을 찾아 구매할 것이다.

전동 공구나 실제 제품이 아니더라도, 이 원칙을 활용해 이상적인 표적시장으로 구성된 커뮤니티를 구축할 수 있다. 자신의 전문 분야에 열정을 가진 사람들로 구성된 커뮤니티를 이끄는 것은 드러내놓고 판매하지 않고도 판매할 수 있는 강력한 방법이다.

콘텐츠 마케팅에서 제품이 중심이 되어선 안 되는 것처럼, 커뮤니티에서도 리더십이 중심이 되어서는 안 된다. 사람들은 목사를 만나러 교회에 가거나, 코치 때문에 지역 스포츠 동호회에 가입하는 게 아니다. 누군가와 같은 철학이나 관심사를 공유하고, 자신과 같은 사람들과 교제하기 위해 모임을 찾아가는 것이다. 커뮤니티가 열광하는 것이 쇼의 주인공이어야 한다. 가치 있고 교육적이며 재미있는 콘텐츠를 제공하는 데 노력을 집중하자.

승리할 때까지 버티기

앞서 언급했듯이, 콘텐츠 제작이라는 러닝머신에 올라타는 건 보람차지만 어려운 일이다. 이 지구력 경주에서 승리하는 데 도움이 되는 두 가지 전략을 소개하고자 한다.

첫 번째 전략은 게리 바이너척의 말처럼 "만들지 말고, 기록하라." 비즈니스에서 매일 하는 일을 하나의 다큐멘터리처럼 생각해보자. 매일 카메라, 마이크, 또는 빈 페이지를 응시하며 새로운 콘텐츠를 만들려고 애쓰지 말고, 이미 하는 일을 기록하는 것이다.

물론 처음에는 멍청한 짓처럼 느껴질 것이다. "내가 하는 지루한 일을 누가 알고 싶겠어?"라는 생각이 들 수도 있다. 하지만 여러분의 이상적인 고객은 알고 싶어 한다. 지난 수년 동안 다양한 종류의 콘텐츠를 제작해왔다. 가장 큰 인기를 끌었던 콘텐츠는 나와 내 팀이 무엇을 어떻게 하는지 보여주는 '비하인드 스토리'였다. 이미 하던 일을 '녹화'만 하면 되는 가장 쉬운 콘텐츠였다.

매일 콘텐츠 아이디어와 스토리를 구상하는 것보다 훨씬 쉽지 않은가. 이른바 리얼리티 프로그램이 이런 전제를 바탕으로 기획되었다. 사람들의 자연스러운 관음증적 성향을 이용한 셈이다. 강력한 콘텐츠 제작의 지름길이다.

두 번째 전략은 자연스럽고 적성에 가장 잘 맞는 방식을 찾으라는 것이다. 재치 있는 입담을 가진 사람들에게는 팟캐스트가 적합하다.

동영상을 제작하고 출연하는 것을 좋아하는 사람이라면 유튜브 채널이나 세로형 숏폼 동영상 플랫폼이 적합하다. (나처럼) 텍스트를 좋아하는 사람이라면, 칼럼이나 책 같은 텍스트 기반 소셜 플랫폼 같은 서면 콘텐츠가 적합하다.

그러니 나에게 가장 자연스러운 제작 방식을 택해보자. 다만 콘텐츠를 소비하는 방식이 자신이 선호하는 방식과 다를 수 있다는 점을 염두에 두어야 한다. 예를 들어, 나는 매일 독서하는 습관이 있지만 운동이나 여행 중에는 오디오 콘텐츠를 훨씬 더 많이 소비한다. 자신의 기본 콘텐츠 제작 방식에 주의를 기울이고 거기에서 시작해보자.

유료 디지털 광고의 현실

디지털 광고의 현주소를 이해하려면, 그 기원부터 알아야 한다. 인터넷이 처음 세상에 등장했을 때는 주로 컴퓨터광들을 위해, 컴퓨터광들이 운영하는 기이한 커뮤니티와 하위문화의 황무지였다. 하지만 곧 구글, 페이스북 같은 온라인 미디어 플랫폼이 등장해 모든 것을 무료로 쉽게 사용할 수 있는 세상이 열렸고 대중은 이를 받아들였다. 그리고 이들은 엄청난 사용자 수를 기반으로 수익을 창출했다. 소비자와의 거래는 신문, 라디오, 텔레비전이 하는 방식과 비슷했다. 즉 무료이거나 적은 비용을 투자해 사람들의 관심을 대가로 받는 방식이었다. 그리고 이들의 관심을 광고주가 사들였다.

처음에는 브랜드 마케터와 직접 반응 마케터 모두의 꿈이 실현되는 듯했다. 브랜드 마케터에게는 수백만 명의 사람들에게 다가갈 수 있는 새로운 공간이 열렸고, 직접 반응 마케터에게는 모든 행동을 추적할 수 있는 엄청나게 저렴한 미디어 채널이 생겼다. 하지만 이들의 꿈은 곧 악몽이 되었다.

브랜드 마케터는 미디어 채널이 심각하게 파편화되었다는 사실을 깨달았다. 이전에는 도달 범위가 넓은 대규모 캠페인을 진행하려면 비교적 관리가 쉬운 몇몇 신문, 라디오 방송국, 텔레비전 채널에 광고를 집행했다. 그러나 이제는 수백만 개의 웹사이트, 수많은 소셜 미디어 플랫폼, 수십 개의 스트리밍 서비스에 걸쳐 잠재고객이 분산되어 있다.

새로운 매체를 비교적 빨리 받아들인 직접 반응 마케터는 클릭당 10센트에 광고를 구매하고, 그 클릭률을 차익 거래해 수익을 창출하는 비열한 짓을 벌였다. 그러다가 클릭당 15센트를 지급하는 경쟁업체에 밀리기 시작했다. 그다음 경쟁자는 20센트, 그다음에는 30센트를 지급하는 식으로 경쟁이 심화했다. 대부분 군사 경쟁이 그러하듯, 가장 미친 사람이 최후의 승자가 될 때까지 경쟁은 계속 확대되었지만, 이 싸움의 진정한 승자는 무기 거래상이었다.

그리고 곧 엄청난 클릭당 비용을 썼는데도, 수익을 내기 어려울 지경에 이르렀다. 판매하는 상품이 무엇이든 대부분 수익은 구글과 페이스북으로 흘러 들어갔고, 이들은 점점 더 높은 가격을 경매로 부치며 엄청난 부자가 되었다.

이렇게 군비경쟁에서 더는 경제성만으로 이길 수 없게 되자, 마케터들은 더 똑똑해져야 했다. 시작은 데이터였다. 좋은 데이터는 사용자의 행동을 추적할 수 있었고, 이를 바탕으로 마케터는 더 저렴하게 광고를 구매할 방법을 만들어냈다. 그러자 또 다른 군비경쟁이 발발했다. 기업의 데이터 수집과 추적 경쟁에 불이 붙었다. 좋은 무기 거래상인 플랫폼은 기꺼이 경쟁을 부추기고, 데이터를 긁어모았다. 호재가 발생하자마자, 영리한 기업들은 곧바로 가속 페달을 힘껏 밟았다.

이들의 핵심 비즈니스는 관심을 판매하는 것이다. 이미 독과점 기업이기 때문에, 경쟁업체로부터 시장 점유율을 빼앗을 방법이 전무했다. 수익을 계속 확대할 수 있는 유일한 방법은 결국 시장 자체를 확장하는 것뿐이다. 지구상의 모든 이가 공평하게 24시간을 갖는다. 플랫폼의 임무는 콘텐츠라는 무기를 활용해, 사람들의 시간을 최대한 확보하는 것이다. 사용자의 시간과 관심을 1분이라도 더 확보하면, 수익 창출이 가능한 인벤토리가 된다. 영화 〈메트릭스〉에서 인간이 기계를 위한 건전지가 되었던 것이 마냥 틀린 소리는 아닌 셈이다. 우리의 관심이 돈이 되자, 더 중독성 있고, 터무니없고, 논란의 여지가 있는 콘텐츠 제작이 가속화되었다.

그리고 광고주들이 경제성과 데이터 수집에 집착하며, 이들의 장래성도 점점 더 밝아지고 시장 규모는 점점 더 커졌다.

거창한 주장을 담은 헤드라인, 자동 재생되는 시끄럽고 거슬리는 동영상, 과대광고로 가득한 화면 등의 직접 반응 마케팅 광고를 누구나 경험했을 것이다.

또한 새롭고 창의적인 방법으로 고객을 방해하고 가능한 한 모든 구석구석에 로고와 제품, 서비스를 삽입하는 브랜드 마케팅도 경험했을 것이다.

경찰이 신고를 받고 출동하기 전까지 파티는 더할 나위 없이 재미있다. 개인 정보 보호 문제에 대한 소비자와 정부의 반발로, 이제 일부 침입성 데이터 수집과 추적은 수그러지는 조짐을 보인다. 조사, 규제 심지어 독점권 해체를 피하고 싶은 플랫폼은 디지털 마케터가 의존해왔던 많은 표적화, 추적, 어트리뷰션* 기능을 없애는 추세다.

이 모든 것은 디지털 광고가 기본 콘텐츠 마케팅 활동을 보완한다는 뜻이다. 디지털 광고는 예전처럼 즉각적인 관심 흐름의 해결책이 될 수 없다. 여러분의 가치 있는 기본 콘텐츠는 유료 콘텐츠로 가는 길목을 확장하고 뒷받침한다. 동시에 디지털 광고는 기본 콘텐츠를 증폭하고 귀중한 피드백 순환 고리를 생성한다.

디지털 광고는 중단이 아닌 가치 창출에 집중함으로써 양질의 관심을 창출하고, 긍정적인 투자수익을 얻을 수 있는 최고의 기회를 제공한다.

---

* 사용자가 사용하고 실행하는 모든 과정에서 발생하는 데이터를 분석해 광고 성과를 측정하고 최적화하는 개념.

디지털 광고의 모범 사례

책은 각 플랫폼에서 디지털 광고 캠페인을 실행하는 데 필요한 기술적 세부 사항을 자세히 설명하는 데 이상적인 매체는 아니다. 이런 광고 플랫폼의 정책과 모범 사례는 하루가 멀다하고 바뀌기 때문이다.

서문에서도 언급했듯, 이 책은 시대를 초월하는 기본 원칙에 충실하고, 보다 유동적인 기술적 요소에 대해서는 외부 자료를 참조하는 게 낫다는 생각이다.

> 저자가 추천하는 디지털 광고 기술 자료와 방법 가이드는 린 마케팅 허브
> (LeanMarketing.com/hub)에 접속해 자세히 살펴볼 것.

여러 플랫폼에 공통적으로 적용되며 시간이 지나도 변하지 않는 몇 가지 실천 사례를 간단히 살펴보자.

전문가를 고용해 협업하라

각 디지털 광고 플랫폼에는 장단점과 미묘한 차이가 있다. 무엇을 어떻게 공략해야 좋을지 모른다면, 일을 망치고 결과는 나락으로 떨어지며 그 과정에서 엄청난 투자비용을 잃을 게 자명하다. 따라서 디지털 광고 캠페인을 설정할 때는 전문가와 협력해 도움을 받는 것이 좋다.

이미 설명했듯, 기본기가 갖춰져 있고 훌륭한 결과를 얻을 수 있게 준비해놓았다면, 그들이 가장 선호하는 고객이 될 수 있다.

언제든 테스트부터

디지털 광고로 많은 테스트를 수행하자. 분할 테스트라고도 불리는 '에이비 테스팅^{A/B testing}*은 두 가지 이상의 크리에이티브 형식을 동시에 비교하는 방법이다.

아이작 아시모프^{Isaac Asimov}는 과학계에서 무언가를 발견했을 때 외칠 말은 "유레카!"가 아니라 "어? 잠깐만…"에 가깝다고 했다. 이미지, 동영상, 헤드라인, 광고문구 등 다양한 크리에이티브 요소를 테스트하면 잠재고객의 선호도, 행동, 동기를 파악할 귀중한 인사이트를 얻을 수 있다.

이러한 지속적인 개선 접근법은 두 가지 좋은 결과로 이어진다. 즉 승리하거나 배움을 얻는다. 이런 학습을 통해 디지털 광고 캠페인을 더욱 효과적으로 만드는 법을 익히고, 기본 콘텐츠와 같은 마케팅의 다른 측면에도 적용할 수 있다.

광고 피로도는 잠재고객이 동일한 광고를 반복적으로 보고 흥미를 잃을 때 발생한다. 다양한 변형을 테스트하고 순환해 콘텐츠를 신선하게 유지하고 캠페인의 수명과 효과를 발전시켜보자.

---

* 디지털 마케팅에서 두 가지 이상의 시안 중 최적안을 선정하기 위해 시험하는 방법.

효과적인 리타기팅 활용

리타기팅은 이전의 다른 광고 또는 콘텐츠에 상호작용했거나 클릭한 적 있는 사용자를 식별한다. 그런 다음 이런 상호작용을 기반으로 개인에게 표적화된 광고를 게재한다.

리타기팅은 제품 구매나 이메일 광고 수신 등, 사용자가 원하는 행동을 완료할 수 있게 상기시키거나 장려하는 것이 목표다. 리타기팅은 이미 관심을 보이고 메시지를 수신한 사용자를 대상으로 하기 때문에 고객 전환율이 올라간다.

프런트엔드로 손익 달성하기

광고의 직접적인 결과로 발생하는 판매수익을 일컬어 '프런트엔드'라고 한다. 반대로 '백엔드'는 후속 구매에서 발생하는 모든 수익이다. 이 두 수익이 합쳐져 고객생애가치(LTV)를 구성한다.

손익분기점을 넘기거나 수익을 창출한다는 건 고객의 초기 구매 전 투자한 광고 및 마케팅 비용을 회수할 수 있다는 의미다. 즉 광고 집행 후 손익분기점이 넘어가면 마케팅 예산을 사실상 무제한으로 사용할 수 있고, 현금 흐름의 제약을 받지 않으므로 캠페인을 빠르게 확장할 수 있다. 이를 통해 반복 구매와 상향 판매, 끼워 판매, 위탁 판매 등을 통해 고객생애가치를 극대화하는 발판을 마련할 수도 있다.

- 콘텐츠 크리에이터의 유형 중 어떤 것이 가장 마음에 드는가? 하나를 선택하거나 여러 가지 유형을 조합해 나만의 하이브리드 유형을 만들어보자.
- 어떤 형식(오디오, 비디오, 텍스트)으로 콘텐츠를 제작하는 것이 가장 자연스러운지 고려하고, 이를 바탕으로 알맞은 콘텐츠 플랫폼을 선택하자.
- 팀을 활용하고 정기적인 일정을 만들어 이상적인 표적시장에 가치 있는 콘텐츠를 제작하자.

수많은 마케터가는 관심고객이 늘어났거나 판매가 늘어나면 자신의 임무는 끝났다고 생각한다. 그러나 진정한 보상은 고객을 열렬한 충성층으로 만들고, 그 과정에서 고객생애가치를 크게 높여야 찾아온다.

이 장에서 다루는 주요 내용

- 고객이 비즈니스를 통해 경험하는 것을 심층적으로 이해하는 법.
- 고객 만족도 문제를 해결하고 문제 재발을 막는 방법.
- 사회적 증거를 통해 잠재고객의 신뢰와 믿음을 얻는 방법.
- 고품질의 리뷰와 추천 글을 쉽게 얻는 법.
- 사람들은 왜 추천을 망설일까? 그 이유와 대처법.
- '충격과 감탄'을 사용해 잠재고객의 관심을 얻고 고객과 호감을 쌓는 방법.
- 추천받을 확률을 크게 높이기 위해 추천자를 '무장'시키는 방법.

고객 유지와 고객 만족, 그리고 신규고객 창출

평생고객

창업 초창기, 나의 멘토가 비즈니스 성공을 위한 비법을 알려주셨다. 그건 바로 '평생고객'이었다. 이 철학은 지금도 변함없으며 매우 가치 있는 일이다. IT 업계에 몸담았을 때부터 통신 업계에 종사했을 때도, 그리고 이후 여러 벤처 기업을 거치는 와중에도 그때의 고객들은 나를 믿고 따라왔다. 심지어 그중 많은 이들은 진정한 친구가 되었다.

내가 새로운 산업에 종사하거나 완전히 다른 서비스를 제공해도 그들은 상관하지 않았다. 과거에도 내가 그들을 진심으로 생각했고, 앞으로도 그럴 것이라고 믿어주었다.

평생고객을 창출한다면 어떤 점을 바꿔야 할까? 다음 거래나 분기별 매출 목표만 생각할 때와는 고려해야 할 점이 완전히 달라질 것이다.

강압적인 영업전략을 사용하거나, 비용을 절감거나, 열악한 서비스를 제공하진 않을 것이다. "죄송합니다만 그게 회사 정책이라서요" 같은 변명은 할 수 없다. 고객과 소통하고 판매하는 방식을 신중하게 생각할 수밖에 없다. 고객의 이익을 최우선으로 생각하고 고객이 항상 더 나은 거래를 할 수 있게 만들어야겠다고 다짐할 것이다.

일반적으로 브랜딩과 관련된 피상적인 개념보다는, 정기적인 영업권 구축이 진정으로 브랜드를 구축하는 것이다. 이렇듯 정기적으로 '구매하는 고객층'은 점차 성장해 이후 여러분의 비즈니스에 엄청난 자산이 될 것이다. 열렬한 팬이 된 고객은 다른 사람들에게 여러분을 추천하고, 여러분의 성공을 위해 함께 노력한다. 즉 고객 한 사람의 평생 가치보다 훨씬 더 큰 가치가 있다.

이렇게 하면 새로운 제품, 서비스 또는 비즈니스를 훨씬 더 쉽고 예측할 수 있게 출시할 수 있다. 공격적으로 홍보하고, 서두르고, 판매할 필요도 없다. 항상 여러분을 지지해온, 늘 여러분을 지지할 집단이 생긴 것이다. '평생고객'이라는 철학은 내게도 큰 도움이 되었으며, 이는 여러분에게도 마찬가지일 거란 확신이 있다.

린 마케팅의 두 번째 원칙이었던 '전체 제품 수명 주기 및 고객 여정 전반에 마케팅 포함하기'를 함께하면, 마케팅의 효과는 훨씬 높아진다.

고객을 유지하고, 만족시키고, 늘리는 데 가장 중요한 요소가 있다. 바로 사업 초기에 고객을 끌어들였을 때 진행했던 캠페인을 계속 진행하는 것이다. 고객 대부분은 여러분이 잘못해서 떠나는 것이 아니라, 머물러야 할 이유를 제공하지 않았기 때문에 떠난다.

신규고객을 확보하고, 새로운 거래를 성사시키고, 새로운 수익을 창출하는 법을 알아내는 것도 재미있고 흥미로운 일이지만, 진짜 수익은 기존 고객을 유지하고, 고객의 평생 가치를 높이는 백엔드에 있다. 그간 내가 경험했던 수많은 비즈니스와 여러분의 비즈니스가 비슷하다면, 여러분은 신규고객을 한 명도 추가하지 않고도 매출을 두 배, 세 배로 늘릴 수 있다. 어떻게 그게 가능한지 궁금한가? 궁금하다고 하니 감사할 따름이다.

어서오세요

조이 콜먼Joey Coleman은 자신의 저서 『다시는 고객을 잃지 않는 법 Never Lose a Customer Again』에서 고객 경험의 첫 100일이 장기적인 고객 유지에 얼마나 중요한지에 관해 이야기한다.

일반적인 상식과 달리, 고객 유지 프로세스는 고객과의 관계가 진전된 다음에 일어나는 일이 아니다. 고객이 유치되는 그 순간 시작되어야 한다.

온라인에서 소프트웨어 솔루션이나 서비스를 검색해본 적이 있다면, 다음 일화가 익숙할 것이다. 필요에 맞는 제품을 소개하는 여러 웹 페이지를 열었다. 한 페이지에는 완벽해 보이는 솔루션이 있는 매끄러운 랜딩 페이지가 열렸다. 스크린 캡처를 보니 내가 찾던 것과 똑같아 보인다. 30일 무료 체험판도 제공된다고 해서, 이름과 이메일 주소를 입력했다. 다음 화면으로 넘어가니, 신용카드 번호를 입력하라는 메시지가 떴다. 잠시 망설이던 당신, 30일 체험판이 끝날 때까지는 카드 요금이 청구되지 않는다는 문구를 확인한다. 30일이면 제품이 나에게 적합한지 결정하기에 충분한 시간이라고 생각해 계속 진행하기로 한다.

그렇게 신용카드 정보를 입력한 당신, 여기저기 사이트를 둘러본다. 조금 어려워 보이기도 하고 많은 데이터를 가져와야 한다. 어떻게 해야 좋을지 결정하지 못하고, "좋았어, 일단은 시간이 좀 있으니까 내일 시간을 내서 조금 더 꼼꼼히 읽어봐야지"라고 생각한다. 그렇게 하루가 지나고, 일주일이 지났다. 그리고 30일이 지나자, 유료고객으로서 첫 달 결제가 완료되었다는 영수증이 이메일로 날아온다. "빨리 애플리케이션에 내 데이터를 입력해야겠군" 하고 생각한다.

그렇게 또다시 한 달이 흐른다. 정말 바쁜 한 달이었다. 이번에도 아직 사용해보지도 못한 서비스 영수증이 이메일로 날아왔다. 두 달 전, 해결하고자 했던 문제가 지금 당장 처리해야 할 눈앞의 문제보다 시급한 건 아니다. 결국 모든 걸 파악할 시간이 생기면 다시 구독할 의도로 구독을 취소한다. 물론 그런 일은 일어나지 않는다.

나는 수많은 서비스형 소프트웨어인 SaaS^{Software as a Service} * 비즈니

---

* 소프트웨어와 관련 데이터가 중앙 호스트에 호스팅되고 클라우드를 통해 사용자에게 제공되는 소프트웨어 배포 모델.

스와 함께 일해봤으며, 신규 가입 또는 체험판 고객을 위한 탄탄한 온보딩 프로세스를 구축함으로써, 큰 성과를 거둘 수 있었다. 가입한 고객이 제품을 사용하거나, 그들의 작업에 통합시키거나, 어떤 식으로든 처음부터 성공적으로 서비스를 이용했다면, 장기적으로 봐도 고객을 유지할 확률이 훨씬 높아졌다.

물론 이런 문제는 SaaS나 온라인 서비스 비즈니스에만 국한되진 않는다. 어떤 기업이든 신규고객은 구매 직후 어느 정도 후회를 느낄 가능성이 크다. 영업팀에서 배송팀으로 인수인계가 원활하지 않은 경우도 왕왕 발생한다. 또는 기대치가 높았던 나머지, 현실에선 실망감을 느끼기도 한다. 아니면 우리 제품이 만병통치약이 아니었다는 걸, 그래서 고객의 노력이 어느 정도 필요하다는 사실을 알게 되었을 수도 있다. 어느 쪽이든 강력한 온보딩 프로세스를 갖추지 않으면 불만족과 이탈이 발생할 수 있다.

확장할 수 없는 일을 하라

고객에게 훌륭한 경험을 제공하려면 어떤 극단적인 방법을 동원할 수 있을까?

전설적인 투자자이자, 스타트업 액셀러레이터 기업 'Y 컴비네이터Y Combinator'의 공동 설립자, 폴 그레이엄Paul Graham은 확장할 수 없는 일을 하라고 권장한다. 빠른 성공과 성장이 거의 종교처럼 여겨지는 실리콘밸리의 중심에 서 있는 사람에게는 직관에 반하는 조언처럼 여겨질 것이다. 그러나 이는 고객 경험을 생각해볼 수 있는 중요한 사고 방식이다.

'훌륭한 고객 경험을 제공하는 데 핵심이 되는' 몇 가지 방법이 있다.

•**수동으로 사용자 모집하기**: 여기에는 제품이나 서비스를 체험해볼 수 있도록 사람들을 직접 초대하거나 1대 1 체험판을 진행하거나 사용자 온보딩을 돕는 일 등이 포함된다.

•**사용자 경험을 직접 제작하기**: 고객을 만족시키기 위해 그 이상의 노력을 기울이자. 개인적인 감사 카드를 작성해 보내거나, 탁월하지만 노동 집약적인 고객 서비스를 제공하는 일이 포함된다.

•**초기 고객과 긴밀하게 협력하기**: 고객을 알아가는 데 시간을 투자하라. 이를 통해 진정한 제품 시장 적합성을 창출하는 방식으로 제품을 개선할 수 있다. '에어비앤비Airbnb'의 창립자들은 초기 사용자를 만나기 위해 뉴욕까지 비행기를 타고 날아갔다. 그들은 전문가 수준의 사진 촬영을 돕고, 고객 지원을 직접 처리했다. 그 과정에서 고객들이 공통적으로 느끼는 문제와 고충을 파악할 수 있었다.

•**대형 경쟁사가 하지 않는 일 하기**: 3장에서 설명한 것처럼, 흔한 것을 흔하지 않게 잘하는 것이 강력한 차별화 요소가 된다. 이는 보다 맞춤화된 서비스를 제공하거나, 고객 피드백에 더 신속하게 대응하거나, 보다 유연하고 혁신적인 것을 의미한다.

•**직접 불 끄기**: 긴급 상황과 위급한 상황은 수동으로 처리하자. 처음에는 강력한 자동화 시스템을 구축할 자원이 부족할 수 있으므로, 각 위기는 잠재적인 문제와 향후 예방법에 대해 자세히 알아볼 좋은 기회가 될 것이다.

•**고객과 개인적인 관계 유지하기**: 비즈니스가 성장하더라도 개인적인 연락을 유지하자. 고객 이메일에 개인적으로 응답하고, 소셜 미디어에 사용자와 소통하거나 커뮤니티를 위한 이벤트를 개최하자.

이런 작업은 쉽게 확장할 순 없지만, 고객을 잘 이해하고 제품을 개선하며 경쟁사와 차별화하는 데 도움이 된다. 비즈니스가 성장함에 따라 이런 작업을 자동화하거나 위임하는 법을 모색할 순 있지만, 이를 통해 얻는 인사이트와 인지도는 정말 귀중한 자산이 될 것이다.

종종 기업가들은 확장성에 대한 우려로 이런 노력을 기울이지 않는 경우가 있다. 하지만 이런 우려는 시기상조다. 온보딩을 마스터하지 않았다면 확장성부터 걱정할 필요가 없다. 우선 살아남는 게 먼저다.

자주 일선으로 복귀하라

비즈니스가 성장함에 따라 창업자나 CEO는 현장에서 일어나는 일에서 점점 더 멀어지는 게 일반적이다. 직속 부하가 찾아와 보고하면 알게 되는 간접적인 정보는 타인에 의해 집계되고, 가공되고, 살

균된 정보이기 때문에, 실제 상황을 정확하게 파악할 수 없는 수준에 이르는 경우도 많다.

실제로 어떤 일이 일어났는지 알고 싶다면? 매월 또는 적어도 분기마다 하루씩 고객 서비스팀이나 헬프데스크의 최전방에서 일해봐야 한다. 고객의 문의, 불만, 어려움을 직접 들으면 깜짝 놀랄 것이다.

해결되었다고 생각했지만 여전히 반복되던 문제도 발견할 수 있다. 드러난 빈틈과 당연한 질문이 계속 쏟아지는 광경도 확인할 수 있다. 고객 서비스팀이 잘못된 교육, 고장 난 시스템 또는 잘못된 제품 디자인으로 큰 비용과 시간이 소요되는 임시방편 해결책을 쓰는 모습도 확인할 것이다. 일선에 나가보면, 중요한 트렌드를 발견하고 고객의 관점에서 비즈니스가 어떻게 진행되는지 파악하기도 좋다.

개별적인 상호작용에서 행복하거나 불만족스럽거나, 중립적인 태도의 고객도 만나볼 수 있다.

고객이 행복하다면 마케팅 활동에서 '사회적 증거'*로 사용할 추천 글이나 리뷰를 요청하기에 이상적인 시기다.

만약 고객이 불만족스럽다면, 환불이나 불만 또는 나쁜 리뷰로 인해 비즈니스에 심각한 타격을 입기 전, 선제적으로 문제를 해결할 수 있다.

중립적인 고객이라면 가격에 따라 승패가 갈리는 거래 고객일 가능성도 있다. 이런 고객은 단기적인 매출 증가는 가져올 수 있지만,

---

* 자신이 속한 사회나 집단의 의견, 행동, 태도에 영향을 받는 현상.

비즈니스를 구축할 수 있는 탄탄한 기반이 되어주지는 않는다.

중립적이거나 불만족스러운 고객이 많다면 보다 근본적으로 제품 시장 적합성에 문제가 있을 수 있다. 잘못된 사람들에게 올바른 제품을 판매하는 건 아닐까? 적절한 사람에게 잘못된 제품을 판매하는 건 아닐까? 영업팀은 배송팀이 처리할 수 없는 거래를 성사하기 위해 터무니없는 주장을 했던 건 아닐까?

이렇게 영업팀과 최전선에서 시간을 보내는 것도 매우 중요하다. 다시 말하지만, 놓칠 수 없는 엄청난 기회, 제품에 관한 생각과 영업팀의 제시 방식 간의 불일치, 잠재고객의 실제 불만 등을 확인할 수 있다.

최전선에서 근무해보면 그것이 얼마나 냉정한 경험인지 몸소 느낄 것이다. 모든 비즈니스 리더는 정기적으로 최전방을 겪어보아야 한다.

빠르고 철저하게 수정하라

린 생산방식은 결함을 줄이고, 품질을 개선하고, 고객 만족도를 높이고, 처음부터 제대로 된 제품을 만드는 것이다. 물론 이 표준에 미치지 못하는 경우도 있다. 그럴 때는 어떻게 처리하는지에 모든 시선이 집중된다.

소비자로서 제품이나 서비스에 만족하지 못해 불만을 제기한 경험이 있다면 떠올려보자. 누군가 다시 전화를 걸어 불만 사항을 경청하고, 내 감정을 확인하고, 문제에 주인의식을 갖고, 궁극적으로 문제를 해결했다면 관계가 회복되었을 뿐만 아니라, 관계가 더욱 강화되었을 가능성이 크다. 여러분은 회사가 자신의 의견을 들어주고, 인정해주었다고 느꼈을 것이다.

반면 우리 모두는 벽에 머리를 부딪히는 고통에도 아무것도 해결되지 않는 고객 서비스 지옥을 경험한 적도 있을 것이다. 정말 실망스러운 일이다. 무능하고 무관심하며 내 말을 들어주지 않는 고객 서비스만큼 만족도를 빠르게 떨어뜨리는 일도 없다.

직관적이지 않지만 때로는 실수를 저지르고 신속하고 철저하게 수정하는 게 예상대로 서비스를 제공했을 때보다 고객 만족도를 높일 수 있다.

문제를 해결하기 위해 일부러 문제를 만들라는 것이 아니라, 실수를 고객 관계를 강화할 기회로 만들라는 것이다. 실수는 언제나 일어날 수 있다. 실수를 최소화하는 데 투자해야 하지만, 그보다 더 중요한 건 실수를 빠르고 철저하게 수정하는 것이다. 이게 바로 고객을 충성층으로 만드는 방법이다.

두 번 수정하라

'두 번 수정하기'는 수십 년 동안 산업 공학과 품질 관리의 관행으로 여겨지던 문제 해결 철학이다. 3장에서 소개한 5단계 질문 기법

같은 방법론의 핵심 개념이기도 하다.

'두 번 수정하기'는 결국 문제가 발견되면 고객 불만 해결, 소프트웨어 버그 수정, 기계 수리 등 당면한 즉각적인 문제를 해결한다는 개념이다. 하지만 더 넓은 시스템적 맥락도 살펴봐야 한다. 애초에 문제가 발생할 수 있었던 이유를 파악하고 이를 해결해 향후 재발을 방지하자.

문제를 두 번 해결하려면 프로세스 변경, 커뮤니케이션 개선, 견제와 균형 추가, 교육 개선 등이 필요하다. 이 작업에는 상당한 시간과 비용, 노력이 필요하므로, 많은 기업이 이를 수행하지 않는다. 하지만 이것이 바로 평범한 기업과 위대한 기업을 구분하는 요소다.

'두 번 수정하기'는 첫 번째 수정이 빠르고 엉성해야 한다는 뜻이 아니다. 두 번의 수정 모두 신중하고 철저해야 한다. '두 번'이라는 부분은 단순히 문제의 즉각적인 증상과 근본적인 원인이 서로 다른 경우가 많으며, 높은 고객 만족도를 보장하기 위해 두 가지 모두 해결되어야 한다는 것을 인식했다는 의미다.

증명하기

내가 하는 일이 다른 사람들이 하는 일과 비슷해 보이면 차별화하기가 어려울 수 있다. 3장에서는 제품이나 서비스의 가치를 높일 수 있는 시간, 노력, 위험, 부작용 등 4가지 레버리지를 설명했다. 여러분은 더 빠르고, 더 좋고, 더 낮은 위험, 더 빠른 응답 등을 주장할 수 있지만, 그건 경쟁업체도 마찬가지다. 흔히 다들 자신의 기업이 업계 리더라고 주장한다. 하지만 그런 주장이 사실인 경우는 드물고, 자신의 주장을 뒷받침할 수 있는 증거를 제시하는 경우는 훨씬 더 드물다.

문제는 잠재고객이 여러분의 말을 믿지 않는다는 것이다. 왜냐하면 이전에도 수없이 들어본 말이기 때문이다. 또한 실제로 거래해보지 않고는 여러분이 하는 말을 확인할 방법이 없다. 판매 전에 여러분의 우수성을 어떻게 전달할 수 있을까? 압도적인 증거를 제시하면 된다. 양과 질 모두에서 압도적이면 가능하다.

사회적 증거는 사람들이 적절한 행동을 결정하기 위해 다른 사람, 특히 동료나 인지된 전문가의 행동을 살펴보는 심리적 현상이다. 구매처를 결정할 때처럼 사람들이 무엇을 해야 할지 불확실할 때 사회적 증거는 결정을 내리는 데 큰 도움이 될 수 있다.

일반적으로 찾아볼 수 있는 사회적 증거가 다음과 같다.

•**온라인 리뷰와 평점:** 제품이나 서비스에 긍정적인 리뷰가 많으면 다른 소비자로부터 '사회적 검증'을 받았기 때문에 더욱 신뢰도가 높아진다.

•**인증 글:** 잠재고객과 비슷한 상황에서 제품이나 서비스의 효과를 증명한 고객의 추천 글은 강력한 사회적 증거가 된다. "길을 잃고 헤맸는데, 귀사의 제품이나 서비스 덕분에 길을 찾았습니다"라는 말

한마디가 강력한 내러티브가 된다.

- **전문가의 평가나 추천사**: 신뢰할 수 있는 기관, 전문가 또는 해당 분야의 목소리를 인용하면 소비자의 일정한 신뢰가 여러분에게 전달된다.

- **잘 알려진 고객**: 권위 있거나 잘 알려진 기업, 조직 또는 사람들이 당신의 제품이나 서비스를 사용했는가? 마케팅 자료에 (허락을 받고) 고객사의 로고나 초상화를 사용한다면, 여러분이 하는 일이 신뢰할 수 있고 품질이 우수하다는 신호가 된다.

- **수상 이력**: 수상 경력이 있거나 수상 후보에 오른 적이 있는가?

- **유명인의 추천**: 유명인이 마케팅에 광범위하게 활용되는 것은 우연이 아니다. 그들의 개인 브랜드는 그들이 사용하고 지지하는 제품과 서비스에 후광 효과를 미친다.

- **객관적 수치**: 근거 없는 주장을 하는 대신 수치로 뒷받침하자. 더 나은 고객 서비스를 제공한다고 주장하는 경우, 고객 문제가 해결되는 데 걸리는 평균 시간을 통해 이를 증명할 수 있다. 고객 만족도가 더 높다고 주장한다면 순 추천 지수(다음 장에서 설명할 것) 같은 지표로 이를 증명하자.

가능하면, 그리고 늘 가능한 일이지만, 말하기보다는 보여주자.

사회적 증거의 양과 질은 그것의 영향력에 강력한 힘을 발휘한다. 웹사이트에 모호한 익명의 인용문이 몇 개 덜렁 있다면 효과는 미약하고, 대부분 사람은 그 인증 글이 지어낸 것이라고 믿을 것이다.

웹사이트에 수십, 수백 개의 고품질의 추천 글, 리뷰, 추천으로 가득 찬 페이지와 대조해보자. 양, 품질, 구체성은 회의론을 무너뜨리는 데 도움이 된다.

지역 비즈니스를 운영하거나 오프라인 매장이 있는 경우, 실물 인증 게시판을 만들어보자. 사회적 증거를 확대해 인쇄한 후 벽에 붙이는 것이다. 잠재고객이 매장에 들어와서 과거 고객들의 리뷰, 추천, 사랑으로 가득 찬 벽을 바닥에서 천장까지 보는 것을 상상해보자. 정말 강력하다.

이제 막 사업을 시작한 경우 사회적 증거는 닭과 달걀의 싸움과 같을 수 있다. 증거가 많지 않아 신규고객을 확보하는 데 어려움을 겪고, 고객이 부족해 압도적인 사회적 증거를 확보하지 못할 수도 있다.

여기서 첫 번째 조언은 정직하지 않게 꾸며내지 말라는 것이다. 가짜 인증 글은 나쁜 업보로 돌아오며, 불필요한 작업이고 언젠가는 들킨다. 문제를 정직하게 해결하는 두 가지 방법이 있다.

첫 번째 방법은 표적시장의 일부 그룹에게 제품이나 서비스를 무료로 제공하고, 그 대가로 솔직한 리뷰를 요청하는 것이다. 두 번째 방법은 과거에 함께 일한 적이 있는 사람에게 추천을 요청하는 것이다. 그 사람과 함께 일한 것이 현재 판매 중인 제품과 관련이 없더라도 추천은 신뢰와 믿음을 쌓는 데 큰 도움이 될 수 있다. 사람들은 당신을 신뢰할 수 있는지 알고 싶어 한다. 당신은 유능한가? 약속한 것을 실행할 수 있을까? 과거의 성과는 앞으로의 성과를 가장 잘 예측할 수 있는 지표가 될 것이다.

리뷰 및 추천 글 수집

대부분 비즈니스에는 리뷰와 추천 글을 수집할 수 있는 체계적인 방법이 없다. 요청을 하더라도 주먹구구식으로 수집하는 경우가 많으며, 요청받는 사람이 알아서 하도록 내버려두는 경우가 많다. 이로 인해 응답률이 낮고 품질이 떨어지는 결과를 초래한다. 최대한 원활하고 구체적으로 요청하면 리뷰와 추천 글의 질과 양을 획기적으로 개선할 수 있다.

리뷰와 추천 글 수집이 프로세스 중심으로 이루어지고 적어도 부분적으로 자동화되어 있는지 확인해보자. 비즈니스에 따라 CRM 시스템이나 사회적 증거 수집에 사용되는 전문 도구를 통해 프로세스를 완전히 자동화할 수도 있다.

두 번째로 원활한 실행 계획을 세우는 것이다. 예를 들어, 동영상 추천을 요청하는 경우(물론 요청해야 하지만) 요청받는 사람이 겪을 수 있는 몇 가지 장애물이 있다.

우선 기술적 문제가 있다. 모바일 디바이스나 컴퓨터로 동영상을 녹화할 것이므로, 방법을 알고 있어야 한다. 그런 다음 파일을 전송할 방법이 필요하다. 고화질 동영상 파일은 용량이 상당히 큰 경우가 많으므로, 파일 공유 서비스에 업로드하고 링크를 공유해야 할 가능성이 크다. 이 모든 것이 불가능한 것은 아니지만, 마찰이 생길 때마다 요청에 응하는 사람의 수가 줄어든다. 이때 리뷰 및 후기 수집 도구가 큰 도움이 될 수 있다. 필요한 단계의 수를 줄이고 각 단계를 간소화할 수 있다.

그리고 고객이 무엇을 말하거나 써야 할지 모르는 문제도 있다. 압박을 받으면 대부분 사람은 제품이나 서비스가 마음에 들더라도, 이 부분에 갇혀서 아무것도 작성하지 않을 것이다. 또는 작성하더라도 그다지 유용하지 않을 가능성이 크다.

이때는 참고하고 써먹을 수 있는 샘플을 제공하는 것도 좋다. 대부분 깜박이는 커서나 카메라 렌즈를 쳐다보는 것보다는 비교할 샘플을 참고하는 걸 선호한다.

또한 이상한 작업처럼 느껴지는 '사용 후기'를 요청하는 대신 '피드백'이라고 표현하자. "고객님, 피드백을 받아도 될까요?"라고 말하는 것이다. 사람들은 자신의 의견을 말하는 것을 좋아하므로 대부분 "물론이죠"라고 대답할 것이다. 그런 다음 몇 가지 간단한 질문을 해보자.

- 제품 구매에 확신이 없거나 회의적이었던 이유는 무엇이었는가?
- 최종적으로 제품 구매를 결정한 계기는 무엇이었는가?
- 구체적으로 어떤 도움을 얻었는가?

- 이 제품을 누구에게 추천하고 싶은가? 그리고 그 이유는?

답변이 끝나면 "마케팅 자료에 여러분의 의견을 사용해도 괜찮겠습니까?"라고 물어보자. 대부분은 괜찮다고 대답할 것이다. 이제 고객이 리뷰와 추천 글을 제공하는 것이 훨씬 쉬워졌고, 여러분도 이를 수집할 수 있게 되었다.

이를 매우 간편하게 동영상으로 확보하려면 선호하는 온라인 미팅 도구를 사용해 고객과 만나서 '녹화'를 누르기만 하면 된다. 그런 다음 지루하거나 불필요한 부분을 잘라내고 가장 인상적인 하이라이트만 남기도록 녹화물을 편집할 수 있다.

추천을 조율하고 장려하라

정기적 추천은 마케팅 활동의 전체 경제성을 바꿀 수 있다. 고객을 확보할 때마다 비즈니스에 순 신규고객이 한 명 이상 발생한다고 상상해보자. 10명 중 1명만 누군가를 추천하더라도 마케팅을 통해 확보한 신규고객 1명이 1.1명의 순 신규고객으로 이어진다는 뜻이 된다.

정기적으로 추천을 받으려면 사람들 대부분이 기대하는 희망을 넘어서는 무언가가 필요하다. 희망은 효과적인 마케팅 전략이 아니다. 추천을 생성하는 체계적 방법이 필요하다.

가장 간단한 방법부터 시작해 더 많은 추천을 유도할 수 있는 3가지 실용적인 방법을 알아보자.

1. 요청하기

원하는 것을 충분히 얻지 못했다면, 물어보는 태도에 문제가 있을 가능성도 있다. 요청은 수용 과정의 시작이다. 하지만 원하는 것을 제대로 요구하는 사람은 매우 드물다. 무언가 요청하는 태도 자체로 자신의 지위가 낮아지거나, 절박해 보이거나, 구걸하는 것처럼 보인다고 느끼기 때문이다. 재미있는 사실은 지위가 높고 힘 있는 사람들이 가장 많이 요청한다.

스티브 잡스는 한 인터뷰에서 "내가 발견한 사실이 하나 있다. 사람들은 대부분 절대 부탁을 하지 않는다. 그런데 내가 도움을 요청했을 때, 도움을 꺼리는 사람은 한 번도 만나본 적이 없다"라고 했다. 그는 이어서 "그리고 그것이 일하는 사람과 꿈만 꾸는 사람을 구분 짓는 법이다. 기꺼이 실패할 각오를 하고, 적극적으로 통화하거나 회사를 창업하는 등 무엇이든 실패할 준비가 되어 있어야 한다. 실패를 두려워하면 멀리 갈 수 없다"라고 말했다.

대부분 사람들이 질문하는 것을 불편해하는 이유를 정말 잘 짚어 냈다. 시도하지 않으면 실패하지 않는다. (프로 복싱에서 무패 행진을 이어온 나의 전략이기도 하다.) 요청에는 거절의 위험이 따르기 때문에 대부분 사람들이 지레 겁부터 먹는다.

추천의 심리에서 중요한 점은 사람들이 그렇게 느껴지더라도 결코 호의를 베풀기 위해 추천하는 것이 아니라는 점이다. 그들은 **자신을 위해 추천한다.** 추천해 타인이 좋은 경험을 하거나 문제를 해결했다면, 자신의 인상도 좋아지고, 동료 그룹에서 자신의 지위를 높일 수 있다.

"일단 요청하라"는 간단한 조언이지만, 대부분의 간단한 조언과 마찬가지로 뉘앙스를 더하면 성공적인 결과를 얻는 데 도움이 될 수 있다. 사람들 대부분은 용기를 내 부탁할 때도, 게으르고 방향성 없는 방식으로 요청한다. 종종 상대방에게 책임을 떠넘길 때도 있다. 이는 바쁜 사람에게 무시당하거나 거절당하는 최고의 방법이다.

매일 수많은 인바운드 요청을 받는 바쁜 사람으로서 경험에서 우러나온 이야기를 해보자면, 좋은 요청과 나쁜 요청은 이렇게 달라진다.

나쁜 요청은 자기중심적이고 구체적이지 않으며, 이미 바쁜 일정에 불필요한 부담을 더한다. 좋은 요청은 강력한 가치 제안과 명확하고 쉬운 다음 단계를 제공한다. 받은 편지함에서 각각의 실제 예시를 가져왔다.

나쁜 요청은 다음과 같다.

제목: 의견 요청서

수신자 제위,
금융 업계에서 몇 년을 종사하고 드디어 제 꿈을 따를 때가 되었다고

생각합니다. 바로 프리랜서 작가입니다.

저의 경험과 창의적인 마인드를 바탕으로, 사이트를 위한 유익한 기사를 작성하는 업무를 맡게 되었습니다. 자금 조달과 관련해 더 일찍 알았더라면 좋았을 것들이 다양하니, 독자 여러분에게도 좋은 기회가 되리라 생각합니다.

관심이 있으시다면 몇 가지 주제를 함께 논의할 수 있도록 알려주세요! 몇 가지 아이디어가 있는데, 여러분의 의견도 듣고 싶습니다.

감사합니다.

케빈(Kevin)

물론 케빈은 좋은 사람이리라 확신하고 나도 그를 돕고 싶은 마음이 굴뚝 같았다. 그러나 미안하지만 케빈, 이런 이유로 당신의 요청을 들어줄 수 없다.

- 우선 케빈이 뭐 하는 사람인지 모르겠다.
- 이게 나에게 어떤 도움이 되는지도 모르겠다.
- 혹시나 하는 마음에 미팅을 잡고 싶어도, 그가 어느 시간대 지역에 거주하는지, 언제 한가한지, 내가 언제 한가한지 여부를 내가 먼저 알아내야 한다.
- 게다가 이 모든 내용이 다 케빈에 관한 것이다. 이메일을 다수에게 보냈기 때문이다. 다른 많은 수신자에게 똑같이 비효율적인 메시지를 복사해 붙여 넣은 티가 너무 난다.

다음은 좋은 요청의 예시다.

제목: 귀하가 제 청취자에게 꼭 필요한 분이라 연락드립니다.

앨런, 안녕하십니까.

귀하의 책을 광고에서 여러 차례 보기도 했고, 〈자기 홍보의 모든 것(Self Publishing School)〉 팟캐스트도 잘 듣고 있습니다. 선생님의 이야기가 제 청취자들에게도 정말 도움이 될 것 같다고 생각해 연락드립니다.

비즈니스 마케팅에 대해 이렇게 매끄럽게 설명하는 연사를 본 적이 없습니다. 고객생애가치 계산에서 고객 만족도를 높이기 위한 더 나은 시스템 구축까지, 저도 처음부터 선생님의 책을 읽었더라면 정말 좋았을 텐데요.

선생님께서 다루시는 주제가 제 여정에 얼마나 중요한지를 압니다. 주로 책을 통해 비즈니스를 구축하는 미국 내 작가들로 구성된 청취자들과 함께 이 주제에 더 깊이 파고들 수 있는 전문가를 찾고 있었습니다.

저희 팟캐스트 〈베스트셀러를 쓰기 위해〉(상위 2%의 팟캐스트입니다)에 모시고 선생님과 『1페이지 마케팅 플랜』을 홍보하고 싶습니다.

저희 팟캐스트 〈베스트셀러를 쓰기 위해〉는 『수익 먼저 생각하라』의 저자 마이크 미칼로비츠, 『몸은 기억한다』의 저자 베셀 반 데어 콜크, 『90일 안에 장악하라』의 마이클 왓킨스, 『드라이브』의 저자 다니엘 핑크 등 오늘날 최고의 작가들을 인터뷰하며 작가의 메시지를 전파하고 다른 이들에게 영향력을 미칠 수 있는 법을 논의합니다.

선생님 같은 비전가들은 시간을 효율적으로 사용하시죠. 링크를 클릭하시어 몇 가지 질문에 답을 주시기만 하면, 하루를 변화시키는 삶을 계속하실 수 있도록 미리 준비해두었습니다.

원하신다면 언제든지 답장을 보내주시거나 담당 어시스턴트에게 예약 링크를 전달해주세요.

시간 내주셔서 대단히 감사합니다!

알렉스(Alex)

이후 나는 실제로 알렉스와 팟캐스트를 진행했다. 인터뷰가 끝난 후 그는 작가에게 제공하는 광고 관리 서비스에 대해 몇 가지 조언도 해주었다. 나는 그 후 그의 서비스를 구매했고 지금도 잘 사용하고 있다. 참고할 것이 많다.

- 그의 이메일은 딱 나를 겨냥했다.
- 상위 2%의 팟캐스트 노출 등, 내게 주는 가치 제안이 명확했다.
- 그는 내게 사회적 증거를 제공했다. 내 동료들도 팟캐스트에 출연한 경험이 있었다.
- 그는 내 시간을 낭비하지 않겠다고 명확히 밝혔다. 내 스케줄을 고려하지 않고 매너 없이 행동하던 사람과 미팅하며 얼마나 자주 후회했던가.
- 그의 요청은 정말 명확했다.

- 다음 단계를 명확히 알려주었고, 그가 제시한 계획도 쉽게 처리할 수 있었다. 나는 담당자에게 이메일만 회신했고, 나머지는 그가 알아서 다 처리해주었다.
- 내 자부심을 치켜세우며 높은 점수를 얻었다. 내가 멋있다는 데 싫어할 사람이 어디 있겠는가?

2. 제품의 일부로 만들기

추천 요청이 때때로 실패하는 또 다른 이유는 추천 요청이 예기치 않게 들어와서, 요청을 받는 사람이 방심한 경우다. 고객이 주변에 추천할 수 있는 사람이 있지만, 당장 떠오르지 않을 수도 있다. 고객이 생각해볼 필요가 있거나 일상적인 거래에서 우연히 마주치게 될 수도 있다. 추천 요청을 받으면 고객은 자연스럽게 "지금은 떠오르는 사람이 없습니다"라고 말할 것이다.

앞서 설명한 것처럼 온보딩 프로세스에서 명확한 기대치를 설정해야 한다. 따라서 온보딩 프로세스 또는 영업 프로세스에서도 추천은 여러분과 함께 일하는 데 있어 당연한 부분이라는 기대치를 설정하자. 가능한 적절한 추천을 받는 사람에게도 추천을 보낼 수 있도록 양방향으로 진행해보자.

추천 보수에 관한 질문을 자주 받곤 한다. 수년 동안 나는 고가, 저가, 중간 가치의 추천을 수없이 많이 해왔다. 인센티브나 포상금이 동기부여가 된 사례는 단 한 번도 기억나지 않는다. 나중에 인센티브나 포상금을 제안받았을 때도 거절했다. 추천이 이런 식으로 일어나지 않는다는 말은 아니지만, 대부분 기업가가 생각하는 것보다 훨씬 덜 일반적이라고 생각한다.

이는 추천의 심리와 관련이 있다. 대부분 추천인이 얻는 진정한 보상은 리베이트, 인센티브, 사은품이 아니다. 오히려 동료 그룹에서 자신의 지위가 높아지는 사회적 보상이 더 중요하다. 또래 그룹의 누군가를 가치 있는 무언가에 추천함으로써 그 가치가 그 사람에게 연결된다. 인센티브를 통해 직접적인 보상을 받으면 이런 효과가 사라진다. 더 나쁜 것은 추천한 사람이 인센티브를 받았다는 사실을 알게 될 수도 있고, 실제로 그로 인해 동료 그룹에서 자신의 지위가 낮아질 수도 있다는 점이다.

친구가 재무 설계사를 소개해줬는데 나중에 그 사람이 돈을 받았다는 사실을 알게 된다면, 그 사람의 동기가 진심이었는지 그저 돈 때문이었는지 의심하지 않을까?

물론 합작투자, 제휴 프로그램 또는 리셀러 계약처럼 공식적인 추천 관계가 있는 경우에는 상황이 완전히 달라진다. 이러한 경우에는 비즈니스 모델의 핵심적 부분을 형성한다. 보험 중개인이 나에게 보험을 추천한 대가로 보험사로부터 인센티브를 받았다는 사실을 이미 알기에 아무래도 괜찮다. 많은 경우 인센티브와 대가의 공개는 합법이다. 이는 다음과 같이 이해 상충이 전문적인 판단에 영향을 미칠 수 있는 분야에서 특히 중요하다.

특히 부동산, 금융, 의료 등의 분야처럼 말이다. 그러나 어떤 경우에는 인센티브를 제공하는 추천이 불법으로 간주되기도 한다.

유기적 추천을 통해 로켓을 제대로 작동시키는 방법은 추천자와 추천받은 사람이 모두 내 제품이나 서비스를 사용했을 때 둘 다 더 좋아지는 경우다. 이를 네트워크 효과$^{Network\ Effect}$라고 한다.

예를 들어, 소셜 네트워크나 커뮤니케이션 플랫폼은 모든 친구가 그 플랫폼에 가입되어 있으면 훨씬 더 가치가 높아진다. 반대로 다른 친구들이 그 플랫폼에 가입해도 그 플랫폼의 가치가 높아진다. 일종의 전염성을 띠는 것이다. 여러분도 승리하고, 친구도 승리하고, 플랫폼도 승리하는 것이다. 제품이나 서비스에 네트워크 효과를 구축하는 것이 항상 쉽거나 가능한 것은 아니지만, 가능하다면 그 보상은 엄청나다.

3. 추천인을 무장시켜라

사람들의 추천 요청은 모호하고 자기중심적이며 추천인에게 부담을 준다. 보통 "IT 관리 서비스 제공업체가 필요한 사람을 알고 있다면 우리 회사 좀 추천해주세요"와 같은 식으로 말이다.

누가 적합할까? 어떻게 알려야 할까? 무엇을 해야 할까? 상대가 구매할 준비가 되었음을 알려주는 지표는 무엇인가? 이러한 질문은 바보같이 뻔한 질문처럼 보일 수도 있고, 간단한 비즈니스의 경우에는 그럴 수도 있지만, 어느 쪽이든 잠재적 추천인에게 모든 일을 대신하도록 강요하는 것과 다르지 않다. 동기가 아주 강하지 않은 이상,

사람들은 쉽게 추천하지 않을 것이다.

여러분이 군대의 지휘관이라면 병사들을 비무장 상태로 전투에 내보내고 전리품을 가져오기를 기대하지는 않을 것이다. 기적이 일어나는 것도 좋지만, 기적이 일어날 만한 유리한 환경을 조성할 때 더 확실하게 일어날 수 있다. 추천인이 우리를 대신해 정복하기를 원한다면 추천인에게도 무기를 지급하자.

앞서 설명한 바와 같이 추천을 이끌어내는 열쇠는 사람들이 추천하는 이유에 대한 핵심 심리를 이해하는 것이다. 친구와 가족으로 구성된 지인 외에는 아무도 선의로 비즈니스를 추천하지 않는다.

이를 염두에 두고 추천을 조율하고 추천을 유도하는 가장 확실한 방법은 추천인에게 전달할 수 있는 자료를 제공하는 것이다. 이렇게 하면 동료 그룹 안에서 좋은 인상을 심어줄 수 있다.

또한 사람들은 인기 있고, 구매할 준비가 되어 있으며, 자신에게 딱 맞는 사람에게만 추천하므로 다른 방법으로는 받지 못했을 추천을 유도해보는 것도 좋다. 의향, 의도, 적합성이 확실하지 않은 경우 대부분 사람은 신중하게 행동하며 부적합한 추천을 하는 위험을 감수하지 않는다. 그러나 자료를 전달하는 것은 의무나 판매 압박을 주지 않기 때문에 위험 부담이 적은 방법으로 소개할 수 있다.

나는 추천인에게 내재적 가치가 있는 자료로 무장시키는 것을 선호한다. 첫째, 자료를 버리는 것은 낭비라고 생각하기 때문에 받은 사람은 일반적으로 자료를 보관하거나 다른 사람에게 전달한다. 둘째, 단순히 추천하는 것이 아니라 가치 있는 선물을 주기 때문에 추천인의 위상이 높아진다.

나는 비즈니스에서는 파트너나 잠재적 추천인과 함께 일할 때 커뮤니티에 전달할 수 있도록 내 책을 선물한다. 책은 거의 버려지지 않으며, 받는 사람들도 책의 내재적 가치와 콘텐츠의 가치 모두에 대해 고마워한다. 추천인을 소개할 좋은 방법이며, 무엇보다도 추천인의 위상을 높일 수 있다.

제품이나 서비스로 교환할 수 있는 바우처나 선물용 카드는 추천인을 확보할 수 있는 또 다른 훌륭한 방법이다. 일반적으로 신용카드와 동일한 크기와 액면가가 인쇄된 상업용 선물용 카드의 디자인을 모방할 수도 있다. 누구나 플라스틱 카드가 가득 들어 있는 지갑을 가지고 있으며, 이 카드를 소중히 여기고 분실할까 봐 걱정한다.

실물 제품을 판매하는 경우 샘플러 팩, 체험판 또는 스타터 키트가 효과적일 수 있다. 주력 자산이 무엇인지에 따라 추천 네트워크를 강화하는 좋은 방법이 될 수도 있다.

선물하기

선물은 관계를 공고히 하고 고객에게 인정받는다고 느끼게 할 수 있는 좋은 방법이다. 대부분 사람이 선물을 잘못하는 경우가 많다. 선물을 잘하려면 사려 깊고 약간의 반전이 필요하다.

우선 주요 명절은 모두 건너뛰자. 다른 사람들의 선물, 인사말, 덕담에 휩싸여 당신의 제스처가 사라질 것이다.

또한 회사 이름과 로고가 새겨진 값싼 플라스틱 펜이나 기타 장신구도 건너뛰자. 그것은 고객을 위한 선물이 아니라, 광고일 뿐 좋은 선물이 될 수 없다.

로버트 치알디니[Robert Cialdini]는 저서 『설득의 심리학』(21세기북스, 2023)에서, 선물이 의미 있고 예상치 못한 맞춤형일 때, 상호성의 원칙이 어떻게 작동하는지를 강조한다.

의미 있는 선물이란 받는 사람에게 어느 정도 중요하거나 의미 있는 선물이어야 한다는 뜻이다. 이는 선물의 금전적 가치가 아니라 받는 사람이 인식하는 가치와 의미를 뜻한다.

예상치 못한 선물은 놀라움이라는 요소가 더 강한 감정을 불러일으키고 더 기억에 남을 수 있으므로 강력한 영향력을 발휘한다.

맞춤형 또는 개인화된 선물은 주는 사람이 정성을 들였음을 보여주며, 받는 사람이 대량 마케팅 전략의 일부가 아닌 개인으로서 특별함을 느끼고 인정받는다는 느낌을 선사한다.

존 룰린[John Ruhlin]은 저서 『선물의 힘』(리더스북, 2019)에서 할당된 예산에 맞는 최고의 선물을 추천한다. 예를 들어, 고객당 100달러의 예산이 책정되었다면 금방 버릴 값싼 플라스틱 시계를 선물하는 대신 고객의 이름이 새겨진 아름다운 고급 펜을 선물하는 것이 좋다. 마지막 포인트가 중요하다. 선물에는 회사 이름이나 로고가 아닌 상대방의 이름이 새겨져 있어야 한다. 자신의 이름이 새겨진 고급 선물은 오래 간직할 수 있고 사용할 때마다 여러분을 떠올리게 할 것이다.

선물을 일회성으로 끝내지 말고 꾸준히 실천하는 것이 중요하다. 모든 마케팅 프로세스와 마찬가지로 선물의 힘은 시간이 지남에 따라 복합적으로 작용해 고객 관계를 유지하고 강화하는 데 도움이 된다.

일반 우편의 충격과 감탄

혹시 소포를 받고 열어보기도 전에 버린 적이 있는가? 나도 마찬가지로 없다. 소포의 개봉률은 거의 100%에 가깝다고 봐도 무방할 것 같다.

실제 소포나 우편물을 보내는 것은 엄청난 결과를 가져올 잠재력이 있다. 타고난 기술광으로, 나도 디지털 세상을 좋아한다. 하지만 지난 몇 년간 받은 디지털 편지함은 점점 더 혼잡해졌지만, 실제 받은 편지함은 더 깨끗하고 깔끔해졌다. 마케터로서 이는 무시하기 어려운 부분이다.

특정 산업과 시장에서 디지털 마케팅 비용이 급격히 상승함에 따라, 나는 순수하게 디지털 매체를 통해 관심을 유도하는 것보다 샘플 제품이나 손 편지와 함께 패키지를 우편으로 발송하는 것이 실제로 더 저렴한 경우가 많다는 사실을 깨달았다.

마케터라면 패턴을 깨는 방식과 장소에 나타나고 싶을 것이다. 온라인에서 스크롤을 멈추게 하든, 손 글씨 메모 같은 간단한 것으로 실제 공간에 나타나든, "우와!" 하고 감탄하는 순간을 만들고 싶을 것이다.

'충격과 감탄' 소포는 잠재고객, 실제고객 또는 잠재적 파트너에게 (종종 예기치 않게) 발송하는 실제 우편 소포를 말한다. 패키지에는 다음이 포함된다.

- 개인에게 보내는 편지나 손 글씨 메모
- 고품질 홍보 자료
- 추천서나 사회적 증거
- 서적이나 특별 보고서
- 제품 샘플이나 체험판
- 고급 선물

'충격과 감탄' 소포는 수신자의 눈에 압도적인 가치를 느끼기 위한 목적이다. 잘만 활용하면 발신자를 전문가로 포지셔닝하고 엄청난 호감을 불러일으킬 수 있다.

이 접근 방식은 차별화가 어려운 산업에서 특히 효과적이다. 혼잡한 시장에서 또 하나의 목소리가 되는 대신 '충격과 감탄' 소포를 사용하면 눈에 띄고 지속적인 인상을 남길 수 있다.

기대치, 빠른 성과, 로드맵

고객이 원하는 결과를 얻거나 제공하는 데 시간이 걸리면 고객 만족도와 고객 유지에 어려움을 겪을 가능성이 크다. 고객들은 조바심을 내고 때로는 변화를 통해 고객을 도울 기회를 갖기도 전에 취소, 종료 또는 이탈하기도 한다. 특히 컨설팅, 의료, 피트니스, 교육처럼 고객이 필요한 일을 계속 수행해야만 결과를 얻을 수 있는 분야는 더욱 어렵다. 진전을 보이던 고객이 큰 보상을 받기 전에 포기하는 것을 보면 실망스럽다. 이 문제를 정면으로 해결하기 위한 3가지 방법이 있다. 명확한 기대치를 설정하고, 빠른 성과를 창출하고, 로드맵을 제공해야 한다.

명확한 기대치를 설정하라: 판매가 이루어지기 직전에는 모두 흥분한다. 고객은 비즈니스나 생활에 일어날 변화에 대한 기대감에 부풀어 있고, 영업팀도 새로운 거래를 성사하기 직전이기 때문에 흥분한다. 영업팀이 과장된 보장을 약속하거나 고객이 원하는 결과를 얼마나 빠르고 쉽게 얻을 수 있을지 상상하게 되면서, 비현실적인 기대치가 생길 수 있다. 종종 두 가지가 복합적으로 작용하는 경우가 많다.

어느 쪽이든 이는 큰 문제로 돌아와 고객생애가치(LTV)를 손상시킬 수 있다. (다음 장에서 자세히 알아보자.) 영업팀은 고객이 원하는 결과를 얻기까지 얼마나 오래 걸리고 얼마나 힘들어질지 명확하게 제시하는 것이 필수적이다. 이러한 투명성은 실제로 적합한 고객에게 매력적으로 다가갈 수 있다.

다만 '절박해서 받는 고객의 돈'은 거절할 것을 강력히 권한다. 이들은 구매 의향이 있지만 마지막 주사위를 던지는 사람들이며, 성공할 가능성이 매우 낮다. 윤리적 관점에서도 좋지 않고, 고객생애가치에도 좋지 않으며, 여러분과 팀의 정신건강에도 좋지 않다. 또한 나쁜 리뷰, 불만족스러운 고객, 환불로 이어진다. 불필요한 골칫거리란 뜻이다.

빠른 성과 창출: 아무리 적합한 고객이라도 시간이 지나 진전을 느끼지 못하면 낙담할 수 있다. 고객이 여정 초기에 그리고 고객과 함께하는 시간 내내 성과를 얻을 방법을 설계하자.

예를 들어, 악기를 가르치는 경우 학생이 능숙해지기까지 오랜 시간이 걸릴 수 있다. 〈반짝반짝 작은 별〉 또는 〈생일 축하합니다〉처럼 친구와 가족을 위해 연주할 수 있는 간단하고 알아볼 수 있는 곡을 가르치면 학생에게 빠른 승리를 안겨주고 실력이 늘었다는 뿌듯함도 줄 수 있다.

고객이 빠른 성공에 매료되어 단기적 성과에 집중할 위험이 있으므로, 이것이 훨씬 긴 여정 중 거둔 빠른 성공이라는 점을 명확하게 전달하자.

일부 비즈니스와 산업에서는 주문이 접수된 시점과 배송되는 시점 사이에 큰 차이가 있다. 예를 들어, 예전에 나는 통신회사를 운영한 적이 있었다. 영업팀이 고객으로부터 주문을 완료한 후 서비스를 제공하기까지 몇 주가 걸리기도 했다. 타사 기술자, 업스트림 통신사, 하드웨어가 도착할 때까지 기다리는 경우가 많았다.

영업팀에서 예상시간을 명확하게 설정했음에도, 고객으로부터 주문 진행 상황을 묻는 연락을 받는 경우가 종종 있었다. 소통이 없으면 불확실성이 커지고, 고객은 우리가 아무 일도 하지 않는 것처럼 느낀다. 대신 우리는 "뉴스 업데이트 없음"이라는 간단한 커뮤니케이션 프로세스를 구현했다. 기본적으로 고객은 새로운 소식이 없더라도 며칠에 한 번씩 소식을 듣게 되었다. 몇 가지 정보를 포함해서 모든 것이 순조롭게 진행되었음을 확인시켜주었다. "주문이 접수되었습니다" 또는 "장비가 배송 중입니다" 같은 내용이다. 고객이 반복적으로 연락을 받고 자신의 주문이 블랙홀처럼 사라지지 않았다는 사실을 알게 되면서 만족도가 급격히 높아졌다.

로드맵을 제공하라: 쇼핑몰이나 하이킹 중에 길을 잃은 적이 있다면, '여기가 어디인지'를 알려주는 지도가 큰 도움이 될 수 있다. 마찬가지로 고객의 여정을 안내할 주요 이정표를 시각적 로드맵으로 만드는 것이 좋다.

구체적이지 않은 흐름만 나타낸다고 생각할 수도 있으니, 좀 더 그래픽적이고 시각적으로 매력적이게 만드는 데 시간과 노력을 기울이는 것이 좋다. 내 비즈니스에서 이 작업을 수행하자, 사업의 판도가 바뀌었다.

로드맵은 몇 가지 방법으로 사용할 수 있다. 첫 번째 방법은 영업 통화다. 특히 컨설팅이나 교육처럼 눈에 보이지 않는 것을 판매할 때에는 여정을 시각적으로 보여주는 것이 효과적이다. 또한 기대치를 설정하는 데도 도움이 된다.

두 번째 방법은 고객 여정 전반에 걸쳐 로드맵을 사용하는 것이다. 고객이 추구하는 혁신의 맥락에서 고객에게 "당신이 여기 있다"라는 것을 보여주면 추진력과 동기를 계속해서 유지할 수 있다.

영업 프로세스와 고객 여정 전반에 걸쳐 로드맵을 좋아하는 또 다른 이유는 여러분과 여러분의 팀이 체계적인 프로세스를 갖추었음을 보여주기 때문이다. 즉흥적으로 일을 진행하면서 무언가를 만들어내는 것이 아니다. 수년 동안 다양한 코치, 컨설턴트, 트레이너의 고객으로서 나는 종종 "이 사람은 어디로 가는 걸까? 이 사람은 계획이 있는 걸까? 내가 제대로 가는 걸까?" 궁금했다. 로드맵이 있었다면 불안감을 해소하고, 그 사람이나 프로그램에 대한 신뢰를 얻는 데 큰 도움이 되었을 것이다.

제14장 실행 과제

- 고객 서비스팀이나 헬프데스크에 매달 일정 시간을 할애해 고객을 더 깊이 이해하자.
- 고객과 추천 네트워크를 귀중한 자산으로 무장시켜라.
- 고객이 쉽게 리뷰와 후기를 남길 수 있는 프로세스를 만들어라.

마케팅 캠페인은 대부분 즉각적인 성공을 거두지 못한다. 실망스럽 겠지만 체계적인 문제 해결 접근법을 갖고 계속해서 수정을 거치며 핵심지표를 이해하면 장기적인 수익을 달성하는 데 도움이 될 것이 다.

이 장에서 다루는 주요 내용

- 마케팅 캠페인의 꾸준한 단계별 개선법.
- 효과 없는 광고 캠페인의 문제 해결법.
- 선행 측정 지표와 후행 측정 지표를 추적하는 것이 중요한 이유 그리 고 그 방법.
- 다른 모든 지표보다 중요한 단 하나의 마케팅 측정 지표.
- 구독 기반 비즈니스를 위한 중요 측정 지표.
- 마케팅 캠페인의 성공 여부를 추적하는 데 도움이 되는 마이크로 측 정 지표.
- 넓고 좁은 관점에서 분석을 읽는 것이 중요한 이유.

제15장

마케팅

측정 지표

대부분 거두지 못하는 성공

마케팅 활동이 성과를 거두지 못하는 것 같은 순간, 낙담이 찾아온다. 우리는 모두 지표가 급격히 상승하는 모습을 보고 싶다. 우리가 얼마나 대단한지 알아주고, 관심을 기울여줬으면 싶다. 하지만 현실은 다르다. 대부분 그런 성공을 거두지 못하고 끝난다.

대부분은 광고를 클릭하지 않는다. 광고를 클릭하는 열에 아홉은 옵트인을 하지 않는다. 이메일을 열어본 대다수가 판매 페이지로 연결되는 링크를 클릭하지 않는다. 판매 페이지를 클릭한 사람들 대부분이 주문 양식으로 넘어가지 않는다. 주문 양식을 클릭하더라도 다들 주문 완료 직전에 발을 뺀다.

그렇다고 해서 제품에 하자가 있거나 마케팅이 잘못되었다는 뜻은 아니다. 그냥 그게 당연한 일이기 때문이다. 모든 마케팅이 통했다면 고객 전환율은 50%를 넘었을 것이고, 마케팅 역사상 가장 뛰어난 사람이 되었을 테다. 아마 대도시 한복판 사거리에 여러분을 본떠 만든 황금 동상이 세워졌을 것이다.

이 책의 서두에서 아무것도 모르면서 아는 척만 하는 사람 이야기를 했다. 이들에게서 흔히 들을 수 있는 말이 있다. "시도해봤는데, 안 되더라고요." 하지만 그 말의 기저에는 이런 뜻이 녹아 있다. "한번 대충 시도해봤는데, 대체 어디서 망쳤는지 알아내려고 애쓰지도 않았습니다."

어떤 일을 시작해도 처음엔 기대했던 만큼 잘되지 않는 경우가 종종 있다. 그게 바로 인생이다.

마케팅 업계에서도 비슷한 말을 하는 바보들이 있다. "우리 업계는 마케팅으로 효과 내기 어려워요." 아니면 "광고는 돈 낭비죠."

혹시 제조업에 종사하는 사람이, "제조를 해봤는데 효과가 없던데요?"라고 말하는 걸 상상할 수 있는가? 이들에게 논리적으로 물어볼 수 있는 다음 질문은, "구체적으로 무엇이 효과가 없었습니까?" 아닐까.

린 생산업체에서는 조립설비 작업자가 생산공정에서 결함, 부품 누락, 안전하지 않은 상태 등의 문제를 발견하면 그 즉시 '안돈 코드 Andon cord'를 잡아당긴다. 그러면 생산설비가 멈추고 전광판에 불이 켜지며, 감독자나 리더 또는 유지보수 담당자에게 알림이 전송된다.

문제의 근본 원인을 파악하기 위한 분석이 진행되고 수정작업이 시작된다. 그런 다음 생산설비가 다시 시작된다. 예상했던 대로, 상황은 빠르게 개선된다. 마케팅도 마찬가지여야 한다.

마케팅 캠페인의 단계를 테스트하고, 측정하고 지속적으로 개선하라

예를 들어 유료 디지털 광고 캠페인의 실적이 좋지 않다면, 린 마케팅은 은유적인 안돈 코드를 당겨 문제를 해결한다. 어느 단계에서 원하는 만큼 고객 전환이 원활하게 이루어지지 않는지 정확히 파악해야 한다.

좋은 소식은 몇 군데 가능성이 큰 구멍이 있다는 것이다.

1. 사용자가 광고를 클릭하지 않는다.

2. 사용자가 옵트인을 하지 않는다.

3. 사용자가 수신 동의는 했지만, 이메일을 받지 못하거나 열지 않는다.

4. 사용자가 이메일은 열었지만, 판매 사이트로 이동하지 않는다.

5. 사용자가 판매 사이트로 이동은 했지만, 구매까지 하진 않는다.

이것이 유일한 가능성이다. 따라서 "시도해봤지만, 효과는 없었다"라는 말은 핑계에 불과하다.

시도해봤지만, **항상** 잘못되는 몇 안 되는 일 중 하나가 제대로 작동하지 않았을 뿐이다. 따라서 더 합당한 답변은 "평소와 다름없습니다. 이 중 어떤 문제인지 알아내서 해결해보겠습니다"라고 말하는 게 낫다.

모든 게 잘 작동하더라도, 단계의 성과를 지속적으로 모니터링하고 테스트하며 개선해야 한다. 훌륭한 린 마케터가 되려면 지속적인 개선의 마음가짐이 중요하다. 카피, 디자인, 오퍼 같은 변수를 끊임없이 실험하고 기준선을 뛰어넘을 방법을 찾아야 한다.

데이터를 하나도 빠짐없이 긁어모아라

무엇이 효과가 있고 없었는지 정확히 파악하려면 데이터가 필요하다. 데이터가 없다면, 여러분은 그저 의견만 내세우는 또 다른 바보에 불과하다. 린 마케터라면 측정 지표(수치)를 살펴보는 데 많은 시간을 할애해야 한다.

흔히 수치를 뜻하는 측정 지표는 선행 측정 지표와 후행 측정 지표, 두 가지로 분류할 수 있다.

후행 측정 지표는 과거 수치로, 흔히 생각하는 수익, 이탈률, 판매 수익 등이 이에 해당한다.

지난달 수치로 할 수 있는 일은 많지 않다. 물론 미리 알았더라면 더 좋았겠지만, 이건 머리를 부딪힌 후에야 뒤늦게 '조심해!'라는 말을 듣는 것처럼 너무 늦거나, 너무 별것 아닌 것처럼 알려주는 경우가 많다. 선행 측정 지표에 관한 상황 인식이 없이 후행 측정 지표만으로는 '매를 알아서 벌다가' 결국 머리를 부딪혀 두통에 시달릴 것이다.

선행 측정 지표는 비즈니스에 부정적 영향을 미치기 전 방향을 수정할 수 있는 조기 경보와 같다. 선행 측정 지표는 비즈니스나 업종에 따라 다르다. 예를 들어, 온라인 비즈니스를 운영하면서 이메일 구독자를 고객으로 전환해 수익을 창출할 수 있다. 보통 웹사이트에서 하루 평균 100건의 이메일 옵트인을 받는데, 지난 며칠간 그 수가 급감했다. 이는 향후 수익에 심각한 영향을 미치기 전 주의를 기울이고 바로잡아야 할 중요한 지표다. 웹사이트나 CRM 시스템에 기술적 문제가 있을 수 있다. 또는 소셜 미디어가 관심고객과 구독자의 중요 원천인 경우, 계정이 정지당했거나 어떤 식으로든 불이익을 받았을 수도 있다.

만약 여러분의 비즈니스가 회사나 공장처럼 물리적으로 존재하는 경우, 약속이나 방문 측정 지표 같은 선행 측정 지표를 추적해봐야 한다.

선행 측정 지표가 상승 또는 하락 추세를 보인다면, 그 이유를 파악하고 적절한 조치를 취해야 한다.

선행 측정 지표가 상승 추세를 보인다면, 상황을 인식해 효과가 있는 것은 무엇이든 두 배로 늘리고 기회가 있을 때 이를 활용한다. 예를 들어, 많은 팔로워를 보유한 누군가가 나를 언급했거나, 내 제품을 추천했을 수도 있다. 철이 달아올랐을 때 일격을 가해야 한다. 다음 달 재무제표에 숫자가 나타날 때까지 기다렸다가 역추적을 시도하면 유용한 조치를 취하기에는 너무 늦다.

중요한 측정 지표

세상에는 측정할 수 있는(꼭 측정해야만 하는) 모든 종류의 수치가 있으며 그중 몇 가지를 알아보고자 한다. 그러나 그중에서 가장 중요한 수치는 바로 고객생애가치(LTV)다. 고객생애가치는 고객이 당신과 함께한 기간 동안 얼마나 많은 수익을 창출했는지를 의미한다.

여러분의 비즈니스를 성장시키는 방법은 말 그대로 두 가지뿐이다.

1. 더 많은 고객 확보하기.
2. 기존 고객으로부터 더 많은 수익 창출하기.

더 많은 고객을 확보하는 것이 중요하다는 건 누구나 잘 안다. 그런 이유로 많은 마케팅이 여기에 초점을 맞추고 있지 않은가. 하지만 고객생애가치 증가의 엄청난 복리 효과에 대해서는 잘 알려지지 않았다.

고객생애가치는 고객을 확보하기 위해 지출할 수 있는 금액, 고객을 만족시키고 유지하기 위해 지출할 수 있는 금액, 경쟁업체를 막기 위해 성벽 주위를 감싸는 거대한 호수를 얼마나 크게 만들 수 있는지 따위를 결정한다.

고객생애가치를 계산할 때 흔히 저지르는 실수는 수익이 아닌 매출 수치를 사용하는 것이다. 이는 고객의 가치를 과대평가하는 원인이 된다. 고객생애가치를 과대평가하면 고객을 확보하는 데 지속 가능한 수준보다 훨씬 더 많은 비용을 지출할 수 있다고 믿게 된다.

성장과 시장 침투에만 집중하는(흔히 벤처 기업에서 지원하는) 비즈니스는 예외다. 이 경우 수익 기반 고객생애가치 계산이 합리적일 수 있다.

다음은 수익 기반 고객생애가치를 계산하는 간단한 예시다. 예를 들어, 고객이 연간 평균 1,000달러를 지출하고, 판매와 관련된 변동비용이 연간 300달러가 발생한다고 한다면, 연간 수익은 700달러다. 고객이 평균 3년을 유지한다면 고객생애가치는 2,100달러가 된다.

변동비용에는 판매된 상품 원가와 서비스 비용 등이 포함된다. 신용카드 처리 수수료처럼 판매에 직접적으로 기인하는 기타 변동비용도 포함된다. 임대료, 고객들을 직접 상대하지 않는 부서 운영비용, 관리비 같은 고정비용은 고객생애가치 계산에서 제한다.

고객의 평균 체류 시간, 지출액, 배송비용은 지속적으로 변화하므로 정기적으로 다시 계산한다. 당연히 평균 체류 시간과 고객의 지출 금액을 늘리고 변동비용은 안정적으로 유지하거나 낮추고 싶을 것이다. 모든 고객이 동일하지 않기에 각 주요 고객 세그먼트 별 고객생애가치를 계산하는 게 좋다.

고객생애가치를 높이는 여러 방법은 다음과 같다.

- 가격 인상.
- 추가 보완 제품 또는 서비스 업셀 판매 또는 프리미엄으로 고객 상향 조정.
- 구매 빈도 증가.
- 이탈 고객 혹은 서비스 제공자를 바꾸는 고객 재확보.

고객생애가치는 엄청난 시간과 에너지를 들여 생각해야 하는 문제다. 새벽 3시에도 고객생애가치를 높일 방법을 떠올리며 자야 한다. 그 정도로 여러분의 생각을 온통 지배해야 한다. 고객생애가치는 기하급수적 성장의 발판이 되어준다.

고객획득비용

고객생애가치와 밀접한 관련이 있는 게 바로 고객획득비용(CAC)이다. 이건 신규고객을 확보하는 데 드는 평균비용을 뜻한다. 여기에는 마케팅 및 영업 활동에 지출하는 광고, 자원 비용도 포함된다.

예를 들어 마케팅 및 영업에 10만 달러를 지출하고 신규고객 1,000명을 확보한 경우, 고객획득비용은 100달러다.

다른 모든 조건이 동일하다면(물론 그렇진 않겠지만), 고객을 확보하고 유지하는 데 가장 많은 비용을 지출할 수 있는 기업이 승리한다.

이것이 바로 고객생애가치가 중요한 이유다. 고객생애가치가 낮으면 고객을 확보하고 유지할 때 무조건 절약할 수밖에 없다. 투자비용이 적어지니 고객 경험의 만족도도 낮아진다.

자원이 부족하다면 수완을 발휘해야 한다. 기발하고 틀에 박힌 사고는 창업가와 기업가의 특기다. 처음에는 좋지만 지속 가능한 성장과 확장을 위해서는 고객생애가치를 가장 우선시해야 한다.

수익 측정

광고비 대비 수익률(ROAS)과 투자 대비 수익률(ROI)은 마케팅 및 광고의 성공 여부를 측정하는 중요한 측정 지표다.

광고비 대비 수익률은 광고 캠페인에서 발생한 수익을 캠페인 운영비용으로 나눈 값이다. 투자 대비 수익률은 발생한 총이익을 비용으로 나눈 값이다.

광고비 대비 수익률은 일반적으로 다양한 캠페인, 광고, 플랫폼의 성과를 비교하는 데 사용할 수 있는, 보다 세분화된 측정 지표다. 일반적으로 클릭당 지급 광고를 사용하는 캠페인 같은 성과 기반 마케팅 캠페인에 사용된다.

투자 대비 수익률은 전략이나 미디어 채널의 전반적인 수익성을 이해하는 데 사용하는 더욱 광범위한 측정 지표다. 기본적으로 현재 수행 중인 작업이 투자할 만한 가치가 있는지를 알려준다.

구독 지표

비즈니스에 구독 모델이나 오퍼가 있는 경우, 추적해야 할 두 가지 중요한 지표는 '월별 반복 수익$^{MRR, Monthly\ Recurring\ Revenue)*}$과 이탈률이다.

확보한 모든 정기구독 고객이 영원히 함께하면 좋겠지만, 실제로는 그렇지 않은 경우가 많다. 구독 기반 제품을 제공하는 경우에는 이탈률을 측정해야 한다. 이탈률은 특정 기간(일반적으로 월 단위) 동안 서비스 사용을 중단하는 고객의 비율을 의미한다.

월별 반복 수익은 양동이에 담긴 물과 같다. 물은 월초에 예측 가능한 수익을 나타낸다. 이탈률은 양동이가 얼마나 빨리 새는지 나타낸다. 새는 속도보다 더 빨리 양동이에 물을 채워야 한다.

예를 들어 월 10달러를 지급하는 구독자가 1,000명이라면 월별 반복 수익은 10,000달러가 된다. 여기서 월별 이탈률이 2%라면, 매월 20명의 고객을 잃는다는 뜻이다. 즉 현 상태를 유지하려면 매월 20명의 고객을 새로 확보해야 하고, 실제로 성장하려면 그 이상의 영업 및 마케팅이 필요하다.

높은 이탈률은 고객 불만족, 인지 가치 부족 또는 기타 잠재적인 비즈니스 문제 때문이다.

---

* 구독 서비스 사업에서 발생할 것으로 기대되는 월간 수입.

마이크로 측정 지표

책보다 엑셀 스프레드시트에 더 많은 거짓이 쓰인다. 적절한 임의 지표를 골라 개별적으로 사용하면 어떤 캠페인이든 근사하게 보이도록 만들 수 있다. 많은 마케터가 실제 그렇게 눈속임한다.

내가 말하는 마이크로 측정 지표는 다음과 같다. 개별적으로 보면 큰 의미가 없지만, 캠페인의 개별 요소를 자세히 살펴볼 수 있어, 문제 해결에 매우 유용하다.

전환율: 제품 구매, 이메일 주소록 옵트인, 기타 전환 목표 등 원하는 행동을 취한 방문자의 비율.

클릭률(CTR): 디지털 광고의 경우 이 지표는 광고를 본 후 클릭한 사람의 비율을 나타낸다.

클릭당 비용(CPC): 클릭당 지급 광고 캠페인에서 각 클릭에 지급되는 평균 금액.

트래픽: 웹사이트 또는 특정 페이지를 방문한 방문자 수, 순 방문자 또는 페이지 조회 수로 측정할 수 있다.

이탈률: 한 페이지만 보고 웹사이트를 떠나는 방문자의 비율.

참여율: 소셜 플랫폼의 게시물 또는 캠페인에 좋아요, 공유, 댓글, 등 상호작용을 측정한 값.

관심고객 전환율: 실제고객으로 전환하는 잠재고객의 수.

마케팅 검증 관심고객(MQL): 마케팅 참여를 기반으로 고객이 될 가능성이 크다고 판단되지만, 아직 직접적인 판매 접근 방식을 취할 준비가 되지 않은 고객.

영업 검증 관심고객(SQL): 추가 검증을 거쳐 특정 기준을 충족하고 영업에 참여할 준비가 된 것으로 간주하는 관심고객.

순 추천 지수(NPS): 고객 충성도와 만족도를 측정한 값. 비즈니스를 추천할 가능성이 얼마나 높은지 0에서 10까지 척도로 평가한다. 추천 가능성을 9점 또는 10점으로 평가한 고객은 추천인으로 분류한다. 7~8점을 받은 고객은 수동적 고객, 0~6점을 받은 고객은 비추천 고객으로 분류한다. 순 추천 지수는 추천인의 비율에서 비추천 고객의 비율을 빼서 계산하고, 그 결과 –100에서 100 사이의 점수가 산출된다.

이메일 열람률 및 클릭률: 이메일 마케팅의 경우, 이 지표는 이메일을 열어본 수신자 수와 이메일 내 클릭한 수신자 수를 추적한다.

평균 거래액(AOV): 고객이 단일 거래에서 지출하는 평균 금액.

고객당 제품 수: 고객이 구매한 평균 제품 수.

숫자를 파악하라

작가 제임스 클리어는 "현대 비즈니스의 두 가지 기술은 바로 스토리텔링과 스프레드시트다. 숫자를 파악하고 서사를 만들어라"라고 했다. 나 역시 전적으로 동의한다.

추적할 수 있는 모든 측정 지표의 양과 범위에 압도당하기 쉽다. 비즈니스와 특정 상황에 가장 영향력이 큰 몇 가지 지표로 대시보드를 만드는 것이 좋다. 그런 다음 정기적으로 면밀히 관찰하자. 문제 해결이 필요한 경우, 즉 자주 발생하는 경우 범위를 확장할 수 있다.

지표를 살펴볼 때 마지막으로 염두에 두어야 할 것은 시간 범위다. 엄선된 개별 지표가 진실을 가릴 수 있는 것처럼, 지표를 바라보는 시간 범위도 진실을 가릴 수 있다.

관점을 장기적 관점으로 전환하는 것은 지도를 축소하는 것과 같다. 이전에는 볼 수 없었던 윤곽선을 볼 수 있다. 비율을 많이 축소하면 큰 추세를 보는 데는 좋지만, 중요한 세부 정보를 놓칠 수 있다. 즉 멀리서 보면 얼룩말은 회색처럼 보이고 다시 확대하면 흑백 줄무늬만 볼 수 있다.

의사결정을 내릴 때는 거시적 수준과 미시적 수준 모두에서 숫자가 무엇을 알려주는지 이해해야 한다. 훌륭한 마케터라면, 완벽한 매너를 갖춘 성인일지라도 스프레드시트 앞에서는 괴물이 되어야 한다.

제15장 실행 과제

- 비즈니스와 가장 관련성 높은 주요 지표를 선택하자.
- 고객생애가치와 고객확보비용을 파악하고 면밀하게 모니터링하자.
- 지표 보드를 만들어 세심하게 관찰하자.

과감하고 강도 높은 마케팅

수년에 걸쳐, 마케팅은 엄청나게 커졌다. 해야 할 일과 방법은 점점 더 많아지고 있다. 누가 해도 지치고 비효율적이며, 낭비다.

내 친구이자 고성능 전문가, 벤 카보소 Ben Carvosso 박사는 "품질을 위해 압축하라"라고 권했다. 즉 더 적게 일하고 더 의도적으로 집중하고, 결과적으로 더 많은 영향력을 발휘하라는 뜻이다. 이를 마케팅에 적용해도 확실히 효과가 있다. 그게 바로 린 마케팅의 핵심이기도 하다.

그러나 품질을 위한 압축을 기존의 '양보다 질'이라는 진부한 표현과 혼동해서는 안 된다. 누가 하느냐가 더 중요하다.

수년간 코칭, 컨설팅, 멘토링을 진행하면서 놀라운 패턴을 발견했다. 어떤 유형의 사람이 가장 자주 승리할까? 자원이 가장 풍부한 사람일까? 아니라면, 가장 운이 좋은 사람일까? 도움이 되긴 하지만 역시 아니었다. 가장 똑똑한 사람? 사실 그 반대였다. 보고도 믿을 수 없었다.

종종 똑똑한 사람들은 모든 세부 사항을 완벽하게 계획하고 실행하지 않거나 낮은 강도로 실행하려고 한다. 이들은 실패하거나 바보처럼 보이는 것을 싫어한다. 그건 정말 문제다. 기업가이자 마케터로서 여러분의 삶에서 반복되는 주제가 되기 때문이다.

그러므로 '멍청하게' 집중해서 실행할 것을 추천한다. 고품질의 결과물을 만들려면 여러 번 실수하더라도 지속적으로 개선하는 것이 선행되어야 한다. 세상의 모든 장인도 한때는 바보들이었다.

여러분은 마케팅 게임에서 승리할 준비가 되어 있다. 3가지 힘의 승수를 사용해 자신에게 레버리지를 부여하고 결과를 크게 증폭시켜야 한다. 린 마케팅의 9가지 원칙을 실행해 상위 1%의 마케터가 되어보자. 경쟁업체들이 무작위로 마케팅을 방해하고, 소리를 지르며, 허둥대는 동안, 여러분은 린 마케팅을 등에 업고 눈부시게 빛날 것이다. 마치 칼싸움에 총을 들고나온 것과 같은 기분이 들 것이다.

마지막으로, 즉시 시작하시길 바란다. 영감은 쉽게 사라진다. 행동으로 옮길 때는 아이디어가 뜨겁고 그 아이디어에 대한 감정이 강할 때다. '하고 싶다'는 의지가 항상 IQ를 이긴다. 그러니 이 책에서 배운 영향력 있는 아이디어 한 가지를 가지고 오늘 바로 실행에 옮겨보자. 고개만 끄덕이지 말고, **지금 바로** 시작하자!

그 밖의 다양한 것들

비문학 책은 어느 정도 길이가 되면 번거로워진다. 모든 저자는 완성도와 지루함 사이에서 균형을 잡아야 한다. 나는 너무 오래 머무는 손님이 되고 싶지 않고, 그런 적이 없었길 바랄 뿐이다.

마케팅은 방대한 주제이고 편집은 잔인한 사업이다. 실제 이 책을 집필하며 쓴 내용은 대부분 편집실 바닥에 흩뿌려졌다. 강력한 챕터, 가치 있는 개념, 실용적 전술 등 한 컷 한 컷을 고심했다. 남은 것은 일부 뮤지션들이 '에센셜' 앨범이라고 부르는, 사람들에게 가장 중요한 부분들이다. 하지만 잘 알려지지 않은 트랙을 더 깊이 파고드는 사람들은 풍성한 보상을 받는다.

린 마케팅 허브에는 더 많은 자료가 준비되어 있다. 이곳에서 책에 담지 못한 자료를 자유롭게 확인하고, 질문하고, 린 마케팅으로 한 걸음 더 나아가는 여정을 시작할 수 있다.

중요한 것은 이곳이 기업가를 위한 안전한 공간이라는 점이다. 기업가로서 고립된다는 것은 예상치 못한 일이자 위험한 일이다. 동료 그룹이 없으면 동기가 저하되고 의사결정이 제대로 이루어지지 않으며 번아웃으로 이어질 수 있다. 또한 자격을 갖춘 공론의 장이 부족해도 위험하다. 비슷한 여정을 걷는 동료 및 멘토와의 친밀감은 정말 중요하다.

기업가로서 여러분은 종종 돈을 내고 찾아온 여행객 앞에서 지도 살피는 모습을 차마 보여줄 수 없는 길 잃은 여행 가이드가 된 기분이 들 것이다. 고객, 투자자, 심지어 가족마저도, "어떻게 되고 있어요?"라고 물어보면 "아, 잘되고 있어요! 아주 잘되고 있습니다"라고 대답하지만, 사실 여러분을 괴롭히는 것들이 주변에 자욱할 것이다.

기업가 정신을 이해하고, 나와 같은 생각을 가진 사람들 틈에서, 같은 커뮤니티의 일원이 되는 것만으로도 외롭고 위험한 여정을 덜 힘들게 만들 수 있다. 우리는 모두 비슷한 문제를 해결하고, 비슷한 길을 가고 있다.

린 마케팅 허브(LeanMarketing.com/hub)에 접속해 무료로 가입까지 해보자!

돌려주기

기업가나 성공한 사람들이 "갚는다"라고 말할 때면 항상 불안한 마음이 들었다.

'갚는다'는 말은, 원래의 몫을 다시 돌려준다는 뜻이다. 그러나 기업가는 그런 게임을 하지 않는다.

우리는 시장에서 가치를 창출한 다음 그중 일부를 우리 자신을 위해 가져간다. 그렇게 함으로써 고객과 커뮤니티, 나아가 전 세계가 항상 더 나은 거래를 할 수 있다. 이는 공정하고 지속 가능하며 솔직히 재미있기도 하다.

이 책을 통해 그렇게 해보려고 노력했다. 내가 가진 모든 걸 쏟아 부었고, 합리적으로 정당화할 수 있는 것보다 더 많은 시간, 돈, 에너지, 그리고 나 자신을 투자했다.

'빚을 졌다'는 의미의 '되갚았다'는 말 대신 관대함을 의미하는 '돌려준다'고 표현하고 싶다.

책을 통해 목표를 달성하고 가치를 얻었다고 생각한다면, 도움이 필요한 다른 사람들과 이 책을 공유하며 그 가치를 돌려주는 것도 고려해보길 바란다.

나 역시 멘토, 친구, 동료들로부터 내가 어려움을 겪고 있었을 때, 내 안에 잠재된 가능성을 발견했을 때, 그런 관대함을 여러 번 얻었다. 그들은 내게, "여기, 이 책을 읽어보세요"라고 말하며 내 삶을 변화시켰다. 과연 세상에 누가 그런 친절을 쉽게 베풀 수 있을까?

고마움에 보답하는 또 다른 방법은 리뷰를 남기는 것이다. 다른 사람들이 이 책을 발견하는 데 정말 큰 도움이 될 것이다.

읽어주셔서 감사합니다.

제가 얼마나 멋진 사람인지 말씀드려야 할 부분입니다. 보통 '작가 누구누구는~'처럼 삼인칭으로 쓰는데, 괜히 제가 어색해서 그렇게 하지 않겠습니다.

사람들이 '소개' 페이지와 저자 약력을 읽는 이유는 크게 두 가지라고 생각합니다. "이 사람이 믿을 만한 사람인가?" 그리고 "나를 위해 무엇을 해줄 수 있을까?"를 알고 싶어 합니다. 이를 염두에 두고 제가 자랑스러워하는 사업적 성과를 소개해 드리겠습니다.

- 첫 책이 엄청난 판매 부수를 올렸습니다. 저는 비문학 작가 중 상위 0.01%에 속합니다.
- 제 책은 전 세계 30개 이상의 언어로 번역되어 수백만 명의 기업가에게 영향을 주었습니다.
- IT, 통신, 마케팅 등 다양한 산업 분야에서 고성장하는 여러 기업을 설립, 확장하고 성공적으로 마무리지었습니다.
- 좋은 무대와 컨퍼런스에 참석해 수천 명의 사람들 앞에서 강연도 했습니다.

- 그 과정에서 많은 돈을 벌었습니다. 돈으로 행복을 살 수는 없지만, 가난한 어린 시절을 보낸 저는 부자가 되는 것이 훨씬 낫다고 자신합니다.
- 매우 합리적으로 일합니다. 제 사업과 일은 제 라이프스타일, 건강, 인간관계에 해가 되기보다 도움이 되었습니다.

앞으로 여러분을 위해,
- 마케팅 성공을 위한 명확하고 간단하며 구조화된 프레임워크를 제공하겠습니다.
- 여러분이 마케팅 기술, 인프라 및 역량을 구축할 수 있게 도와드리겠습니다.
- 비즈니스 매출과 수익 증대를 돕겠습니다.
- 비즈니스 가치를 높이고 매각할 수 있는 자산을 쌓을 수 있게 도와드리겠습니다.
- 나만의 방식으로 삶을 살 수 있는 비즈니스를 구축할 수 있도록 도와드리겠습니다.
- 위의 모든 과정을 재미있게 진행해보겠습니다.

이메일로도 연락주세요(allan@LeanMarketing.com).
저는 독자 여러분의 의견을 늘 환영합니다.

살아남고 싶으면 돈 쓰는 마케팅을 버려라

린마케팅

초판 1쇄 발행 2024년 07월 31일

지은이 | 앨런 딥
옮긴이 | 김나연
펴낸이 | 정광성
펴낸곳 | 알파미디어
기획 | 허승
편집 | 김지환
홍보·마케팅 | 이인택, 이현진
디자인 | 황하나

출판등록 | 제2018-000063호
주소 | 05387 서울시 강동구 천호옛12길 18, 한빛빌딩 2층(성내동)
전화 | 02 487 2041
팩스 | 02 488 2040
ISBN | 979-11-91122-67-1 (03320)